KB185898

"실무에서 바로 쓰는 AI 데이터 분석 레시피"

데이터
리터러시

"실무에서 바로 쓰는 AI 데이터 분석 레시피"

데이터
리터러시

Mædəlin Buk

머리말

AI와 함께하는 데이터 리터러시의 첫걸음

우리는 인공지능(Artificial Intelligence, AI) 시대에 살고 있습니다. 불과 몇 년 전만 해도 영화 속에만 존재하던 AI가 이제는 우리 일상과 업무에 깊이 스며들어 누구나 AI를 도구로 사용할 수 있는 환경이 되었습니다. 특히, 데이터 분석에 있어 AI의 활용은 선택이 아닌 필수로 자리 잡고 있습니다.

디지털 혁명으로 생성된 방대한 양의 데이터는 적절히 분석하지 않으면 그 자체로는 의미가 없습니다. 이 데이터는 우리 주변에 넘쳐나지만, 통찰력(Insight)이라는 가치를 제공하려면 반드시 효과적인 분석이 필요합니다. 통찰력을 통해 우리는 다양한 분야에서 혁신을 이룰 수 있습니다. 예를 들어, 기업은 데이터를 기반으로 더 나은 마케팅 전략을 수립할 수 있으며, 금융 기관은 재무 분석을 통해 비용 절감과 수익성 개선을 꾀할 수 있습니다. 의료 분야에서는 데이터를 통해 질병을 예측하고 예방하는 데 기여할 수 있습니다. 이처럼 데이터 분석은 문제 해결과 혁신의 원동력이자, 변화하는 세상에 유연하게 대응할 수 있는 필수 역량으로 자리 잡았습니다.

더 나아가, AI, 특히 생성형 AI(Generative AI)는 전통적인 데이터 분석의 한계를 뛰어넘고 있습니다. 생성형 AI는 대량의 데이터를 빠르게 처리할 뿐 아니라, 복잡한 패턴을 탐지하고 이해하기 어려운 비정형 데이터(텍스트, 이미지 등)를 분석하는 데 탁월합니다. 이를 통해 기존의 분석 과정에서 놓쳤던 새로운 인사이트를 발견할 수 있으며, 복잡한 분석 결과를 직관적으로 이해할 수 있도록 시각화하는 데도 큰 도움이 됩니다. 생성형 AI는 데이터 기반의 의사결정을 누구나 손쉽게 내릴 수 있게 함으로써 조직 전반에 걸쳐 데이터 활용 문화를 확산시키고 있습니다.

그러나 AI가 아무리 강력한 도구라고 해도, 인간의 비판적 사고는 여전히 중요합니다. AI는 빠르고 정확한 분석을 제공할 수 있지만, 데이터 분석가는 AI가 제공하는 결과를 신중히 검토하고 해석해야 합니다. 데이터 품질과 적합성을 평가하며, AI 모델의 한계를 이해하고 결과를 맥락에 맞게 해석하는 것은 인간의 역할입니다. 최종적인 의사결정 책임이 인간에게 있다는 점을 항상 명심해야 합니다. 따라서 AI를 단순한 도구로 사용하는 데 그치지 않고, 이를 보완하고 효율성을 극대화하는 방법을 배우는 것이 중요합니다.

이 책 『챗GPT로 시작하는 데이터 리터러시』는 데이터 분석을 어렵고 복잡하게 느끼는 분들을 위해 작성되었습니다. 챗GPT와 같은 생성형 AI 도구를 활용해 데이터 분석 과정을 너욱 쉽게 이해하고 실무에 바로 적용할 수 있도록 돕습니다. 책의 구성은 데이터 분석의 기본 개념부터 출발해, 실무에서 자주 사용되는 분석 기법들을 차근차근 설명합니다. 여기에는 데이터 수집, 탐색적 데이터 분석, 회귀분석, 통계적 가설 검정, 텍스트 데이터 분석, 그리고 시각화 기법까지 포함되어 있습니다.

이 책의 가장 큰 특징은 생성형 AI를 활용하여 복잡한 분석 작업을 자동화하고 쉽게 수행하는 방법을 배우는 것입니다. 챗GPT는 데이터를 처리하고 해석하는 과정을 효율화해 주며, 사용자가 더 나은 분석 결과를 얻을 수 있도록 돕습니다. 특히, 프레젠테이션 슬라이드를 바탕으로 내용을 일목요연하게 설명하여, 데이터 분석 과정이 마치 강의를 듣는 것처럼 친근하고 이해하기 쉽게 느껴질 것입니다. 필요에 따라 강의 동영상을 찾아 학습하면 효과가 더 클 것입니다.

데이터 분석의 중요성은 점점 더 커지고 있습니다. 데이터는 조직의 성과를 높이고, 비즈니스의 변화를 이끌어내며, 고객 경험을 혁신하는 데 없어서는 안 될 자원이 되었습니다. 그러나 이러한 가치를 실현하기 위해서는 데이터를 효과적으로 다룰 줄 아는 능력이 필요합니다. 데이터 리터러시는 더 이상 전문가들만의 영역이 아닙니다. 누구나 생성형 AI의 도움을 받아 데이터를 기반으로 가치를 창출할 수 있습니다.

이 책을 통해 여러분은 데이터 리터러시를 강화하고 데이터 분석 기술을 습득할 수 있을 것입니다. 데이터를 통해 세상을 이해하고, 더 나은 결정을 내리며, 미래를 준비할 수 있는 능력을 갖추게 될 것입니다. 또한, AI를 활용해 데이터 분석을 더욱 쉽고 빠르게 수행할 수 있게 될 것입니다. 데이터 기반의 사고방식과 AI의 도움을 받아 새로운 기회를 창출할 준비가 되셨다면, 이 책이 여러분의 데이터 여정에 든

든한 가이드가 될 것입니다.

　AI와 데이터를 이해하고, 그 가치를 발견하는 새로운 길로 나아갑시다. AI와 데이터 분석은 이미 우리 곁에 있으며, 앞으로의 세상을 변화시킬 강력한 도구입니다. 이 책을 통해 데이터 리터러시를 배우고, 더 나은 가치를 창출하는데 기여할 여러분의 여정을 응원합니다.

저자 **구자룡**

일러두기

▷ 특별히 구분하지 않은 이상 AI는 생성형 AI를 지칭합니다.
▷ 본문에 사용된 데이터 파일 및 문서 파일은 구글 드라이브 및 출판사 홈페이지에서 다운로드 가능합니다.
　* https://bit.ly/3UNvWtw
　* https://www.pub365.co.kr
　　└ 챗 GTP로 시작하는 데이터 리터러시 → 자료 다운로드

머리말 AI와 함께하는 데이터 리터러시의 첫걸음 • 04

제1장 데이터 리터러시 및 데이터 분석 이해

❓ 생각해 볼 문제 • 13

① 생성형 AI 활용과 데이터 리터러시 • 14

② 데이터 이해와 데이터 종류 • 22

③ 생성형 AI를 활용한 데이터 분석 • 28

④ 챗GPT를 활용한 데이터 분석 • 38

❗ 정리하기 • 47

제2장 시장조사 및 1차 데이터 수집 방법 이해

❓ 생각해 볼 문제 • 49

① 시장조사와 마케팅 조사의 차이 • 50

② 조사 프로세스 및 조사 설계 • 55

③ 조사 목적과 데이터 수집, 그리고 분석의 관계 • 62

④ 질문지 작성 시 유의 사항 • 65

⑤ 챗GPT를 이용한 시장조사 • 68

⑥ 구글 설문지를 이용한 서베이 • 75

❗ 정리하기 • 89

제3장 2차 데이터 수집 방법과 데이터 전처리 이해

❓ 생각해 볼 문제 • 91

1 2차 데이터와 공공 데이터 · 92

2 웹 데이터 수집 : 웹 스크래핑 · 95

3 데이터 전처리 · 98

4 공공 데이터 수집 · 101

5 챗GPT를 이용한 웹 데이터 수집 · 104

6 챗GPT를 이용한 데이터 전처리 · 110

7 파워 쿼리를 이용한 데이터 전처리 · 116

정리하기 · 121

제4장 탐색적 데이터 분석 및 데이터 특성 이해

생각해 볼 문제 · 123

1 탐색적 데이터 분석과 확증적 데이터 분석 비교 · 124

2 탐색적 데이터 분석 이해 · 128

3 문제 해결과 의사결정을 위한 탐색 과정으로서 통계 · 131

4 데이터 분석을 위한 기초 통계 · 135

5 탐색적 데이터 분석 수행 절차 · 147

6 챗GPT를 이용한 탐색적 데이터 분석 · 150

정리하기 · 165

제5장 통계적 가설 검정 및 A/B 테스트 이해

생각해 볼 문제 · 167

1 통계 이해 : 기술 통계와 추론 통계 · 168

2 통계적 가설 검정 · 171

3 A/B 테스트 · 181

4 챗GPT를 이용한 통계적 가설 검정 · 190

5 챗GPT를 이용한 A/B 테스트 분석 · 196

정리하기 · 202

제6장 상관관계 및 연관성 이해

? 생각해 볼 문제 · 205

1 변수 간의 관계 이해하기 · 206

2 연관성 분석 : 상관 분석 · 209

3 사례연구 : 구매 이력 데이터를 이용한 상품 간 연관성 찾기 · 214

4 두 변수의 관계 파악을 위한 산점도 이해 · 217

5 상관 분석을 위한 데이터 수집 및 데이터 전처리 · 220

6 챗GPT를 이용한 상관분석 · 227

! 정리하기 · 235

제7장 인과 관계 및 예측 분석 이해

? 생각해 볼 문제 · 237

1 회귀분석 이해 · 238

2 회귀분석 방법과 회귀 모델 · 241

3 사례연구 : 매장 면적과 매출 총이익 간의 인과 관계 · 245

4 챗GPT를 이용한 회귀분석 · 249

5 챗GPT를 이용한 판매 예측 모델 · 259

6 판매량 예측 모델 구축 · 264

7 예측 모델 성능 평가 · 267

8 예측 모델 생성 및 엑셀 시뮬레이션 · 270

! 정리하기 · 274

제8장 군집 분석 및 고객 세분화 이해

? 생각해 볼 문제 · 277

1 군집 분석 이해 · 278

2 군집 분석의 주요 기법(알고리즘) · 284

3 고객 세분화와 타깃 마케팅 · 290

4 고객 분석 모형 및 세분화 분석 프로세스 · 294

5 챗GPT를 이용한 군집 분석 · 300

6 챗GPT를 이용한 고객 프로파일링 · 309

⚡ 정리하기 · 313

제9장 텍스트 데이터 분석 및 텍스트 마이닝 이해

❓ 생각해 볼 문제 · 315

1 텍스트 데이터 분석 이해 · 316

2 형태소 분석 · 320

3 검색 트렌드 분석 · 324

4 감성(긍정 · 부정) 분석 · 327

5 연관어 분석 · 331

6 워드 클라우드 분석 · 334

7 챗GPT를 이용한 텍스트 데이터 전처리 · 337

8 챗GPT를 이용한 텍스트 클러스터링 및 개선 방안 도출 · 347

⚡ 정리하기 · 360

제10장 시각화 분석과 데이터 기반 결론 도출 이해

❓ 생각해 볼 문제 · 363

1 데이터 시각화 이해 · 364

2 데이터 시각화를 위한 차트의 요소와 종류 · 370

3 데이터 기반 결론 도출 · 377

4 챗GPT를 이용한 시각화 분석 · 386

5 챗GPT와 AI 도구를 이용한 데이터 분석 보고서 작성 · 395

6 문제해결을 위한 데이터 활용 사고법 · 400

⚡ 정리하기 · 404

맺음말 데이터 리터러시로 여는 새로운 미래 · 406

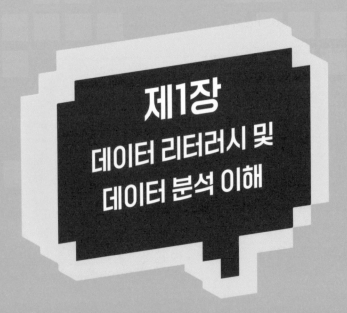

제1장
데이터 리터러시 및
데이터 분석 이해

생각해 볼 문제

1 AI가 비즈니스의 핵심 도구로 등장하면서 더욱 중요해진 데이터를 구체적이고 전문적으로 알고 싶다.

2 데이터의 유형과 종류에 따라 데이터 분석이 가능한 부분과 불가능한 부분이 어떻게 구분되는지 알고 싶다.

3 데이터를 읽고 쓰는 능력인 데이터 리터러시가 무엇인지 알고 싶다.

4 챗GPT를 포함한 생성형 AI를 데이터 분석 도구로 어떻게 활용할 수 있는지 궁금하다.

5 챗GPT의 고급 데이터 분석(ADA) 기능으로 데이터 기반 문제해결을 어떻게 할 수 있는지 궁금하다.

01 생성형 AI 활용과 데이터 리터러시

■ 생성형 AI 활용 실태

기업 내 생성형 AI 활용 실태

- 마이크로소프트가 링크드인과 함께 제작한 연례 보고서 WORK TREND INDEX 2024(업무동향지표)를 발표(2024년 5월 14일)
- 한국을 포함한 전 세계 31개국 31,000명이 설문조사에 참여했으며, 마이크로소프트 365에서 수집된 수 조개의 생산성 신호, 링크드인의 노동 및 채용 트렌드, 포천 500대 기업과의 협업을 통해 진행된 연구 결과가 반영.

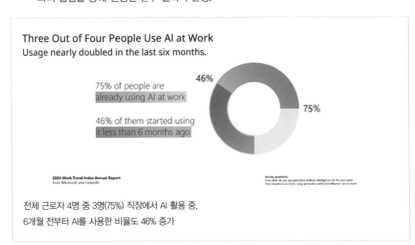

Three Out of Four People Use AI at Work
Usage nearly doubled in the last six months.

75% of people are already using AI at work

46% of them started using it less than 6 months ago

46%

75%

2024 Work Trend Index Annual Report
from Microsoft and LinkedIn

전체 근로자 4명 중 3명(75%) 직장에서 AI 활용 중,
6개월 전부터 AI를 사용한 비율도 46% 증가

BYOAI Is Not Just for Gen Z
Employees across every age group are bringing their own AI tools to work

직장에서 기업이 제공하지 않는 AI 도구를 사용하는 응답자 비율

AI 사용자의 78%가 자신만의 AI 도구를 직장에 가져오고 있음

(BYOAI, Bring Your Own Artificial Intelligence 자신의 인공지능을 가지고 와 활용하는 행태)

마이크로소프트가 2024년 5월에 발표한 '업무 동향 지표(Work Trend Index)'에 따르면, 생성형 AI는 전 세계적으로 큰 관심을 받고 있으며 업무에 활발히 활용되고 있습니다. 이번 조사에는 31개국 31,000명이 참여했으며, 그 결과 75%의 응답자가 이미 업무에서 AI를 사용하고 있다고 답했습니다. 그 중 46%는 최근 6개월 이내에 AI를 도입했다고 밝혔습니다.

일반적으로 생성형 AI는 젊은 세대, 특히 Z세대가 많이 사용할 것으로 예상되지만, 이번 조사 결과에 따르면 세대에 상관없이 다양한 연령대가 AI를 활용하고 있었습니다. Z세대의 85%, 밀레니얼 세대(M세대)의 78%, X세대의 76%, 베이비붐 세대의 73%가 AI를 사용 중인 것으로 나타났습니다. 이는 AI가 특정 세대에 국한되지 않고, 다양한 연령층에서 직장 내 도구로 자리 잡고 있음을 보여줍니다.

즉, AI는 더 이상 특정 계층이나 세대에만 국한된 기술이 아니며, 업무의 중요한 도구로 자리 잡고 있습니다. 이제 중요한 것은 AI를 얼마나 효율적으로 활용하는지가 경쟁력을 결정하는 요소가 되었다는 점입니다. 과거에는 도구를 잘 사용하는 사람이 경쟁력을 가졌다면, 이제는 AI와 같은 지능형 도구를 잘 활용할 수 있는 사람이 경쟁력 있는 인재로 평가받는 시대가 된 것입니다.

2 데이터의 본질

데이터의 본질

◉ 데이터(data)는 어떤 현상의 단편을 포착하여 수치화 혹은 기호화한 것
  ▷ 자유롭게 변환되고 활용되어 어떤 현상이나 결과를 유추해야
  ▷ 지속적이고 반복적으로 수집한 일정한 형태의 자료

우리 주변에서 접하는 데이터들
- 엑셀 자료
- 교통 데이터, 날씨 데이터, CCTV, 지역별 통계
- 카드사용내역, 휴대폰사용요금
- 매출 자료, 인사 자료, 생산량
- 운영데이터, 구매 이력 데이터
- 설문, 인터뷰 자료 등

데이터의 본질?

▶데이터 활용
▶새로운 가치 창출   ➡   비즈니스 변화

데이터는 특정 현상이나 순간을 포착하여 수치나 기호로 표현한 단편적인 정보입니다. 이러한 데이터는 우리가 자유롭게 변환하고 활용할 수 있으며, 지속적이고 반복적으로 수집될 때 더욱 가치 있는 정보가 됩니다. 데이터를 통해 우리는 특정 현상의 패턴을 분석하고, 이를 기반으로 의사결정을 내릴 수 있습니다.

주변에서 흔히 접할 수 있는 데이터의 예로는 다음과 같은 것들이 있습니다.

- 엑셀 자료 : 다양한 통계와 수치가 담긴 데이터
- 교통 데이터, 날씨 데이터, CCTV 자료, 지역별 통계 :
  공공기관 또는 정부에서 제공하는 다양한 형태의 데이터
- 카드 사용 내역, 휴대폰 사용 요금 : 개인의 소비와 관련된 데이터
- 매출 자료, 인사 자료, 생산량 : 기업 내부의 운영과 관련된 데이터
- 운영 데이터, 구매 이력 데이터 : 기업의 운영 및 고객 행동과 관련된 정보
- 설문, 인터뷰 자료 : 연구와 조사를 통해 수집된 정성적 데이터

데이터는 이러한 다양한 형태로 존재하며, 중요한 것은 이를 효과적으로 활용하여 새로운 가치를 창출하는 것입니다. 데이터의 본질적인 역할은 그 자체로는 단순한 정보이지만, 이를 통해 인사이트를 도출하고, 비즈니스의 변화를 이끌어내는 데 있습니다. 데이터 분석과 활용은 결국 조직과 개인이 더 나은 의사결정을 할 수 있도록 돕고, 비즈니스 혁신을 추구하는 데 필수적인 요소로 작용합니다.

따라서 데이터의 본질은 현상 일부를 포착하여 의미 있는 정보로 가공하고, 이를 바탕으로 새로운 가치와 비즈니스 혁신을 이끌어내는 데 그 목적이 있습니다. 데이터가 현대의 비즈니스 환경에서 중요한 역할을 하는 이유는,

바로 이러한 가치 창출을 통해 조직이 변화하고, 트랜스포메이션(디지털 전환)을 실현하는 데 기여하기 때문입니다.

어떻게 하면 데이터로 비즈니스에 변화를 일으킬 수 있을까?

문제를 정의하고

데이터를
수집, 분석, 시각화하여

센싱(Sensing)과 통찰(Insight)을 하면 된다.

• Sensing(감지와 반응) : 시장과 고객의 변화에 대한 다양하고
  복잡한 정보를 민감하게 파악
• Insight(통찰) : 사물을 훤히 꿰뚫어 보는 능력

Data literacy
(Data mind)

데이터를 활용하여 비즈니스에 변화를 일으키는 데 필요한 접근 방법은 다음과 같습니다.

1) 문제 정의

먼저 해결해야 할 비즈니스 과제를 명확하게 정의해야 합니다. 이는 단순한 일상적 문제가 아니라, 비즈니스 관점에서 해결이 필요한 과제를 의미합니다.

2) 데이터 수집, 분석, 시각화

정의된 문제를 해결하기 위해 관련 데이터를 수집하고, 이를 분석하여 시각화합니다. 데이터의 흐름과 패턴을 파악하는 과정이 중요하며, 이러한 과정을 통해 데이터에서 유의미한 정보를 도출할 수 있습니다.

3) 센싱(Sensing)과 통찰(Insight)

센싱은 시장이나 고객의 변화와 같은 복잡한 정보를 민감하게 감지하는 과정입니다. 예를 들어, 주전자에서 물이 끓을 때 소리나 증기를 보고 물이 끓고 있음을 감지하는 것입니다. 이는 변화를 탐지하는 능력입니다.

통찰은 이렇게 감지된 정보를 바탕으로 현상을 깊이 이해하고, 사물의 본질을 꿰뚫어 보는 능력입니다. 데이터를 통해 내부에서 무슨 일이 일어나고 있는지 깨닫고, 이를 바탕으로 전략적 결정을 내리는 것이 통찰의 역할입니다.

4) 데이터 리터러시(Data Literacy)와 데이터 마인드(Data Mind)

데이터를 올바르게 읽고 해석하며, 이를 통해 통찰력을 기르는 것이 데이터 리터러시입니다. 데이터 마인드는 데이터를 기반으로 사고하고 의사결정하는 능력을 의미하며, 이를 통해 비즈니스 혁신을 이끌어낼 수 있습니다.

즉, 비즈니스 문제를 명확하게 정의하고, 데이터를 활용해 분석과 시각화를 통해 문제의 본질을 파악하며, 센싱과 통찰력을 통해 적절한 해결책을 도출하는 과정이 중요합니다. 데이터 리터러시와 데이터 마인드를 함양하여 데이터 중심의 사고방식을 갖추는 것이 비즈니스 변화를 성공적으로 이끌어내는 핵심입니다.

데이터 리터러시(Data Literacy)

- 데이터를 읽고, 이해하고, 다양한 방식으로 활용하는 개인의 능력(HBR, Tim Stobierski)
- 데이터를 목적에 맞게 활용하는 데이터 해석 능력(문해력)
- 즉, 데이터 기반 문제 해결과 의사결정 역량이 필요함

  ▷ 문제 인식 역량
  ▷ 데이터 수집 역량
  ▷ 가공(전처리) 및 분석 역량
  ▷ 시각화 및 해석 역량
  ▷ 활용 역량(의사결정)
  ▷ 데이터 기획 역량 등

> **데이터 마인드 :**
> 데이터라는 렌즈를 통해 복잡다단한 현상에 대한 바르고 정확한 지식을 얻고,
> 이를 지렛대 삼아 주어진 문제를 해결하려는 사고방식

---

1) 데이터 리터러시 (Data Literacy)

데이터 리터러시는 데이터를 읽고, 이해하며, 이를 다양한 방식으로 활용할 수 있는 개인의 능력을 의미합니다. 데이터를 해석하는 능력과 데이터 기반으로 문제를 해결하고 의사결정을 내리는 능력을 포함합니다.

데이터 리터러시의 구체적인 핵심 역량은 다음과 같습니다.

- 문제 인식 역량 : 해결해야 할 비즈니스 문제나 과제를 명확하게 인식하는 능력
- 데이터 수집 역량 : 문제 해결에 필요한 데이터를 수집하는 능력
- 가공 및 분석 역량 : 수집된 데이터를 전처리하고, 필요한 분석을 수행하는 능력
- 시각화 및 해석 역량 : 데이터를 시각적으로 표현하고, 그 내용을 해석하는 능력
- 활용 역량 : 분석 결과를 바탕으로 의사결정을 내리고, 이를 실제로 적용하는 능력
- 데이터 기획 역량 : 필요할 경우 데이터를 기획하고 새롭게 수집할 수 있는 능력

2) 데이터 마인드 (Data Mind)

데이터 마인드는 데이터를 통해 복잡한 현상을 분석하고 문제를 해결하는 사고방식을 의미합니다. 데이터를 하나의 렌즈로 삼아, 이를 통해 정확하고 객관적인 지식을 얻고, 이를 기반으로 설득력 있는 의사결정을 내리는 것이 데이터 마인드의 핵심입니다.

데이터 마인드는 조직 내에서 의사결정을 해야 하는 모든 사람에게 필요합니다. 데이터 기반의 의사결정을 통해 상급자나 동료를 설득하고, 궁극적으로는 비즈니스의 변화와 혁신을 이끌어내는 데 중요한 역할을 합니다.

따라서, 데이터 리터러시를 통해 데이터를 해석하고 활용하는 능력을 키우고, 이를 바탕으로 데이터 마인드를 형성하여 비즈니스 혁신을 이끄는 것이 목표입니다.

02 데이터 이해와 데이터 종류

1 데이터 셋

데이터 이해 : 데이터 세트, 테이블, 데이터 포인트

- 데이터(dataset) : 데이터로 이루어진 테이블(table)
  - ▷ 테이블 : 행(row)과 열(column)로 구성
  - ▷ 행 : 데이터를 수집하는 단위 [동의어 : 관측값(observation), 레코드(record), 케이스(case) 등].
    행(row)으로 기록
  - ▷ 열 : 데이터를 저장하는 공간 [동의어 : 피처(feature, 특징), 필드(field), 변수(variable) 등].
    열(column)로 기록
  - ▷ 데이터 포인트(data point) : 관측값과 피처의 교차점

	A	B	C	D	E	F
1	사용일자	노선명	역명	승차총승객수	하차총승객수	등록일자
2	20220101	3호선	수서	7370	7076	20220104
3	20220101	3호선	학여울	461	473	20220104
4	20220101	3호선	대청	3224	2903	20220104
5	20220101	3호선	일원	3321	2803	20220104
6	20220101	경원선	창동	1	0	20220104
7	20220101	1호선	신설동	4939	4733	20220104
8	20220101	1호선	동대문	6486	6390	20220104
9	20220101	1호선	종로5가	7975	7922	20220104
10	20220101	1호선	서울역	18398	16926	20220104

피처/ 변수 (D열)

관측값 (레코드) (3행)

1) 데이터 세트(Dataset)와 테이블(Table)

데이터 세트는 데이터가 체계적으로 정리된 형태로, 흔히 테이블이라고 합니다. 이 테이블은 행(row)과 열(column)로 구성되어 있으며, 엑셀 시트나 구글 스프레드시트에서 많이 볼 수 있는 구조입니다. 이러한 테이블 형태는 데이터를 정형화된 형태로 저장하며, 데이터를 쉽게 분석하고 처리할 수 있도록 돕습니다.

2) 행(Row)과 열(Column)

행은 데이터를 수집하는 단위입니다. 이를 관측값(observation), 레코드(record), 또는 케이스(case)라고도 부릅니다. 예를 들어, 설문조사의 응답 하나하나가 행으로 기록됩니다. 행은 가로로 데이터를 저장하며, 각 행은 하나의 개체(예 : 사람, 사건 등)에 대한 모든 정보를 담고 있습니다.

열은 데이터를 저장하는 공간이며, 이를 칼럼(column), 피처(feature), 필드(field), 또는 변수(variable)라고 부릅니다. 열은 데이터 세트에서 특정한 속성을 나타내며, 예를 들어, "성별"이라는 열에는 각 개체의 성별 정보가 기록됩니다. 인공지능과 머신러닝에서는 이러한 열을 피처(feature)라고 부릅니다.

3) 데이터 포인트(Data Point)

데이터 세트에서 행과 열이 만나는 지점을 데이터 포인트라고 합니다. 예를 들어, "승차 총 승객수" 열의 두 번째 행에 기록된 값(461)이 바로 데이터 포인트입니다. 이 데이터 포인트는 하나의 구체적인 값을 나타내며, 이를 통해 데이터 세트의 특정 정보를 파악할 수 있습니다.

따라서 데이터 분석을 제대로 하기 위해서는 이러한 기본적인 데이터의 구조를 이해하는 것이 필수적입니다. 행과 열의 구조를 이해하고, 이를 통해 데이터 포인트를 정확히 해석할 수 있을 때 데이터 분석의 첫걸음을 뗀 것이라고 할 수 있습니다.

② 데이터 유형과 종류

데이터 이해 : 데이터유형, 데이터 종류

◎ 데이터 유형

데이터는 다양한 방식으로 분류되며, 이를 이해하는 것은 데이터 분석에서 매우 중요합니다. 먼저 데이터의 유형(Data Type)에 대해 살펴보겠습니다.

데이터는 크게 두 가지 유형으로 나눌 수 있습니다. 수치형 데이터와 범주형 데이터입니다.

1) 수치형 데이터

- 연속형 데이터 : 소수점까지 나뉠 수 있는 데이터를 말합니다. 예를 들어, 키, 몸무게, 온도와 같이 소수점 단위로 측정 가능한 데이터입니다.

① **비율 데이터** : 절대 영점이 존재하는 데이터로, 예를 들면 매출액, 몸무게 등
이 있습니다.

② **구간 데이터** : 특정 구간을 나누어 표현한 데이터입니다. 예를 들어, 만족도를
1점부터 5점까지 등간으로 구분한 데이터가 이에 해당합니다.

· 이산형 데이터 : 정해진 값 만을 가지며, 연속적으로 확장되지 않는 데이터입니다.
예를 들어, 사람 수나 계단 수와 같이 정수로만 표현되는 데이터입니다.

2) 범주형 데이터

· 명목형 데이터 : 순서가 없는 범주를 나타내는 데이터입니다. 예를 들어, 성별(남/
여)이나 혈액형(A, B, O)과 같은 데이터입니다.

· 순서형 데이터 : 순서가 있는 범주를 나타내는 데이터로, 예를 들어 순위를 매기거나
달리기의 등 수, 브랜드 선호도 등이 이에 해당합니다.

데이터 이해 : 데이터유형, 데이터 종류

○ 데이터 종류

다음은 데이터의 종류(Data Type Classification)에 대해 살펴보겠습니다.
데이터는 수집 방식, 정형화 방식, 수집 위치에 따라 분류됩니다.

1) 수집 방식에 따른 분류

- 관측 데이터 : 자연스럽게 관찰하거나 기록하여 수집한 데이터입니다.
  대부분의 데이터가 여기에 속합니다.
- 실험 데이터 : 실험을 통해 얻은 데이터로, 실험 환경에서 얻은 값들입니다.

2) 정형화 방식에 따른 분류

- 정형 데이터 : 테이블 형태로 구조화된 데이터입니다.
  예를 들어 엑셀 시트에 정리된 숫자 데이터가 여기에 해당합니다.
- 비정형 데이터 : 구조화되지 않은 데이터로, 텍스트, 음성, 이미지 등이 포함됩니다.
  예를 들어 소셜 미디어의 텍스트 리뷰나 사진, 비디오 파일 등이 비정형 데이터입니다.

3) 수집 위치에 따른 분류

- 내부 데이터(First-Party Data) : 조직 내부에서 수집된 데이터로, 기업이 직접 소유
  하고 있는 데이터입니다. 예를 들어 고객 거래 기록이나 웹사이트 방문자 데이터 등
  이 이에 속합니다.
- 외부 데이터 : 조직 외부에서 수집한 데이터로, 세컨드 파티 데이터와 서드 파티
  데이터로 나뉩니다.
- 세컨드 파티 데이터 : 제휴사나 신뢰할 수 있는 외부 기관으로부터 제공받은
  데이터입니다.
- 서드 파티 데이터 : 데이터 수집 업체 등에서 구매하거나 이용할 수 있는
  데이터입니다.

즉, 데이터의 타입에 따라 분석 가능 여부가 달라지며, 잘못된 데이터 타입을 선택하면 분석할 수 없거나 잘못된 결과를 도출할 수 있습니다. 따라서 데이터 분석을 할 때는 이러한 분류를 이해하고 데이터 타입에 맞는 분석 방법을 선택하는 것이 중요합니다.

03 생성형 AI를 활용한 데이터 분석

1 데이터 분석 도구

데이터 분석 도구로 어떤 것이 좋을까요?

 VS

▷ 메뉴 기반의 스프레드시트, 회계 및 각종 데이터베이스 관리
▷ 처리용량이나 고급 분석 기능 그리고 자동화 측면에서 한계
▷ 데이터 분석을 처음 접하는 사람

▷ 프로그래밍 기반의 데이터 처리 도구
▷ 더 큰 데이터를 다룰 수 있고, 더 강력한 기능을 제공
▷ 대부분의 전문가가 이런 도구를 사용

> 해결하고자 하는 문제 및 데이터의 특성에 따라 결정
> 그리고 똑똑한 AI 비서 활용

* KESS : Excel의 VBA (Visual Basic for Applications)를 사용하여 만든 통계 자료 분석용 프로그램
서울대학교 통계 학과에서 개발/무료

다양한 데이터 분석 도구들이 존재하며, 각각의 도구는 사용자 경험과 목적에 따라 적절하게 선택될 필요가 있습니다. 데이터 분석 도구를 두 가지 범주로 나누고, 각각의 특징과 사용 사례를 살펴보겠습니다.

1) 기본 데이터 분석 도구 (초보자 및 일반 사용자)

엑셀(Excel), 파워 쿼리(Power Query), 파워 비아이(Power BI), KESS, 오렌지(Orange)와 같은 도구들이 여기에 속합니다.

이 도구들은 메뉴 기반의 인터페이스를 제공하여, 프로그래밍 지식 없이도 데이터를 처리하고 분석할 수 있습니다. 특히 엑셀과 파워 쿼리는 간단한 데이터 정리와 변환 작업에 유용하며, 파워 BI는 시각화 기능을 통해 데이터를 쉽게 시각화 할 수 있습니다.

KESS(Korean Educational Statistical Software)는 엑셀의 VBA(Visual Basic for Applications)를 활용한 통계 분석 프로그램으로, 서울대학교 통계학과 교수가 학생들을 위해 만든 무료 소프트웨어입니다.

오렌지는 데이터 마이닝 도구로, 드래그 앤 드롭 방식으로 간단하게 분석할 수 있는 무료 소프트웨어입니다.

이러한 도구들은 데이터 분석을 처음 접하는 사람들에게 적합하며, 몇만 건 정도의 데이터를 다루는 데 충분한 기능을 제공합니다.

2) 전문 데이터 분석 도구 (전문가 및 프로그래머)

SQL, R, 파이선(Python), SAS, SPSS, 나임(KNIME), 래피드마이너(Rapid-Miner) 등이 여기에 속합니다.

이 도구들은 프로그래밍 지식이 필요한 경우가 많으며, 대규모 데이터 처리 및 복잡한 분석 작업을 수행할 수 있는 강력한 기능을 제공합니다.

R과 파이선은 데이터 분석과 통계, 머신러닝에 특화된 프로그래밍 언어로, 전문가들 사이에서 가장 널리 사용되고 있습니다. 이 언어들은 강력한 확장성과 다양한 라이브러리를 제공하지만, 프로그래밍에 대한 이해가 필요하여 진입 장벽이 높은 편입니다.

SAS와 SPSS는 전통적인 통계 분석 도구로, 대규모 데이터를 처리하고 고급 분석을 수행하는 데 사용됩니다. 하지만 대부분 유료 소프트웨어입니다.

나임과 래피드마이너는 데이터 마이닝과 분석을 위한 도구로, 머신러닝 모델 구축에 유리한 환경을 제공합니다. 무료 버전과 유료 버전이 함께 제공되며, 복잡한 분석 작업을 수행할 수 있습니다.

3) 문제와 데이터의 특성에 따른 도구 선택

도구 선택은 해결하려는 문제의 유형과 데이터의 크기, 복잡성에 따라 달라져야 합니다. 예를 들어, 몇만 건의 데이터라면 엑셀과 같은 기본 도구로도 충분하지만, 수백만 건 이상의 빅데이터를 처리해야 한다면 R, 파이선, 또는 SQL과 같은 전문 도구가 필요합니다.

4) 생성형 AI를 활용한 데이터 분석 도구

최근에는 챗GPT(ChatGPT), 제미나이(Gemini), 클로드(Claude), 줄리어스(Julius), 퍼플렉시티(Perplexity)와 같은 생성형 AI 도구들이 등장하여, 데이터 분석을 보다 쉽게 할 수 있는 방법을 제공합니다.

이들 AI 도구는 사용자가 데이터를 업로드하면 자동으로 분석을 수행하고,

결과를 제시해 주는 기능을 갖추고 있습니다. 특히 챗GPT는 데이터 분석 분야에서 매우 강력한 기능을 제공하며, 유료 버전으로 업그레이드 시 고급 데이터 분석(ADA, Advanced Data Analysis) 기능을 활용할 수 있습니다.

생성형 AI는 데이터 분석의 진입 장벽을 낮추고, 프로그래밍 지식 없이도 복잡한 분석을 수행할 수 있도록 도와줍니다. 이러한 도구들은 AI의 강력한 처리 능력을 바탕으로 빠르고 정확한 분석을 제공하며, 점점 더 많은 사람들이 데이터 분석에 활용하고 있습니다.

따라서, 데이터 분석 도구를 선택할 때는 해결하려는 문제와 데이터의 특성을 고려하여 적절한 도구를 선택하는 것이 중요합니다. 또한, 생성형 AI 도구를 적절히 활용하면 데이터 분석의 효율성을 극대화할 수 있습니다. 데이터 분석의 목적과 규모에 맞는 도구를 선택하고, 필요한 경우 AI를 적극 활용하여 효율적으로 데이터를 분석하는 것이 오늘날의 데이터 분석 환경에서 중요합니다.

AI를 활용한 데이터 분석의 프로세스는 기존의 데이터 분석 과정과 크게 다르지 않습니다. 기본적인 단계와 접근 방식은 동일하지만, AI 도구를 사용한다는 점에서 차이가 있습니다. AI를 활용한 데이터 분석의 전체적인 흐름을 단계별로 살펴보겠습니다.

1) 문제 정의

데이터 분석의 첫 번째 단계는 문제를 정의하는 것입니다. 해결해야 할 비즈니스 문제나 과제를 명확하게 설정합니다. 이는 기존의 데이터 분석에서도 동일한 첫 번째 단계입니다.

2) 데이터 수집

문제 정의가 완료되면, 이를 해결하기 위해 필요한 데이터를 수집합니다. AI를 활용하는 경우에도 이 단계는 여전히 필요합니다.

3) 데이터 업로드 및 설명 (인지)

AI 도구를 사용할 때는 데이터를 AI 시스템에 업로드하거나 불러오기 과정을 거칩니다. 이는 기존의 데이터 분석 도구에서 데이터를 불러오는 것과 동일한 맥락입니다.

데이터를 업로드한 후, AI가 이를 이해할 수 있도록 데이터의 구조와 의미를 설명해 주는 과정이 필요합니다. AI는 이 설명을 통해 데이터를 인지하고 분석 준비를 하게 됩니다.

4) 데이터 전처리

데이터를 AI가 분석할 수 있도록 전처리 작업을 수행합니다. 전처리 작업에는 불필요한 행이나 열을 제거하고, 결측치나 이상치를 처리하는 과정이 포함됩니다. 이러한 단계는 데이터를 깨끗하게 정리하여 분석의 정확성을 높이기 위한 필수적인 과정입니다.

5) 탐색적 데이터 분석 (EDA)

탐색적 데이터 분석을 통해 데이터의 기본 특성을 파악합니다. 기술 통계, 히스토그램, 박스 플롯 등을 사용하여 데이터의 분포와 특성을 시각적으로 확인합니다. 이 단계는 데이터가 어떤 패턴을 가지고 있는지, 이상치가 있는지를 미리 파악하는 데 유용합니다.

6) 데이터 분석 및 시각화

본격적인 분석 단계에서는 통계적 가설 검정, 상관관계 분석, 인과관계 분석 등 다양한 분석 기법을 사용합니다. AI를 활용하면 시각화 작업 또한 쉽게 수행할 수 있습니다. 예를 들어, 차트를 작성하여 분석 결과를 시각적으로 표현함으로써, 데이터를 더 직관적으로 이해할 수 있도록 돕습니다.

7) 결론 도출 및 보고서 작성

분석 결과를 바탕으로 결론을 도출하고, 필요시 보고서를 작성합니다. 이 단계에서는 분석 결과를 종합하여 비즈니스 문제에 대한 해답을 제시하고, 이를 문서화하여 의사결정에 참고할 수 있도록 합니다.

8) 의사결정

마지막 단계에서는 분석 결과를 바탕으로 의사결정을 내립니다. 이는 데이터 기반 의사결정(Data-driven Decision Making)으로, AI가 제공한 인사이트를 활용하여 최적의 해결책을 선택합니다. 즉, AI를 활용한 데이터 분석은 기존의 데이터 분석 프로세스와 큰 차이점이 없습니다. 데이터의 수집, 전처리, 분석, 결론 도출이라는 기본 흐름은 동일하며, 단지 AI 도구를 사용하여 데이터 처리 및 분석의 효율성을 높이고, 자동화된 시각화와 통찰력을 제공하는 것이 차별점입니다. 따라서 AI를 활용하더라도 기본적인 데이터 분석 원칙과 절차를 잘 이해하고 있다면, 기존의 접근 방식과 자연스럽게 통합할 수 있습니다.

3 AI를 활용한 데이터 분석 시 고려 사항

AI를 활용한 데이터 분석 시 고려 사항

- ◎ AI의 분석 결과를 맹신하지 말 것
  - ▷ 특히 데이터 분석 초심자일수록 주의 필요
  - ▷ 결과를 충분히 검토하지 않고 활용 시 부작용 발생 가능
- ◎ 전문 지식과 경험을 바탕으로 AI와 협업할 것
  - ▷ 도메인 이해도, 통계 역량, 업무 맥락을 고려한 분석 수행
  - ▷ AI에게 모든 것을 맡기기보다 전문성을 활용해 협업
- ◎ 데이터 분석에 정답은 없음을 인지할 것
  - ▷ 분석가의 가설과 이를 뒷받침하는 데이터 패턴이 핵심
- ◎ 데이터 분석을 위한 프롬프트 엔지니어링
  - ▷ 단계별로 수행(step by step) : 단계별로 생각해 보자(Let's think step by step.)
  - ▷ 명확한 단어 사용하고 구체적으로 지시
  - ▷ 업로드할 파일의 내용에 잘 맞는 파일명을 영어로 작성(추천)
  - ▷ 업로드한 데이터를 간략하게 설명하고 분석 시작
  - ▷ 데이터 전처리를 한 경우에는 분석 결과 파일에 대한 다운로드 링크를 요청하여 원본과 확인

AI를 활용한 데이터 분석 시 고려해야 할 사항들을 설명해 드리겠습니다. AI 도구는 강력하지만, 사용 시 몇 가지 중요한 점을 인지하고 신중하게 접근해야 합니다.

1) AI의 분석 결과를 맹신하지 말 것

AI의 분석 결과가 항상 정확하거나 최적의 해답은 아닐 수 있습니다. 특히 데이터 분석 초심자일수록 AI가 제공하는 결과를 검토하지 않고 그대로 받아들이는 경향이 있는데, 이는 위험할 수 있습니다. AI는 데이터를 기반으로 패턴을 도출하고 예측을 하지만, 이를 비판적으로 검토하지 않으면 잘못된 결론에 도달할 수 있으므로, 항상 결과를 점검하고 검증하는 습관을 가져야 합니다.

2) 전문 지식과 경험을 바탕으로 AI와 협업할 것

AI는 데이터를 처리하고 분석하는 데 도움을 주지만, 데이터 분석의 배경 지식이 부족하다면 AI의 도움을 충분히 활용하기 어렵습니다. 도메인 지식, 통계적 이해, 그리고 비즈니스 맥락을 고려한 분석이 필요합니다.

AI에게 모든 분석을 맡기기보다는 AI를 보조 도구로 활용하여, 전문가의 관점에서 데이터를 해석하고 결론을 내리는 협업이 중요합니다.

3) 데이터 분석에 정답은 없음을 인지할 것

데이터 분석에는 항상 정답이 존재하는 것이 아닙니다. 분석가의 가설과 데이터가 뒷받침하는 패턴이 중요하며, 이를 바탕으로 논리적인 결론을 도출하는 것이 핵심입니다.

분석을 통해 얻은 결과가 정답이라고 단정하지 말고 데이터를 통해 이해할 수 있는 인사이트와 근거를 바탕으로 결정을 내리는 과정이 중요합니다.

4) 데이터 분석을 위한 프롬프트 엔지니어링

AI와 상호작용을 할 때, 프롬프트 엔지니어링은 매우 중요한 요소입니다. AI가 잘 반응하도록 하기 위해 명확하고 단계적인 지시를 하는 것이 중요합니다.

- 단계별 수행 : 전체 과정을 한 번에 요청하기보다는, 단계별로 세분화하여 요청합니다. 예를 들어, "단계별로 분석해 주세요" 또는 "이 단계 후 다음 단계를 진행해 주세요"와 같은 구체적인 지시를 합니다.
- 명확한 단어 사용 : 모호한 표현보다는 명확하고 구체적인 단어를 사용하여 지시합니다.
- 업로드 파일 명명 : 파일의 내용을 잘 나타내는 영어 이름을 사용하여 AI가 파일을 쉽게 이해할 수 있도록 도와줍니다.

· 데이터 설명 : 업로드한 데이터에 대해 간략히 설명하는 것이 좋습니다. 데이터를 설명함으로써 AI가 보다 정확한 분석을 수행할 수 있습니다.

· 전처리 데이터 확인 : 데이터 전처리 후 AI에게 "전처리 결과 파일을 다운로드 링크로 제공해 줘"라고 요청할 수 있습니다. 이를 통해 원본 데이터와 전처리 데이터를 비교하고 검토할 수 있습니다.

즉, AI를 활용한 데이터 분석은 편리하고 강력하지만, 이를 제대로 사용하기 위해서는 사용자의 전문 지식과 비판적 사고가 필요합니다. 또한, 프롬프트를 명확하고 구체적으로 작성하는 프롬프트 엔지니어링이 중요하며, 단계적인 접근과 데이터의 검토 과정을 통해 정확성을 높여야 합니다. 이를 통해 AI와 협업하여 데이터 분석의 효율성과 품질을 높일 수 있습니다.

04 챗GPT를 활용한 데이터 분석

---

1 챗GPT를 활용한 데이터 분석

챗GPT를 활용한 데이터 분석

- ⦿ ChatGPT(https://chatgpt.com/)
  - ▷ (회원 가입/구글 계정) / 로그인
- ⦿ ChatGPT Plus로 업그레이드(유료)
- ⦿ ChatGPT ADA(Advanced Data Analysis, Code Interpreter)

챗GPT를 이용해 데이터 분석을 진행하려면 몇 가지 단계와 설정이 필요합니다.

1) 챗GPT 접속 및 로그인

먼저, [챗GPT 웹사이트](https://chatgpt.com/)에 접속해야 합니다. 회원가입을 통해 계정을 생성합니다. 구글 계정으로 로그인하는 방법이 가장 간편합니다.

로그인 후, 무료 버전과 유료 버전(Plus 버전)을 선택할 수 있습니다. 데이터 분석을 원활하게 진행하기 위해서는 챗GPT Plus로 업그레이드하는 것이 좋습니다. Plus 버전에서는 더 긴 텍스트를 처리하고 분석할 수 있는 토큰을 충분히 제공합니다.

2) 챗GPT ADA(Advanced Data Analysis) 사용

ADA(Advanced Data Analysis)는 챗GPT의 고급 데이터 분석 기능으로, 예전에는 코드 인터프리터(Code Interpreter)라고 불리기도 했습니다. 이 기능은 데이터를 업로드하고, 분석 및 시각화 작업을 자동으로 수행합니다.

이 기능을 사용하면 챗GPT가 파이썬 코드를 자동으로 작성하고, 데이터를 분석한 후 결과를 시각적으로 보여줍니다. 따라서 데이터 분석 작업을 훨씬 쉽게 수행할 수 있습니다.

3) 단계별 데이터 분석 프로세스

• Step 1 : 데이터 업로드

먼저, 분석할 데이터를 챗GPT에 업로드합니다. 파일 업로드 기능을 사용하여 데이터를 쉽게 올릴 수 있으며, 이를 통해 챗GPT가 데이터를 읽고 인지하게 됩니다.

· Step 2 : 명령어 입력 및 분석 수행

데이터가 업로드되면, 사용자는 챗GPT에 명령어(프롬프트)를 입력하여 어떤 분석을 수행할지 지시합니다. 챗GPT ADA는 이를 바탕으로 파이선 코드를 작성하여 데이터를 분석합니다.

· Step 3 : 분석 결과 확인 및 활용

챗GPT가 데이터를 분석한 후, 결과를 시각화하거나 통계적으로 해석한 내용을 제공합니다. 사용자는 이 결과를 바탕으로 필요한 의사결정을 내릴 수 있습니다.

4) Data Analyst 활용

챗GPT의 ADA 기능을 사용하기 위해서는 Data Analyst라는 전용 챗봇을 사용할 수 있습니다. 오픈AI가 제공하는 이 챗봇은 데이터 분석에 특화된 기능을 갖추고 있으며, 데이터 파일을 업로드하고 분석을 요청하면 자동으로 코드를 작성하고 결과를 제공합니다.

기존의 일반적인 챗GPT 모델을 사용하는 것보다 더 효과적이기 때문에, 데이터 분석 실습에서는 이 Data Analyst 챗봇을 적극 활용할 예정입니다.

즉, 챗GPT를 활용한 데이터 분석은 데이터를 쉽게 업로드하고 분석할 수 있는 환경을 제공합니다. 가능하면 유료 버전(Plus)으로 업그레이드하여 ADA 기능을 사용하는 것이 더욱 효율적입니다. 데이터를 업로드하고 챗GPT에 명령을 입력하면, 챗GPT가 자동으로 파이선 코드를 작성하여 결과를 분석하고 시각화합니다. 이를 통해 데이터 분석에 소요되는 시간을 줄이고, 보다 직관적이고 신속하게 결과를 얻을 수 있습니다.

2 챗GPT ADA 사용 시 고려 사항

챗GPT를 통해 데이터 분석 시 주의 사항

- ◎ 업로드 가능 파일 형식
  - ▷ 대부분의 텍스트 기반 파일 형식(예 : txt, csv, json, xml), 이미지 파일 형식(예 : jpg, png, gif), 문서 파일 형식(예 : pdf, docx), 데이터 파일 형식(예 : xlsx), 및 압축 파일 형식(예 : zip)

- ◎ 업로드 파일 용량 및 기억 시간 한계, 보안 문제
  - ▷ 한 번에 업로드할 수 있는 파일 개수(10개)는 정해져 있고, 업로드 파일 용량은 512MB까지 가능
  - ▷ 한 세션에 데이터를 업로드하고 분석하고 3시간 이상 지나면 분석을 할 수 없음
  - ▷ 올린 파일은 클라우드에 저장되지만 곧 휘발됨(보안 문제. 계정 : 설정 > 데이터 제어 탭 > 모두를 위한 모델 개선 Off)

- ◎ 파이선 라이브러리 활용
  - ▷ 설치된 파이선 라이브러리의 수는 총 355개(2024년 7월 기준)
  - ▷ 필요한 라이브러리는 추가 설치 후 사용(특정 파이선 라이브러리를 불러와서(import) 사용하라고 요청)

- ◎ 고급 데이터 분석을 제대로 못 할 때
  - ▷ '응답 다시 생성하기' 단추를 클릭하여 처음부터 다시 생성
  - ▷ '메시지 편집' 단추를 클릭하여 프롬프트 자체를 수정

- ◎ 한글 깨짐 현상
  - ▷ 그래픽 처리 시 한글 깨지는 현상 발생(시각화 차트)
  - ▷ koreanize-matplotlib 라이브러리 및 한글 폰트를 업로드하여 해결

챗GPT를 통해 데이터를 분석할 때 알아 두어야 할 몇 가지 주의 사항들을 정리해 보겠습니다.

1) 업로드 가능한 파일 형식

챗GPT는 다양한 파일 형식을 지원합니다.

- 텍스트 기반 파일 : '.txt', '.csv', '.json', '.xml' 등이 포함됩니다.
- 이미지 파일 : '.jpg', '.png', '.gif' 같은 이미지 파일도 업로드할 수 있습니다.
- 문서 파일 : '.pdf', '.docx' 같은 형식도 가능합니다.

• 데이터 파일 : '.xlsx'와 같은 엑셀 파일 및 압축 파일('.zip')도 지원됩니다.

여러 개의 파일을 업로드해야 할 경우, 파일을 압축해서 하나의 파일로 만들면 용량 한도 내에서 업로드할 수 있습니다.

2) 업로드 파일 용량 및 시간 한계

챗GPT에서 한 번에 업로드할 수 있는 파일 개수는 최대 10개이며, 최대 용량은 512MB입니다. 만약 파일 개수가 10개를 넘긴다면 압축 파일을 만들어 업로드하면 됩니다.

한 세션에서 데이터를 업로드하고 분석할 수 있는 시간은 최대 3시간입니다. 이 시간이 지나면 세션이 만료되어 추가적인 분석이 불가능하므로, 이를 염두에 두고 작업해야 합니다.

또한, 업로드된 파일은 클라우드에 일시적으로 저장되지만, 곧 휘발되므로 보안 문제는 크게 염려하지 않아도 됩니다. 보안 설정은 '계정 설정 > 데이터 제어' 탭에서 비활성화할 수 있습니다.

3) 파이선 라이브러리 활용

챗GPT의 고급 데이터 분석 기능은 파이선 라이브러리를 활용합니다. 2024년 7월 기준으로 355개의 라이브러리를 지원합니다.

필요한 경우, 추가적으로 라이브러리를 불러와서 사용할 수 있으며, 특정 파이선 라이브러리를 import하여 사용하라고 요청할 수 있습니다.

4) 고급 데이터 분석을 제대로 수행하지 못할 때

챗GPT가 고급 데이터 분석을 수행하지 못할 경우, '응답 다시 생성하기'

버튼을 클릭하여 세션을 다시 시작할 수 있습니다.

또는, '메시지 편집'을 통해 프롬프트를 수정하고 다시 분석을 시도할 수 있습니다.

5) 한글 깨짐 현상 해결

데이터 시각화에서 한글이 깨지는 경우가 발생할 수 있습니다. 예를 들어, 그래프나 차트를 그릴 때 한글이 제대로 표시되지 않는 현상이 있습니다.

이를 해결하기 위해, koreanize-matplotlib 라이브러리 및 한글 폰트를 업로드하여 사용해야 합니다. 단, 이러한 설정은 세션마다 다시 설정해야 하며, 세션이 새로 열릴 때마다 동일한 작업을 반복해야 합니다.

즉, 챗GPT를 통해 데이터를 업로드하고 분석할 때의 파일 형식 및 용량 제한, 파이썬 라이브러리의 활용 방법, 그리고 분석 도중 발생할 수 있는 문제를 해결하는 방식에 대해 설명했습니다. 챗GPT의 고급 데이터 분석 기능을 효과적으로 활용하려면 이러한 주의 사항을 잘 이해하고 적용하는 것이 중요합니다.

[실습] 챗GPT를 이용한 데이터 분석 및 라이브러리 설치(한글 깨짐 현상 해결)

◎ 문제 : 챗GPT로 데이터 분석을 하고, 한글 처리에 문제가 있는 경우에 해결하는 방법을
찾아라.

❷ 🖊Employee Training Roster.csv
이 파일을 탐색해 줘, 근무년수에 대한 히스토그램과 박스 플롯을 그려줘
🖊koreanize_matplotlib-0.1.1-py3-none-any.whl, NanumBarunGothic.ttf
업로드한 라이브러리를 설치하고 Matplotlib 한글 사용 환경을 설정 한 다음 NanumBarunGothic.ttf
파일로 한글을 표현해 줘(또는 표현해서 다시 그려줘)

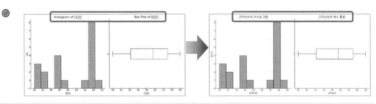

챗GPT를 활용한 데이터 분석 및 라이브러리 설치와 한글 깨짐 현상 해결
방법에 대해 설명하겠습니다.(여기 사용된 파일 그리고 이후 사용될 파일은 구글 드
라이브에서 다운로드 가능합니다. https://bit.ly/3UNvWtw)

1) 데이터 파일 업로드 및 분석 요청

먼저, 챗GPT에 데이터 파일을 업로드합니다. 예시로 'Employee Training
Roster.csv' 파일을 업로드하고, 챗GPT에 이 파일을 탐색해달라고 요청합
니다. 예를 들어, "근무연수에 대한 히스토그램과 박스 플롯을 그려줘"라고
명령을 입력합니다.

하지만 시각화 과정에서 한글이 깨지는 문제가 발생할 수 있습니다. 예를
들어, 차트 제목이나 레이블이 네모로 표시되는 경우입니다. 이를 해결하기
위해 한글 폰트와 관련 라이브러리를 설치해야 합니다.

koreanize-matplotlib 라이브러리와 NanumBarunGothic.ttf 한글 폰트를 설치하여 한글이 깨지지 않도록 설정할 수 있습니다.

- koreanize_matplotlib.whl : 이 라이브러리는 Matplotlib에서 한글을 지원하기 위한 라이브러리입니다.
- NanumBarunGothic.ttf : 무료 한글 폰트로, 설치하여 Matplotlib에 적용할 수 있습니다. 나눔바른고딕 이외의 다른 한글 폰트를 사용해도 됩니다.

챗GPT에 위의 두 가지 파일을 업로드하고, 라이브러리를 설치하도록 명령을 입력합니다. 예시로, "업로드한 라이브러리를 설치하고 Matplotlib 한글 사용 환경을 설정한 다음 NanumBarunGothic.ttf 파일로 한글을 표현해 줘"라고 요청합니다.

라이브러리와 폰트가 정상적으로 설치되면, 다시 한글이 포함된 시각화 작업을 진행할 수 있습니다.

만약 여전히 한글이 깨진다면, "한글을 표현해서 다시 그려줘"와 같이 다시 명령을 주면 됩니다. 이렇게 하면 한글이 제대로 표시된 차트와 플롯이 생성됩니다.

한글 깨짐 현상을 해결한 결과로, 제대로 된 한글 텍스트가 포함된 시각화 결과를 확인할 수 있습니다. 위의 예시에서는 왼쪽에 한글이 깨진 차트와 오른쪽에 한글이 정상적으로 표시된 차트를 비교해 보았습니다.

즉, 챗GPT를 통해 데이터를 분석할 때, 한글이 포함된 시각화를 할 경우 한글 폰트와 관련 라이브러리를 추가로 설정해야 합니다.

라이브러리 설치와 폰트 업로드 과정을 통해 이러한 문제를 해결할 수 있으며, 프롬프트에서 구체적인 명령을 통해 한글을 제대로 표현하도록 할 수 있습니다.

5) 챗GPT에 요청한 프롬프트

> 업로드한 koreanize_matplotlib-0.1.1-py3-none-any.whl
> 라이브러리를 가상환경에 설치하여 Matplotlib에서 한글 사용 환경을
> 설정하고 NanumBarunGothic.ttf 파일로 한글을 표현해서 다시 그려 줘.
> 그리고 모든 답변은 한글로 해 줘
>
>

정리하기 📄

인공지능 시대에 필수적인 데이터 리터러시와 데이터 마인드의 중요성에 대해 다루었습니다. 데이터 리터러시는 데이터를 읽고 분석하며 이를 활용하여 문제 해결과 의사 결정을 하는 능력을 의미하며, 데이터 마인드는 이를 기반으로 사고하고 해석하는 능력을 뜻합니다. 또한, 코딩 없이도 생성형 AI, 특히 챗GPT의 고급 데이터 분석(코드 인터프리터) 기능을 활용하여 데이터를 효과적으로 분석할 수 있는 방법을 설명했습니다.

이 기능을 통해 데이터 파일을 업로드하고, 분석 명령을 프롬프트로 입력하여 시각화와 통계 분석을 수행할 수 있습니다. 한글 깨짐 현상을 해결하기 위한 라이브러리 설치 및 폰트 설정 방법을 소개했습니다. 이런 내용을 바탕으로 앞으로 데이터 수집부터 시각화 및 결론 도출까지의 구체적인 과정을 다룰 예정입니다.

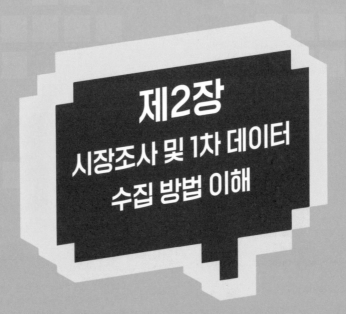

제2장
시장조사 및 1차 데이터
수집 방법 이해

생각해 볼 문제

[1] 신제품이나 서비스를 출시하기 위해 소비자 요구, 경쟁 상황, 시장 트렌드 등을 파악하고 싶다.

[2] 새로운 지역이나 국가로 시장을 확장하기 위해 해당 시장의 특성을 이해하고 적합한 전략을 마련하고 싶다.

[3] 경쟁사의 동향을 파악하고, 자사와의 비교를 통해 경쟁력을 강화하고 싶다.

[4] 기존 고객의 만족도를 조사하여 제품 또는 서비스의 품질을 개선하고, 충성도를 높이고 싶다.

[5] 브랜드 인지도를 파악하고, 브랜드 이미지를 개선하거나 유지하기 위한 전략을 세우고 싶다.

[6] 제품 또는 서비스의 적절한 가격대를 결정하거나 조정하고 싶다.

[7] 효과적인 광고 및 마케팅 전략을 수립하기 위해 타깃 고객의 선호도와 행동 패턴을 파악하고 싶다.

01 시장조사와 마케팅 조사의 차이

시장조사와 마케팅 조사

- 시장조사는 시장 자체에 대한 폭넓은 이해를 목표로 하며, 소비자와 시장의 전반적인 특성, 규모, 경쟁 환경 등을 분석
- 마케팅조사는 특정 마케팅 활동의 성과와 효율성을 평가하고, 이를 바탕으로 마케팅 전략을 최적화하는 데 중점을 둠
- 종종 상호 보완적으로 사용되며, 성공적인 비즈니스 전략을 세우기 위해서는 두 가지 모두가 필요

구분	시장조사(Market Research)	마케팅조사(Marketing Research)
목적	특정 시장에 대한 이해	마케팅 전략 및 전술 개선
범위	시장 규모, 시장 성장률, 시장 동향, 소비자 인구통계, 경쟁 환경	제품, 가격, 유통, 촉진(프로모션)와 같은 마케팅 믹스 요소 분석
내용	특정 제품/서비스의 잠재 시장 분석, 소비자 수요 및 선호도 파악, 경쟁 상황 이해	마케팅 캠페인 효과성, 광고 메시지 효율성, 가격 정책, 유통 채널 효율성 평가
주요 질문	– 시장 크기는 얼마나 되는가? – 주요 트렌드는 무엇인가? – 주요 경쟁자는 누구인가? – 소비자의 요구와 선호는 무엇인가?	– 특정 광고 캠페인은 얼마나 효과적인가? – 제품의 최적 가격대는 얼마인가? – 어떤 유통 채널이 가장 효과적인가? – 프로모션 전략은 얼마나 잘 작동하고 있는가?

　시장조사와 마케팅 조사는 비즈니스 의사 결정에서 중요한 역할을 하는 두 가지 서로 다른 조사 방법입니다. 이 둘은 목적과 범위가 다르지만, 결국 함께 활용되어 성공적인 비즈니스 전략을 세우는 데 기여합니다.

1) 목적

시장조사의 주된 목적은 특정 시장 자체에 대한 깊이 있는 이해를 도모하는 것입니다. 즉, 특정 제품이나 서비스가 판매될 시장의 전반적인 상황을 파악하는 데 중점을 둡니다.

2) 범위

시장조사의 범위는 굉장히 폭넓습니다. 여기에는 시장의 규모(얼마나 큰 시장인지), 시장 성장률(시장이 얼마나 빠르게 성장하는지), 시장 동향(주요 트렌드는 무엇인지), 소비자의 인구 통계적 특성(나이, 성별, 소득 수준 등), 그리고 경쟁 상황(주요 경쟁자는 누구인지)이 포함됩니다. 이를 통해 해당 시장이 얼마나 안정적이고, 어떤 성장 가능성이 있는지를 분석합니다.

주요 질문

- ❓ 시장의 규모는 얼마나 되는가?
- ❓ 시장의 주요 트렌드는 무엇인가?
- ❓ 시장에서 주요 경쟁자는 누구인가?
- ❓ 소비자의 요구와 선호는 무엇인가?

---

3) 활용

시장조사는 비즈니스가 진입할 시장을 결정하거나, 새로운 사업 기회를 탐색할 때 매우 중요한 도구로 사용됩니다. 예를 들어, 새로운 제품이나 서비스를 출시하기 전에 그 시장이 얼마나 큰지, 성장 가능성이 있는지, 소비자들은 어떤 제품을 선호하는지 등을 파악해야 합니다. 이때 시장조사는 전반적인 시장의 '큰 그림'을 그리게 도와줍니다.

1) 목적

마케팅 조사는 특정 마케팅 활동의 성과와 효율성을 평가하고, 이를 바탕으로 마케팅 전략을 개선하고 최적화하는 것을 목적으로 합니다. 즉, 브랜드 이미지, 신제품 개발, 판매촉진, 광고, 가격 설정, 유통 전략 등이 얼마나 효과적으로 작동하고 있는지를 분석하는 데 집중합니다.

2) 범위

마케팅 조사의 범위는 마케팅 믹스 요소인 제품(Product), 가격(Price), 유통(Place), 촉진(Promotion)에 중점을 둡니다. 이와 관련하여 광고 캠페인의 성과, 메시지 전달의 효과, 가격 정책, 유통 채널의 효율성 등을 평가합니다. 마케팅 조사는 특정 마케팅 활동이 소비자에게 어떻게 반응을 얻고 있는지, 그 활동이 비즈니스 목표에 얼마나 기여하고 있는지를 평가합니다.

주요 질문

- ❓ 특정 광고 캠페인은 얼마나 효과적인가?
- ❓ 제품의 최적 가격은 무엇인가?
- ❓ 어떤 유통 채널이 가장 효율적인가?
- ❓ 프로모션 전략이 얼마나 잘 작동하고 있는가?

---

3) 활용

마케팅 조사는 특정 마케팅 활동을 실행한 후 그 활동의 효과를 평가하거나, 새로운 마케팅 전략을 수립하기 위한 데이터를 제공합니다. 예를 들어, 광고 캠페인을 진행한 후 얼마나 많은 소비자가 광고에 노출되었고, 실제로 구매로 이어졌는지, 그리고 그 효과를 높이기 위해 무엇을 개선할 수 있는지를 분석하는 데 사용됩니다.

3 차이점과 상호보완적 역할

1) 시장조사와 마케팅 조사 간의 차이점

시장조사는 특정 제품이나 서비스가 속한 시장 전체의 상황을 분석하고 이해하는 데 중점을 두며, 더 넓은 범위에서 진행됩니다.

마케팅 조사는 특정 마케팅 활동의 효과와 효율성을 분석하는 데 초점을 맞추며, 특정 전략을 개선하거나 조정하는 데 목적이 있습니다.

2) 상호보완적 역할

시장조사가 시장의 전반적인 특성을 파악하는 데 중점을 둔다면, 마케팅 조사는 그 시장에서 수행되는 구체적인 마케팅 활동의 성과를 분석하는 데 중점을 둡니다.

두 조사는 서로 보완적으로 작용하여 비즈니스가 더 나은 결정을 내릴 수 있도록 합니다. 시장조사에서 확보한 데이터를 바탕으로 마케팅 전략을 수립하고, 마케팅 조사로 그 전략이 잘 작동하는지 검증하게 됩니다.

4 사례

1) 시장조사

예를 들어, 모 IT 기업이 새로운 소프트웨어를 출시하기 전, 해당 소프트웨어가 겨냥한 시장의 규모, 성숙도, 성장 가능성 등을 조사합니다. 이때, 경쟁 기업들이 어떤 제품을 내놓고 있고, 소비자들이 어떤 기능을 중요하게 여기는지 등을 조사합니다.

2) 마케팅 조사

예를 들어, 모 IT 기업이 소프트웨어 출시 후, 온라인 광고 캠페인의 성과를 분석합니다. 광고에 노출된 사용자가 얼마나 구매로 전환되었는지, 광고 메시지가 소비자에게 효과적으로 전달되었는지 등을 평가합니다.

즉, 시장조사와 마케팅 조사는 전체 시장을 이해하고, 전략적 결정을 내리며, 그 결정을 실행하고 성과를 평가하는 모든 과정에서 중요한 역할을 합니다. 이 두 가지 조사를 적절하게 활용함으로써 비즈니스는 더욱 성공적인 마케팅 전략을 세울 수 있습니다.

02 조사 프로세스 및 조사 설계

조사와 조사 프로세스

- 조사(research)는 문제 해결을 위해 체계적이고 객관적으로 자료를 수집하고, 분석하여. 의사결정에 사용하는 활동
- 과제를 해결하기 위한 절차(단계는 세밀하게 구분할 수 있으나 순서는 꼭 지켜야 함)
- 조사 프로세스

1 문제 정의	2 조사 설계	3 실사 및 데이터 수집	4 데이터 준비 및 분석	5 보고서 작성 및 해석
└ 조사 방향	└ 조사 목적	└ Sampling	└ Coding	└ 결과의 시각화
└ 문제를 확인하기	└ 연구 가설	└ Survey	└ Editing	└ 전략적 시사점
위한 접근	(이론적인 틀)	Google 설문지	└ Analysis	└ 해석 및 결론
• 상황 분석	└ 표본추출 방법		• 빈도 분석 • 판별 분석	
• 문헌 연구	└ 조사 방법		• 다중 응답 • 군집 분석	
• 전문가 의견	└ 분석 기법		• 분산 분석 • 다차원 척도법	
• 사례 연구	└ 질문지 작성		• 상관 분석 • 컨조인트 분석	
			• 회귀 분석	
			• 구조방정식 모형	
			• 요인 분석	

조사(Research)는 문제 해결을 위해 체계적이고 객관적으로 자료를 수집하고 분석하여, 최종적으로 의사결정을 지원하는 데 중요한 역할을 합니다. 이 과정에서 모든 단계는 논리적 순서를 따라야 합니다. 순서의 중요성을 강조하는 이유는 조사 과정에서 자료의 신뢰성 및 분석의 타당성을 확보하기 위함입니다. 조사 프로세스의 5단계는 다음과 같습니다.

1) 문제 정의

- 조사 방향 설정 : 무엇을 조사할 것인지 명확히 해야 합니다. 문제를 해결하기 위한 방향을 설정하는 것이 첫 번째 단계입니다.
- 문제 확인을 위한 접근 : 상황 분석, 문헌 연구, 전문가 의견 청취, 사례 연구 등을 통해 조사할 문제의 실체를 구체화하고 명확하게 정의합니다.

문제 정의가 제대로 이루어지지 않으면 조사 전 과정에서 오류가 발생할 수 있기 때문에 가장 중요한 단계입니다.

2) 조사 설계

- 조사 목적 설정 : 문제를 해결하기 위해 구체적인 목적을 설정합니다. 조사 목적은 조사 활동 전반의 기준이 됩니다.
- 연구 가설 설정 : 이론적 틀을 기반으로 조사에서 검증해야 할 가설을 설정합니다.
- 표본추출 방법 및 조사 방법 선정 : 어떤 데이터를 어떻게 수집할 것인지 구체화합니다. 표본 추출법(확률, 비확률), 설문 방식(온라인, 오프라인), 분석 방법 등을 설계합니다.

이 단계에서 설문지를 준비하게 되는데, 여기서 챗GPT와 같은 도구를 활용하여 설문지 초안을 생성하거나, 조사 방법에 대한 아이디어를 얻을 수 있습니다.

3) 실사 및 데이터 수집

- 샘플링(Sampling) : 설계한 표본추출 방법에 따라 데이터를 수집할 대상을 선정합니다.
- 서베이(Survey) : 구체적으로 데이터를 수집하는 설문조사 방법입니다. 이 과정에서는 구글 설문지와 같은 도구를 활용하여 데이터 수집을 자동화할 수 있습니다.

이 단계에서는 응답자의 데이터를 수집하고 분석을 위한 자료를 확보합니다.

4) 데이터 준비 및 분석

- 코딩(Coding) : 수집한 데이터를 분석할 수 있도록 코딩합니다. 여기서 "코딩"은 데이터의 범주화, 정리 등을 의미합니다.
- 편집 및 분석(Editing & Analysis) : 데이터 정제 작업을 거쳐 분석할 준비를 합니다. 통계 분석 도구나 챗GPT와 같은 AI를 사용하여 데이터를 분석합니다.
- 분석 방법 : 빈도 분석, 분산 분석, 상관 분석, 회귀분석, 다차원척도법 등 다양한 방법이 포함될 수 있습니다.

이 과정에서 챗GPT의 분석 도구를 활용하여 대량 데이터를 처리하고, 통계적 가설 검증이나 상관관계 분석 등의 심화 분석을 수행할 수 있습니다.

5) 보고서 작성 및 해석

- **결과의 시각화** : 분석 결과를 시각적으로 보여주는 단계입니다. 차트, 그래프 등을 사용해 데이터를 효과적으로 전달합니다.
- **전략적 시사점 도출** : 데이터 분석 결과를 바탕으로 비즈니스적 의사결정에 도움이 되는 전략적 시사점을 도출합니다.
- **해석 및 결론** : 분석 결과를 종합적으로 해석하고 결론을 내립니다. 이를 통해 의사결정에 필요한 근거를 제공하게 됩니다.

조사 프로세스는 데이터를 기반으로 한 의사결정의 핵심 도구입니다. 이 과정을 통해 조사자는 특정 문제를 명확히 정의하고, 그 문제 해결을 위해 데이터를 수집, 분석하며, 분석 결과를 바탕으로 전략적 결정을 내릴 수 있습니다. 설명된 모든 과정은 순서대로 진행되어야 하며, 각 단계마다 꼼꼼한 분석과 결정을 통해 신뢰성 있는 결과를 도출할 수 있습니다.

그리고 조사 과정에서 챗GPT와 같은 AI 도구를 활용하여 보다 효율적으로 수행할 수 있습니다. 조사 설계부터 데이터 분석까지 AI를 도입하면 시간과 비용을 절감할 수 있고, 동시에 높은 수준의 정확도를 확보할 수 있습니다.

2 조사 설계

조사 설계

◎ 조사 설계(research design) : 조사 과제를 수행하기 위한 기본 틀(framework) 혹은 청사진(blueprint)
◎ 조사 설계의 분류

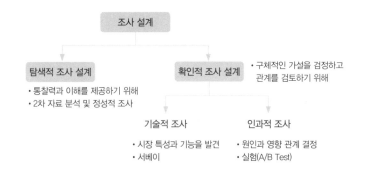

조사 설계는 조사 과제를 수행하기 위한 기본 틀(framework) 또는 청사진(blueprint)을 말합니다. 즉, 조사 설계를 통해 어떻게 데이터를 수집하고 분석할 것인지 체계적으로 계획하게 됩니다. 조사 설계의 분류는 크게 탐색적 조사와 확인적 조사로 나눌 수 있으며, 각각의 목적과 방법이 다릅니다.

1) 탐색적 조사 설계

- 목적 : 통찰력과 이해를 제공하기 위해 수행됩니다. 구체적인 가설이나 결과를 도출하기보다는 조사할 대상에 대한 기본적인 이해를 돕고, 문제를 정의하거나 향후 심층적인 연구를 준비하는 단계로 볼 수 있습니다.

- 특징 : 주로 2차 자료 분석, 인터뷰, 관찰 등 질적 자료를 기반으로 합니다. 데이터가 정형화되지 않은 경우가 많으며, 상황에 따라 유연하게 접근할 수 있습니다.

· 예시 : 시장에 처음 진입하려는 기업이 초기 시장 상황을 파악하거나, 고객의 일반적인 행동 패턴을 알아보고자 할 때 유용합니다.

2) 확인적 조사 설계

확인적 조사는 구체적인 가설을 설정하고 이를 검증하는 과정을 통해 관계를 명확히 하고자 하는 목적을 갖습니다. 확인적 조사는 크게 기술적 조사와 인과적 조사로 나뉩니다.

(가) 기술적 조사(Descriptive Research)

· 목적 : 조사 대상의 특성과 기능을 파악하고 설명하기 위한 조사입니다. 이 조사는 주로 데이터를 기반으로 해당 현상을 있는 그대로 설명하며, 통계적 기법을 사용해 데이터를 요약하거나 구조화합니다.

· 특징 : 정형화된 데이터를 통해 전체적인 패턴을 설명하고, 시장의 크기나 소비자의 행동 특성을 파악하는 데 사용됩니다.

· 예시 : 특정 제품의 시장 점유율을 분석하거나 고객 만족도 조사를 통해 평균 점수를 도출하는 경우입니다.

(나) 인과적 조사(Causal Research)

· 목적 : 원인과 결과 간의 관계를 밝히기 위한 조사입니다. 특히, 특정 변수(A)가 다른 변수(B)에 어떤 영향을 미치는지를 파악하려고 할 때 수행됩니다.

· 특징 : 실험적 방법을 통해 변수 간의 관계를 검증하며, 주로 회귀분석이나 가설 검증 등을 사용합니다.

· 예시 : 가격 변화가 판매량에 미치는 영향을 파악하거나, 특정 광고 캠페인이 소비자 행동에 어떤 영향을 미치는지를 측정하는 실험입니다.

특히 인과적 조사에서 실험 설계는 중요합니다. 실험 설계는 두 변수 간의 인과 관계를 검증하기 위해 설정되며, 이를 통해 기업은 마케팅 전략 또는 제품 변경의 효과를 실험할 수 있습니다.

03 조사 목적과 데이터 수집, 그리고 분석의 관계

조사 목적과 데이터 수집, 그리고 분석의 관계

- 목적 : (예) 교육과정별 만족도 및 집단별 만족도

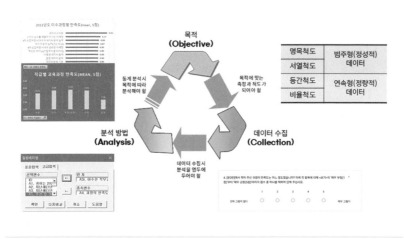

조사의 목적과 데이터 수집, 분석의 관계를 이해하기 위해서는, 먼저 명확한 목표가 있어야 합니다. 예를 들어, "교육 과정별 만족도를 분석"하거나 "집단별 만족도를 조사"하려는 목적이 있을 수 있습니다.

이러한 목적은 조사의 전체 과정, 특히 데이터 수집과 분석 방법을 결정하는 중요한 역할을 합니다.

1) 목적 (Objective)

조사 목적은 조사 진행의 중심축이 됩니다. 예를 들어 "교육 과정별 만족도"를 알고자 하는 목적이 설정되면, 그에 맞는 데이터를 수집하고 분석해야 합니다. 즉, 조사 목적이 명확할수록 적합한 데이터 수집 방법과 분석 기법을 적용할 수 있습니다.

2) 데이터 수집 (Collection)

조사 목적에 따라 적합한 척도를 선택하고 이에 맞는 데이터를 수집해야 합니다. 데이터 수집 시에는 조사 목적에 맞는 측정과 척도가 필요하며, 수집된 데이터는 분석을 염두에 두고 준비되어야 합니다. 척도는 크게 명목척도, 서열척도, 등간척도, 비율척도로 구분됩니다.

- 명목척도 : 성별, 직급과 같은 구분을 나타내는 범주형 데이터
- 서열척도 : 순위나 우선순위를 나타내는 서열 데이터(예:선호도)
- 등간척도 : 만족도와 같은 데이터로, 구간 간의 간격이 동일하지만 절대 영점(0)은 없음(예:5점 척도)
- 비율척도 : 매출액이나 나이와 같이 절대 영점(0)이 존재하는 연속형 데이터

3) 분석 방법 (Analysis)

수집된 데이터는 분석 방법을 통해 처리됩니다. 분석 방법은 사용된 척도와 데이터 유형에 따라 달라집니다. 명목척도와 서열척도는 범주형 데이터이기 때문에 빈도 분석이나 교차 분석과 같은 기법을 사용할 수 있습니다.

등간척도와 비율척도는 연속형 데이터로서, 평균, 분산, 상관 분석, 그리고 회귀분석과 같은 통계 기법을 사용할 수 있습니다.

예를 들어, "교육 과정별 만족도"를 분석하고자 할 때, 각 과정에 따른 만족도를 비교하려면 등간척도를 사용하여 평균값을 구하고, 분산 분석을 통해 각 과정 간의 만족도 차이를 통계적으로 검증할 수 있습니다. 즉, 직급별 만족도를 분석할 때, "대리", "과장", "차장" 등과 같은 범주형 데이터(직급)에 대해 만족도(연속형 데이터)를 비교하게 됩니다. 이때, 분산 분석(ANOVA)을 통해 집단 간의 차이를 확인할 수 있습니다.

조사 목적, 데이터 수집, 분석의 관계는 매우 밀접하게 연결되어 있습니다. 목적에 맞는 데이터 수집과 적합한 분석 방법을 사용하는 것이 성공적인 데이터 분석의 핵심입니다. 이를 통해 적절한 결론을 도출하고, 의사결정에 유용한 정보를 제공할 수 있습니다. 중요한 것은 채택한 도구나 기술 자체보다, 조사 설계의 원리와 데이터 분석의 기본적인 이해입니다. 분석 도구를 어떻게 사용하는지보다 중요한 것은 목적에 맞는 분석을 정확하게 수행하는 능력입니다. 이러한 구조를 통해 데이터 분석이 목적 달성을 위한 유용한 도구로 작용할 수 있습니다.

04 질문지 작성 시
유의 사항

질문지 작성 시 유의 사항

◎ 가능한 쉽고 간단명료한 단어를 사용해야 한다.
◎ 다지선다형 응답에 있어서는 가능한 모든 응답(대안)을 제시해야 한다.
◎ 응답 항목들 간의 내용이 중복되어서는 안 된다.
◎ 하나의 항목으로 두 가지 내용을 질문해서는 안 된다.
◎ 용어의 뜻을 명확히 규정하여 질문해야 한다.
◎ 응답자들의 응답을 유도해서는 안 된다.
◎ 응답자들이 기피하는 사항에 대하여 지나치게 자세한 응답을 요구해서는 안 된다.
◎ 인구통계학적 특성(성별, 연령 등)에 대한 질문은 가능한 마지막 부분에 배치한다.

질문지 작성 시 유의해야 할 몇 가지 핵심 사항에 대해 설명 드리겠습니다.

1) 쉬운 단어 사용

가능한 쉬운 단어와 간단명료한 표현을 사용해야 합니다. 응답자들이 혼란 없이 이해할 수 있도록, 특히 특정 전문 용어는 피하고, 대중적이거나 쉽게 이해될 수 있는 표현을 사용하는 것이 좋습니다. 질문 내용은 초등학생

수준에서도 이해할 수 있을 정도로 명확해야 합니다. 단, 대상이 전문적인 지식을 가진 사람이라면 그에 맞는 용어를 사용하는 것이 바람직합니다.

2) 응답 항목의 포괄성

다지선다형 응답을 제공할 때 가능한 모든 대안을 포함해야 합니다. 응답자들이 자신의 생각을 충분히 표현할 수 있도록 '기타' 또는 '해당 없음' 같은 선택지를 제공하는 것도 좋은 방법입니다.

3) 항목 간 중복 금지

질문 항목 간의 내용이 중복되면 안 됩니다. 동일하거나 유사한 질문을 반복하면 응답자는 혼란을 느끼거나 신뢰성을 의심할 수 있습니다. 따라서 중복된 질문 없이 각각의 질문이 독립적이어야 합니다.

4) 하나의 항목에 여러 내용을 질문하지 말 것

하나의 질문에 두 가지 내용을 담으면 응답자가 혼란을 겪을 수 있습니다. 예를 들어, "강사의 전문성과 강의 스킬에 대해 만족하십니까?"라는 질문보다는 "강사의 전문성에 대해 만족하십니까?"와 "강의 스킬에 대해 만족하십니까?"라는 두 개의 질문으로 나누어야 합니다.

5) 용어의 명확한 정의

질문에서 사용하는 용어의 뜻은 명확하게 규정되어야 합니다. 만약 특정 용어가 혼동을 일으킬 가능성이 있다면, 그 용어에 대한 설명이나 정의를 함께 제시하는 것이 좋습니다.

6) 응답 유도 금지

질문을 구성할 때 응답자들이 특정 방향으로 답변을 유도하지 않도록 해야 합니다. 객관적이고 중립적인 질문이 중요합니다. 예를 들어, "우리 제품이 최고라고 생각하지 않으세요?"보다는 "우리 제품에 대해 어떻게 생각하십니까?"와 같이 중립적인 문장이 필요합니다.

7) 기피하는 질문 지양

응답자들이 불쾌하게 느끼거나 기피하는 주제에 대해 지나치게 자세하게 묻지 않도록 주의해야 합니다. 예를 들어, 민감한 정보나 사생활 관련 질문은 피하는 것이 좋습니다.

8) 인구통계학적 질문은 마지막에 배치

성별, 연령, 소득 등과 같은 인구통계학적 질문은 대개 마지막에 배치하는 것이 좋습니다. 질문지의 처음에 배치하면 응답자가 부담을 느끼고 응답을 중도에 포기할 가능성이 있습니다. 응답자는 설문을 끝내기 직전에 이러한 질문을 받는 것이 더 자연스럽습니다.

이러한 기본적인 질문 작성 원칙을 준수하면, 설문조사의 정확성과 응답률을 높일 수 있으며, 불필요한 응답자의 혼동을 줄여 보다 정확한 데이터를 수집할 수 있습니다.

05 챗GPT를 이용한 시장조사

■ 문제 정의 및 시장조사 프로세스

[실습] 챗GPT를 이용한 시장조사

○ 문제 : 우리 회사는 식품회사다. 건강기능식품에 대한 신제품을 출시하기 위해 소비자 요구, 경쟁 상황, 시장 트렌드 등을 파악하고 싶다.

❓ 우리 회사는 식품회사다. 건강기능식품에 대한 신제품을 출시하기 위해 소비자 요구, 경쟁 상황, 시장 트렌드 등을 파악하고 싶다. 단계적으로 수행해 줘

⦿ 1. 목표 설정 ▸ 2. 데이터 수집 방법 결정 ▸ 3. 소비자 요구분석 ▸ 4. 경쟁 상황 분석 ▸ 5. 시장 트렌드 분석 ▸ 6. 데이터 분석 및 통합 ▸ 7. 보고서 작성 및 전략 수립 ▸ 8. 실행 및 모니터링

• 목표 정의 : 건강기능식품 시장에서 소비자 요구, 경쟁 상황, 시장 트렌드를 파악하여 신제품 출시 전략 수립
• 주요 질문 :
　　　　　　 –소비자들이 건강기능식품에서 원하는 것은 무엇인가?
　　　　　　 – 주요 경쟁 제품과의 차별화 요소는 무엇인가?
　　　　　　 – 현재 시장 트렌드는 어떠한가?
　　• 1차 자료(Primary Data) :
　　　　　　 –설문조사 : 목표 소비자를 대상으로 온라인 설문조사 진행
　　　　　　 –포커스 그룹 : 소규모 소비자 그룹과의 심층 인터뷰
　　　　　　 –인터뷰 : 건강기능식품 전문가, 영양사 등과의 인터뷰
　　• 2차 자료(Secondary Data) :
　　　　　　 –시장 보고서 : 시장조사기관의 보고서 참고
　　　　　　 –업계 출판물 : 건강기능식품 관련 잡지, 논문, 연구자료 등
　　　　　　 –온라인 데이터 : 건강 관련 포럼, 소셜 미디어, 소비자 리뷰 분석

챗GPT를 이용하여 시장조사를 수행하는 프로세스를 살펴보겠습니다. 문제 정의부터 시작하여 데이터를 수집하고 분석하는 과정을 통해 전략을 수립하는 일련의 단계를 따르게 됩니다. 특히 건강기능식품 시장에서 신제품 출시를 위한 소비자 요구, 경쟁 상황, 시장 트렌드 분석이 핵심 내용이 됩니다.

1) 목표 설정

시장조사의 첫 단계는 명확한 목표를 설정하는 것입니다. 이 예시에서는 건강기능식품 시장에서 소비자의 요구, 경쟁 제품과의 차별화 요소, 시장 트렌드를 분석하여 신제품 출시 전략을 세우는 것이 목표입니다.

2) 데이터 수집 방법 결정

데이터 수집 방법은 크게 1차 자료와 2차 자료로 구분됩니다.

1차 자료는 직접적으로 수집한 데이터로 설문조사, 포커스 그룹 인터뷰, 전문가 인터뷰 등이 포함됩니다. 예를 들어 온라인 설문조사를 통해 목표 소비자를 대상으로 데이터를 수집할 수 있습니다.

2차 자료는 기존에 존재하는 데이터로, 시장 보고서, 업계 출판물, 논문, 연구자료 등이 포함됩니다. 또한, 소셜 미디어, 소비자 리뷰, 온라인 포럼 등을 통해 트렌드를 분석할 수도 있습니다.

3) 소비자 요구 분석

소비자들이 건강기능식품에서 원하는 것이 무엇인지 분석하는 단계입니다. 예를 들어, 제품의 기능성, 가격, 품질 등에 대한 소비자의 요구를 파악하는 설문을 구성할 수 있습니다. 포커스 그룹 인터뷰를 통해 심층적인 요구사항을 확인할 수도 있습니다.

4) 경쟁 상황 분석

주요 경쟁 제품의 차별화 포인트를 분석하는 단계입니다. 경쟁 제품이 제공하는 기능, 마케팅 전략, 가격 책정 등을 비교 분석하여 시장에서의 경쟁력을 파악합니다.

5) 시장 트렌드 분석

현재 시장의 주요 트렌드를 분석하여 새로운 기회를 발견하는 단계입니다. 예를 들어, 특정 연령대나 지역에서 건강기능식품에 대한 관심이 증가하는지, 소비자들이 어떤 종류의 제품에 관심을 보이는지를 분석할 수 있습니다.

6) 데이터 분석 및 통합

수집된 데이터를 통합하여 분석합니다. 이때, 통계 분석 도구나 챗GPT의 고급 데이터 분석 기능을 사용하여 설문 결과, 시장 트렌드 등을 종합적으로 분석하고 결론을 도출합니다.

7) 보고서 작성 및 전략 수립

분석 결과를 토대로 보고서를 작성하고 신제품 출시를 위한 전략을 수립합니다. 이 과정에서는 데이터를 시각화하여 전략적 시사점을 명확하게 제시하는 것이 중요합니다.

8) 실행 및 모니터링

마지막으로 수립된 전략을 실행하고, 실행된 전략이 효과적인지 지속적으로 모니터링합니다. 신제품 출시 이후에도 시장의 반응과 트렌드를 지속적으로 분석하여 향후 전략을 수정·보완합니다.

2 챗GPT를 활용하여 시장조사를 진행하는 구체적인 방법

[실습] 챗GPT를 이용한 시장조사

● 문제 : 우리 회사는 식품회사다. 건강기능식품에 대한 신제품을 출시하기 위해 소비자 요구, 경쟁 상황, 시장 트렌드 등을 파악하고 싶다.

❷ • 목표 정의 : 건강기능식품 시장에서 소비자 요구, 경쟁 상황, 시장 트렌드를 파악하여 신제품 출시 전략 수립
   • 주요 질문
       – 소비자들이 건강기능식품에서 원하는 것은 무엇인가?
       – 주요 경쟁 제품과의 차별화 요소는 무엇인가?
       – 현재 시장 트렌드는 어떠한가?
   • 조사 방법 : 구글 설문지를 이용하여 온라인 조사
              이런 내용으로 설문 조사를 하려고 해. 구글 설문지 폼에 맞게 설문지를 만들어줘

⬢ • 구글 설문지 제목
              건강기능식품 소비자 요구 및 시장 트렌드 조사
   • 설문지 설명
              안녕하세요, 저희는 건강기능식품 신제품 출시를 준비하고 있는 식품회사입니다. 여러분의 소중한 의견을 반영하여 더 나은 제품을 개발하고자 합니다. 설문에 응해주시면 큰 도움이 될 것입니다. 설문지는 익명으로 진행되며, 약 5분 정도 소요됩니다. 감사합니다!
   • 설문 항목

챗GPT를 활용하여 시장조사를 진행하는 방법에 대해 설명하겠습니다. 구체적으로는 건강기능식품 신제품을 출시하기 위한 소비자 요구, 경쟁 상황, 시장 트렌드 등을 파악하기 위한 구글 설문지를 만들고, 이를 통해 온라인 조사를 수행하는 과정입니다.

1) 문제 정의 및 목표 설정

 • 문제 : 건강기능식품 시장에서 신제품을 출시하기 위해 필요한 시장조사를 어떻게 할 것인가?

 • 목표 : 소비자 요구와 시장 트렌드, 경쟁 상황을 파악하여 신제품 출시 전략을 수립

2) 주요 질문 설정

챗GPT에 입력할 주요 질문들은 다음과 같습니다.

주요 질문

- ❓ 소비자들이 건강기능식품에서 원하는 것은 무엇인가?
- ❓ 경쟁 제품과 차별화된 요소는 무엇인가?
- ❓ 현재 시장 트렌드는 무엇인가?

이 질문들은 건강기능식품 시장에서 소비자가 원하는 기능과 시장 내에서의 주요 트렌드, 경쟁사 분석을 통해 신제품을 더 효과적으로 출시할 수 있도록 돕는 중요한 정보입니다.

3) 조사 방법 결정

- 조사 방법 : 구글 설문지를 이용한 온라인 설문 조사.

챗GPT는 이 설문지 제작을 돕기 위해 구글 설문지의 제목, 설명, 설문 항목 등을 제공할 수 있으며, 이를 기반으로 사용자는 설문을 직접 구성할 수 있습니다.

4) 설문지 구성

챗GPT는 설문지에 필요한 제목, 설명, 설문 항목을 제안합니다.

- 설문지 제목 : "건강기능식품 소비자 요구 및 시장 트렌드 조사"
- 설문지 설명 : 건강기능식품 신제품 출시를 준비하는 회사로서 소비자의 의견을 반영하고자 함.
- 설문 항목 : 주요 질문을 반영한 구체적인 항목들이 포함되며, 예를 들어 "건강기능식품에서 가장 중요한 요소는 무엇인가?"와 같은 질문이 포함될 수 있습니다.

챗GPT는 사용자의 명령에 따라 단계별로 조사 과정의 각 단계를 자동으로 구성할 수 있습니다. 사용자는 이를 구글 설문지로 옮겨 실제 조사에 활용할 수 있습니다. 이 과정에서 구체적으로 데이터 수집, 분석, 그리고 결과 해석까지의 전 과정을 지원받을 수 있으며, 조사 결과를 기반으로 실행할 수 있는 전략 수립이 가능해집니다.

즉, 챗GPT는 사용자가 간단한 명령어를 통해 시장조사를 단계별로 계획하고 실행할 수 있도록 지원하며, 조사 설계부터 데이터 분석 및 전략 수립까지의 모든 과정을 체계적으로 도와주는 강력한 도구가 될 수 있습니다.

우리 회사는 식품회사다. 건강기능식품에 대한 신제품을 출시하기 위해 소비자 요구, 경쟁 상황, 시장 트렌드 등을 파악하고 싶다. 단계적으로 수행해 줘

목표 : 건강기능식품 시장에서 소비자 요구, 경쟁 상황, 시장 트렌드를 파악하여 신제품 출시 전략 수립

주요 질문 :

    - 소비자들이 건강기능식품에서 원하는 것은 무엇인가?

    - 주요 경쟁 제품과의 차별화 요소는 무엇인가?

    - 현재 시장 트렌드는 어떠한가?

조사 방법 : 구글 설문지를 이용하여 온라인 조사

이런 내용으로 설문 조사를 하려고 해.

구글 설문지 폼에 맞게 설문지를 만들어줘

06 구글 설문지를 이용한 서베이

1 구글 문서 도구를 사용하는 방법

[실습] 챗GPT를 이용한 시장조사

○ 문제 : 우리 회사는 식품회사다. 건강기능식품에 대한 신제품을 출시하기 위해 소비자 요구, 경쟁 상황, 시장 트렌드 등을 파악하고 싶다.

❷ How to use Google Docs?(Google 문서 도구를 사용하는 방법?)

◉ Google Docs에서 설문지를 만드는 방법은 다음과 같습니다

1. Google Docs에 로그인 : Google 계정으로 Google Docs에 로그인합니다.
2. 새 문서 만들기 : 빈 문서를 만들어서 설문지 제목과 설명을 입력합니다.
3. 질문 추가 : 설문지 질문과 옵션을 순서대로 추가합니다.
4. 형식 지정 : 텍스트 형식을 지정하고, 목록 또는 번호 매기기를 사용하여 보기 좋게 만듭니다.
5. 문서 공유 : 문서를 저장하고 "공유" 버튼을 사용하여 링크를 생성하고 배포합니다.

위의 방법으로 설문지를 Google Docs에서 쉽게 만들고 배포할 수 있습니다.
추가로 도움이 필요하시면 언제든지 말씀해 주세요.

구글 문서 도구(구글 Docs)를 활용하여 설문지를 제작하고 배포하는 방법입니다. 챗GPT가 제안하는 단계별 방법을 바탕으로, 사용자가 쉽게 설문조사를 진행할 수 있도록 구글 도구를 사용하는 가이드입니다.

1) 구글 독스에 로그인

- 방법 : 구글 계정을 통해 [구글 Docs](https://docs.google.com)로 로그인합니다.
- 의미 : 구글 독스는 구글 계정만 있으면 누구나 무료로 사용할 수 있는 문서 작성 도구입니다. 이 도구는 설문지를 만들고 공유하는 데 유용하게 사용됩니다.

2) 새 문서 만들기

- 방법 : 빈 문서를 새로 만들고 설문지의 제목과 설명을 입력합니다.
- 설명 : 예를 들어, "건강기능식품 소비자 요구 및 시장 트렌드 조사"와 같은 제목과 함께 간단한 설명을 작성합니다. 설문지의 목적을 설명하는 부분으로, 응답자들이 설문에 참여하는 이유를 명확히 알 수 있게 합니다.

3) 질문 추가

- 방법 : 설문에 필요한 질문들을 하나씩 추가합니다.
- 설명 : 설문 항목은 주요 질문들(예:소비자들이 건강기능식품에서 원하는 기능, 경쟁 제품과의 차별화 포인트 등)을 반영하여 구체적으로 작성합니다. 각 질문에 대해 응답할 수 있는 선택지(다지선다형, 텍스트 응답 등)를 설정합니다.

4) 형식 지정

- 방법 : 질문과 옵션의 형식을 지정합니다. 텍스트 형식, 목록 형식, 번호 매기기 등을 사용하여 설문지를 보기 좋게 만듭니다.
- 설명 : 보기 좋은 설문지는 응답자가 쉽게 답변할 수 있게 도와줍니다. 특히 설문지의 시각적 구성은 응답률에 영향을 미칠 수 있으므로 중요합니다.

5) 문서 저장 및 공유

- 방법 : 설문지를 완료한 후, "공유" 버튼을 사용하여 설문지 링크를 생성합니다.
- 설명 : 이 링크를 통해 응답자들이 쉽게 설문에 참여할 수 있도록 이메일이나 소셜 미디어를 통해 배포합니다.
  링크가 생성되면 언제든지 응답을 수집할 수 있습니다.

6) 마무리

챗GPT는 설문지 제작 과정의 모든 단계를 제안하여 사용자가 쉽고 간단하게 설문조사를 진행할 수 있도록 돕습니다. 이 가이드를 활용하여 온라인 조사를 손쉽게 배포하고, 데이터를 수집할 수 있습니다.

구글 설문지를 이용한 설문조사는 사용자 친화적이며, 데이터 수집과 분석을 위해 널리 사용되는 방법입니다. 챗GPT가 제공한 단계별 가이드는 사용자가 복잡한 절차 없이도 설문지 제작을 원활히 할 수 있도록 지원하는 실용적인 도구입니다.

[실습] 구글 설문지 작성 요령

- ◉ 척도
- ◉ 주관식 대 객관식
  - ▷ 주관식 : 단답형(숫자), 장문형(서술형)
  - ▷ 객관식 : 객관식 질문, 체크박스,
    드롭다운(보기 외 추가 답변),
    그리드(동일 유형 문항)
- ◉ 응답의 수
  - ▷ 단수 응답 : 객관식 질문
  - ▷ 복수 응답 : 체크박스
- ◉ 분기형 문항
  - ▷ 객관식 질문
  - ▷ 색션
- ◉ Google 설문지 사용 방법 (https://bit.ly/48V2bM9)

구글 설문지 작성 시 척도와 문항의 유형을 설명하고, 설문지를 효과적으로 구성하는 방법에 대해 살펴보겠습니다. 구체적으로 주관식과 객관식 문항, 응답의 수, 분기형 문항 등에 대한 설명을 포함하고 있으며, 구글 설문지를 활용하는 방법도 제시합니다.

1) 척도

❖ **주관식** : 사용자가 직접 답변을 서술하는 형태로, 단답형과 장문형으로 구분됩니다.

- · 단답형 : 숫자처럼 간단한 응답을 요구할 때 사용됩니다.
- · 장문형 : 응답자가 서술형으로 긴 답변을 작성할 수 있을 때 사용됩니다.

❖ 객관식 : 제공된 선택지 중에서 답을 고르는 방식입니다.

- 객관식 질문 : 응답자가 하나의 답을 선택할 수 있는 질문 형태입니다.
- 체크박스 : 응답자가 여러 개의 답을 선택할 수 있는 형태입니다.
- 드롭다운 : 선택지를 목록 형태로 제공하여 응답자가 하나의 답을 선택할 수 있도록 합니다.
- 그리드(동일 유형 문항) : 여러 항목을 동시에 질문할 때, 각각의 항목에 대해 응답자가 동일한 응답 방식을 사용할 수 있도록 배열된 형태입니다. 예를 들어, 만족도를 묻는 여러 항목을 한 번에 평가할 수 있도록 구성합니다.

2) 응답의 수

- 단수 응답 : 응답자가 한 가지 답을 선택할 수 있는 경우입니다.
- 복수 응답 : 여러 개의 선택지를 고를 수 있는 경우로, 체크박스 문항을 주로 사용합니다.

3) 분기형 문항

- 분기형 : 응답에 따라 다음 질문을 다르게 제시할 수 있습니다. 이를 통해 설문 흐름을 최적화하고, 불필요한 질문을 건너뛸 수 있게 만듭니다.
- 섹션 : 응답에 따라 설문을 다음 섹션으로 넘기거나 특정 문항을 건너뛰게 할 수 있는 기능입니다.

4) 구글 설문지 사용 방법

구글 설문지를 처음 사용하는 사람들을 위해 설문지를 만드는 방법에 대한 안내도 포함되어 있습니다. 이를 통해 사용자는 쉽게 설문지를 생성하고 배포할 수 있습니다.(https://bit.ly/48V2bM9)

이 설명을 기반으로 설문지를 작성할 때, 적절한 질문 형태와 응답 방식을

선택하여 효과적으로 데이터를 수집할 수 있습니다. 구글 설문지의 다양한
문항 유형과 응답 방식을 적절히 활용하면, 더 풍부하고 신뢰성 있는 데이터
를 얻을 수 있습니다.

③ 구글 설문지로 온라인 서베이 설문작성 및 실사

[실습] 구글 설문지로 온라인 서베이 설문작성 및 실사

○ 1. 구글 설문지에서 설문 작성 https://docs.google.com/forms
  ▷ 새 양식 시작하기
  ▷ 조사설계에 따라 질문지 작성
○ 2. 설문지 보내기 전 기본 설정
  ▷ 이메일 주소 수집 여부
  ▷ 진행률 표시줄 표시하기
○ 3. 작성된 설문지 보내기(실사)

구글 설문지를 활용하여 온라인 설문을 작성하고 실사하는 과정에 대해
설명 드리겠습니다. 이 과정은 시장조사 및 마케팅 조사를 수행하는 데 있어
매우 유용하며, 실제 데이터를 수집하여 분석할 수 있는 중요한 과정입니다.

1) 구글 설문지에서 설문 작성

❖ 새 양식 시작하기 : 구글 설문지(https://docs.google.com/forms)에 로그

인 후 '새 양식'을 클릭하여 빈 설문지를 생성합니다. 이 양식에 설문지 제목과 설문 설명을 입력합니다. 예를 들어, 제목은 "건강기능식품 소비자 요구 및 시장 트렌드 조사"와 같이 입력하고, 설명에는 조사 목적과 예상 소요 시간 등을 간단히 기재합니다. "여러분의 소중한 의견은 저희 제품 개발에 반영될 것입니다. 설문에 응해 주시면 감사하겠습니다"와 같은 설명을 포함할 수 있습니다.

❖ 질문 작성 : 조사 설계에 따라 질문을 추가합니다. 구글 설문지에서는 다양한 형식의 질문을 추가할 수 있습니다. 주요 질문 형식은 다음과 같습니다 :

· 주관식 질문 : 간단한 답변을 원하는 경우(예: "귀하의 연령대는 무엇입니까?").

· 객관식 질문 : 여러 선택지 중 하나를 선택하도록 하는 형식(예: "건강기능식품 구매 시 가장 중요한 요소는 무엇입니까?").

· 체크박스 : 여러 개의 응답을 선택할 수 있도록 설정(예: "구매 시 고려하는 요소를 모두 선택하세요").

· 드롭다운 : 여러 응답 중 하나를 선택할 수 있도록 함(예: "구매 빈도는 얼마나 됩니까?").

· 그리드 질문 : 여러 항목을 평가할 때 유용하며, 등급이나 순위를 매기는 형식으로 사용할 수 있습니다(예: "각 제품에 대한 만족도를 1~5점으로 평가해 주세요").

이때, 척도를 신중하게 설정하는 것이 중요합니다. 만족도 조사에서는 등간척도를 자주 사용하며, "전혀 그렇지 않다"에서 "매우 그렇다"로 이어지는 5점 혹은 7점 척도가 흔히 쓰입니다.

2) 설문지 보내기 전 기본 설정

- 설정 : 응답자 이메일 주소 수집 여부, 응답자의 설문지 수정 허용 여부, 설문지 완료 후 응답 확인을 제공할지 등 다양한 설정을 할 수 있습니다. 특히, 응답 진행 상황을 보여주는 기능은 응답자가 설문지를 완성하는 데 동기부여가 됩니다.
- 섹션 나누기 : 긴 설문지는 여러 섹션으로 나눠서 각 섹션마다 질문 그룹을 설정할 수 있습니다. 예를 들어, 첫 번째 섹션은 제품에 대한 인식과 선호도를 조사하고, 마지막 섹션은 응답자의 인구통계학적 정보(연령, 성별, 거주지 등)를 묻는 방식으로 설문을 진행할 수 있습니다.

3) 작성된 설문지 발송 및 실사

- 설문지 발송 : 설문지를 다 작성하면, "보내기" 버튼을 눌러 설문을 발송할 수 있습니다. 설문지를 이메일로 발송하거나, 링크를 생성하여 특정 그룹이나 커뮤니티에 공유할 수 있습니다. 또한, SNS나 웹사이트에 직접 링크를 게시할 수도 있습니다.
- 실사 : 실사는 응답자가 설문지에 참여하는 과정입니다. 각 응답자는 이메일이나 공유된 URL을 통해 설문지에 접속하여 응답합니다. 이 과정은 컴퓨터뿐만 아니라 스마트폰에서도 쉽게 참여할 수 있도록 모바일 친화적으로 설문지를 구성하는 것이 중요합니다.

◎ 4. 이메일, URL로 설문지 응답하기

◎ 5. 기초 통계 분석 및 수집된 데이터 확인

　▷ 구글 스프레드시트에서 수집된 데이터 확인

◎ 6. CSV 또는 엑셀 파일로 데이터 저장

4) 응답 수집 및 기초 통계 분석

- 응답 확인 : 실사가 완료되면, 응답 결과는 실시간으로 구글 스프레드시트에 자동으로 수집됩니다. 구글 스프레드시트는 실시간 데이터 확인 및 기초 통계 분석을 할 수 있는 매우 편리한 도구입니다. 여기서 전체 응답자 수, 각 응답 항목의 빈도수, 각 질문에 대한 응답 분포 등을 시각적으로 확인할 수 있습니다.

- 기초 통계 분석 : 응답 결과를 바탕으로 기초 통계를 바로 확인할 수 있습니다. 예를 들어, 특정 제품에 대한 소비자의 선호도가 어떻게 분포되어 있는지, 또는 응답자의 연령대별 구매 성향이 어떻게 다른지 등을 파악할 수 있습니다. 구글 스프레드시트에서 제공하는 기본 차트 기능을 통해 데이터를 시각화할 수 있습니다.

5) 수집된 데이터 저장 및 활용

- 데이터 저장 : 수집된 데이터를 CSV 또는 엑셀 파일로 다운로드하여 이후 분석에

활용할 수 있습니다. 데이터를 다운로드하면, 이를 더 복잡한 분석(예:분산 분석, 상관 분석 등)에 활용하거나, 챗GPT의 데이터 분석 기능을 통해 보다 심층적인 분석을 수행할 수 있습니다.

- 심층 분석 : 기본적인 설문 결과를 바탕으로 심층 분석을 진행합니다. 예를 들어, 연령대별로 건강기능식품에 대한 선호도가 어떻게 다른지, 경쟁 제품과 차별화할 수 있는 핵심 요소는 무엇인지 등을 분석할 수 있습니다. 이러한 분석을 통해 시장에 대한 깊은 통찰을 얻을 수 있습니다.

6) 결과 보고서 작성

마지막으로, 수집된 데이터를 분석한 결과를 토대로 보고서를 작성합니다. 보고서에는 설문 결과, 주요 인사이트, 신제품 출시를 위한 전략적 제언 등을 포함해야 합니다. 이 과정은 의사결정자들이 향후 시장 전략을 수립하는 데 중요한 역할을 합니다. 이와 같이 구글 설문지를 이용한 설문조사는 매우 효과적인 시장조사 도구로 활용할 수 있습니다. 설문 작성부터 응답 수집, 데이터 분석까지 일련의 과정이 체계적으로 이루어질 수 있으며, 이를 통해 보다 정확하고 유용한 정보를 얻을 수 있습니다.

4 구글 설문지 예시

구글 설문지에서 작성한 <건강기능식품 소비자 요구 및 시장 트렌드 조사> 설문지를 예시하면 다음과 같다.
(https://forms.gle/BYcFK2Y3b5R9H4Jx8)

다음은 건강기능식품 섭취 여부에 대한 질문입니다.

A1. 귀하는 건강기능식품을 섭취하고 계시나요? *
한 개의 타원형만 표시합니다.

○ 예

○ 아니오 12번째 질문으로 건너뛰세요.

다음은 건강기능식품에 대한 이용에 대한 질문입니다.

B1. 현재 섭취 중인 건강기능식품은 어떤 제품인가요? 브랜드 혹은 제품명을
직접 적어주세요. 기억나지 않는 경우에는 모름으로 적어주세요. *

내 답변

B2. 건강기능식품을 섭취하시는 이유는 무엇인가요?(중복 선택 가능) *
해당 사항에 모두 표시하세요.

☐ 면역력 강화   ☐ 피로 회복

☐ 소화 개선   ☐ 피부 건강

☐ 체중 관리   ☐ 기타(직접 입력)

B3. 건강기능식품을 섭취하는 빈도는 어떻게 되시나요? *
한 개의 타원형만 표시합니다.

☐ 매일   ☐ 주 3-4회

☐ 주 1-2회   ☐ 가끔

☐ 거의 안 먹음

C1. 새로운 건강기능식품이 출시된다면, 어떤 점을 개선하거나 추가했으면 좋겠다고
생각하시나요? *

내 답변

C2. 건강기능식품에서 선호하는 주요 원료는 무엇인가요?(최대 3개 선택 가능) *
해당 사항에 모두 표시하세요.

☐ 비타민 C   ☐ 비타민 D   ☐ 오메가-3 지방산

☐ 프로바이오틱스   ☐ 칼슘   ☐ 마그네슘

☐ 아연   ☐ 철분   ☐ 코엔자임 Q10

☐ 인삼   ☐ 홍삼   ☐ 녹차 추출물

☐ 유산균   ☐ 밀크씨슬   ☐ 기타(직접 입력)

C3. 선호하는 건강기능식품 원료에 대한 이유는 무엇인가요?

내 답변

C4. 건강기능식품에 대한 정보를 주로 얻는 경로는 무엇인가요?(중복 선택 가능) *
해당 사항에 모두 표시하세요.

☐ 인터넷 검색   ☐ 소셜 미디어   ☐ 가족/친구 추천

☐ 의사/전문가 추천   ☐ 광고   ☐ (직접 입력)

C5. 건강기능식품에 대한 정보를 찾을 때 중요하게 생각하는 요소는 무엇인가요? *

한 개의 타원형만 표시합니다.

☐ 과학적 근거　　　☐ 사용자 후기　　　☐ 전문가 의견

☐ 브랜드 신뢰도　　　☐ 가격 비교　　　☐ 기타(직접 입력)

C6. 건강기능식품 원료의 출처에 대해 얼마나 중요하게 생각하시나요? *

한 개의 타원형만 표시합니다.

	1	2	3	4	5	
전혀 중요하지 않음	○	○	○	○	○	매우 중요함

C7. 추가 의견이 있으시면 자유롭게 작성해 주세요.

내 답변

D1 질문으로 건너뛰세요.

다음은 건강기능식품을 섭취하지 않는 내용에 대한 질문입니다.

Z1. 건강기능식품을 섭취하지 않는 이유는 무엇인가요? 자유롭게 작성해 주세요. *

내 답변

Z2. 앞으로 건강기능식품을 구매할 의향이 있나요? *
한 개의 타원형만 표시합니다.

	1	2	3	4	5	
전혀 없다	○	○	○	○	○	매우 있다

다음은 인구통계학적 특성에 대한 질문입니다.

D1. 귀하의 성별은 어떻게 됩니까? *
한 개의 타원형만 표시합니다.

○ 남자

○ 여자

D2. 귀하의 연령은 만 몇 세입니까? *

설문에 끝까지 응답해 주셔서 대단히 감사합니다. 마지막으로 제출 버튼을 클릭해 주세요.

제출 하기

정리하기

챗GPT를 활용하여 시장조사를 진행할 수 있습니다. 챗GPT를 활용한 시장조사는 설문지 작성부터 데이터 분석까지 다양한 단계를 포함합니다. 우선, 챗GPT를 사용해 시장조사 목표와 주요 질문을 설정하고, 구글 설문지를 이용해 설문지를 작성합니다. 설문지는 주관식, 객관식, 척도형 등 다양한 문항을 포함할 수 있으며, 구글 설문지의 기능을 활용해 쉽게 설문을 배포할 수 있습니다. 설문이 완료되면, 응답 데이터를 CSV나 엑셀 파일 형식으로 다운로드합니다.

이후, 챗GPT를 사용해 수집된 데이터를 분석하고, 이를 바탕으로 소비자 요구, 경쟁 상황, 시장 트렌드 등을 평가할 수 있습니다. 이를 통해 신제품 출시 전략을 세우거나 마케팅 방안을 도출하는 데 활용할 수 있습니다.

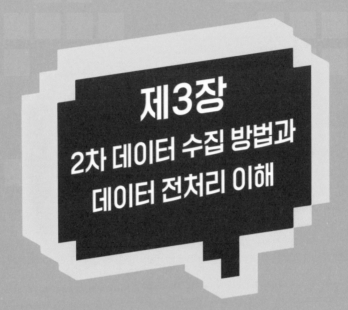

제3장

2차 데이터 수집 방법과
데이터 전처리 이해

생각해 볼 문제

1 최근 5년 동안 가장 많이 판매된 품목을 알고 싶다.

2 최근 1년 동안 판매량 기준으로 인기 있는 자동차 브랜드를 알고 싶다.

3 수집한 원시 데이터가 내가 사용하는 분석 도구와 분석 목적에 맞게 정리되어 있으면 좋겠다. 현실은 그렇지 않다. 문제 해결을 위한 데이터 분석을 할 수 있도록 데이터를 전처리하고 싶다.

01 2차 데이터와
    공공 데이터

 2차 데이터와 공공 데이터를 활용한 데이터 수집에 대해
살펴보겠습니다.

2차 데이터와 공공 데이터 수집

- ◎ 2차 데이터(secondary data) : 특정한 문제와 관련 없이 이미 나와 있는 데이터
- ◎ 공공 데이터(public data) : 공공기관이 만들어 내는 자료나 공적인 정보
- ◎ 검색 및 데이터 가져오기 가능(CSV 또는 엑셀 파일로 다운로드)

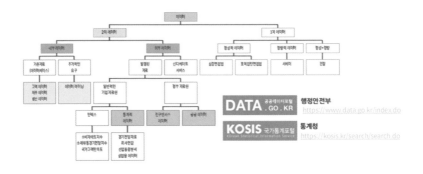

◼1 1차 데이터와 2차 데이터

1차 데이터는 특정 연구나 문제 해결을 위해 직접 수집한 데이터로, 설문 조사(정량적)나 심층 인터뷰, 관찰, 표적 집단면접(정성적) 등을 통해 얻습니다. 이에 반해 2차 데이터는 이미 존재하는 데이터로, 특정 연구나 문제 해결과 직접적인 관련 없이 수집된 데이터를 의미합니다.

2차 데이터는 크게 내부 데이터와 외부 데이터로 나눌 수 있습니다.

- 내부 데이터에는 기업 내부에서 축적된 고객 데이터, 재무 정보, 생산 데이터 등이 포함됩니다. 이는 회사의 기존 데이터를 분석해 내부적 통찰을 얻을 수 있게 해줍니다.
- 외부 데이터에는 정부, 공공 기관, 혹은 민간 기관에서 수집하고 발행한 데이터가 포함됩니다. 공공 데이터는 주로 정부나 공공 기관에서 공개하는 데이터로, 예를 들어 통계청의 인구 센서스 데이터나 정부에서 제공하는 다양한 통계 자료 등이 있습니다.

◼2 공공 데이터와 민간 데이터

대표적인 외부 데이터 제공 사이트로는 두 가지가 있습니다.

- 공공데이터포털(data.go.kr) : 행정안전부에서 관리하며, 각종 정부 부처에서 공개한 공공 데이터를 모아 제공하는 포털입니다. 다양한 형식으로 데이터를 다운로드할 수 있으며, 연구나 분석에 유용한 자원을 쉽게 접근할 수 있습니다.
- 국가통계포털(KOSIS, kosis.kr) : 통계청에서 관리하며, 인구, 경제, 산업 등 다양한 분야의 통계 자료를 제공합니다. 주로 통계적 데이터를 제공하므로 분석에 필요한 구체적이고 객관적인 데이터를 확보할 수 있습니다.

공공 데이터 외에도 민간 데이터가 있으며, 특히 금융 데이터나 카드 사용 데이터와 같은 정보는 민간에서 관리하며 데이터 거래소를 통해 접근이 가능하기도 합니다.

데이터를 확보한 후에는 CSV나 엑셀 파일로 다운로드하여, 필요시 엑셀에서 추가 가공하거나 챗GPT와 같은 분석 도구를 활용하여 분석할 수 있습니다.

02 웹 데이터 수집 : 웹 스크래핑

웹 페이지의 데이터 수집 방법 중 하나인 웹 스크래핑과
웹 크롤링의 개념과 차이를 알아보겠습니다.

웹 페이지의 데이터 수집 : 웹 스크래핑

- 웹 스크래핑(Web Scraping) : 웹 페이지로부터 원하는 정보를 추출하는 기법
- 웹 스크래핑은 비구조화된 웹 문서 자료를 정형화된(구조화된) 형태로 변환하여 데이터베이스나 스프레드시트에 저장, 분석할 수 있도록 하는 것
- 웹 크롤링(Web crawling)은 여러 웹 페이지를 기계적으로 탐색하는 방법, 웹 스크래핑은 특정한 하나의 웹 페이지를 탐색하여 원하는 정보만 콕 집어내는 방법, 일반적으로는 구분 없이 사용
- 간편한 무료 웹 스크래핑 도구인 리스틀리(Listly) 이용

https://velog.velodn.com/images/hideyoungrae/post/d696b348-72bd-48ca-8a0d-681.4f8fc7a00/image.png

1 웹 스크래핑

웹 스크래핑(Web Scraping)은 웹 페이지에서 원하는 정보를 추출하여 구조화된 형태로 변환하는 기술입니다. 예를 들어, 웹 사이트의 특정 데이터(상품명, 가격 등)를 가져와서 엑셀 스프레드시트나 데이터베이스 형태로 저장하고 분석할 수 있게 합니다. 주로 특정 페이지 내에서 필요한 정보를 추출하는 방식으로, 개별 페이지의 정보를 정제하여 분석에 사용할 수 있도록 도와줍니다.

2 웹 크롤링

웹 크롤링(Web Crawling)은 웹 스크래핑과 유사하지만, 단일 페이지가 아니라 여러 페이지를 기계적으로 탐색하며 데이터를 수집하는 방식입니다. 크롤러(crawler)라고 불리는 소프트웨어가 다양한 페이지 링크를 따라가며 자동으로 정보를 수집하고 저장합니다. 이 방식은 대규모 데이터 수집에 적합하지만, 불필요한 정보가 포함될 수 있어 후속 데이터 정제가 필요할 수 있습니다.

3 두 방식의 차이점

웹 스크래핑은 특정 페이지에서 필요한 정보를 수집하는 데 중점을 둡니다. 웹 크롤링은 여러 페이지를 순회하면서 정보를 수집하며, 다양한 링크를 따라 탐색합니다.

리스틀리(Listly)는 국내에서 개발된 웹 스크래핑 도구로, 크롬 확장 프로그램 형태로 제공됩니다. 리스틀리를 설치하면 웹 페이지에서 데이터를 클릭 몇 번으로 쉽게 추출할 수 있습니다. 특히, 웹 스크래핑을 처음 접하는 사람들에게 유용하며, 데이터 수집 과정을 자동화하여 빠르게 필요한 정보를 얻을 수 있습니다.

5 주의 사항

웹 스크래핑과 웹 크롤링은 대상 웹 사이트의 이용 약관을 준수해야 하며, 무단으로 데이터를 수집할 경우 법적 문제가 발생할 수 있습니다. 허용된 범위 내에서 데이터를 수집하고 사용하는 것이 중요합니다.

03 데이터 전처리

데이터 전처리의 개념과 주요 기법에 대해 알아보겠습니다.

데이터 전처리

- 데이터 전처리(Data Preprocessing) : 데이터 분석 작업 전에 데이터를 분석하기 좋은 형태로 만드는 과정을 총칭하는 개념
- 수집한 자료를 통계분석이 가능하도록 데이터를 검증하고 논리적인 모순이 있는 항목들을 편집 및 부호화하여 통계분석의 오류를 최소화하는 절차
- 데이터 전처리와 주요 기법
  - ▷ 데이터 정제(Cleaning)
  - ▷ 정제한 데이터를 하나로 통합(Integration)
  - ▷ 모델에 맞춰 변환(Transformation)
  - ▷ 의미 있는 데이터만 뽑아서 축소
    (Reduction)

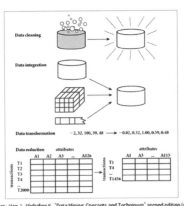

Source : Han J., Micheline K., "Data Mining: Concepts and Techniques" second edition (p.50)

■ 데이터 전처리

데이터 전처리(Data Preprocessing)는 데이터 분석 전에 데이터를 다듬어, 분석에 적합한 형태로 만드는 과정을 말합니다. 데이터 전처리는 데이터를 통계적으로 분석할 수 있도록 정리하고, 오류를 최소화하여 분석 결과의 신뢰성을 높이는 것이 주목적입니다.

수집한 데이터는 원래 목적에 맞지 않거나 부정확한 경우가 많습니다. 이를 그대로 분석하면 오류가 발생할 수 있으므로, 데이터를 검증하고 필요한 부분만 남기거나 변환하는 작업이 필수적입니다. 이를 통해 데이터의 일관성을 유지하고 논리적 오류를 줄여, 통계 분석과 모델링의 정확성을 높일 수 있습니다.

■ 데이터 전처리의 주요 기법

1) 데이터 정제(Cleaning)

데이터에 포함된 노이즈나 불완전한 데이터를 제거합니다. 예를 들어, 누락된 값, 이상치(outlier), 중복 데이터 등을 처리하여 데이터를 깔끔하게 만듭니다.

2) 데이터 통합(Integration)

여러 소스에서 수집한 데이터를 하나로 합칩니다. 예를 들어, 다른 데이터베이스나 스프레드시트에서 온 데이터를 통합하여 하나의 일관된 데이터 세트를 만듭니다.

3) 데이터 변환 (Transformation)

데이터를 분석 목적에 맞게 형식을 변환합니다. 예를 들어, 날짜 형식이 텍스트라면 날짜 타입으로 변환하거나, 범주형 데이터를 숫자형 데이터로 바꾸는 등의 작업이 포함됩니다.

4) 데이터 축소 (Reduction)

데이터에서 중요한 정보만 남기고 불필요한 부분을 제거하여 크기를 줄입니다. 예를 들어, 필요한 열만 남기거나 특정 조건에 맞는 행만 추출해 데이터를 축소합니다. 이를 통해 분석 효율성을 높일 수 있습니다.

분석할 데이터가 하나일 때는 정제만 필요할 수 있지만, 여러 데이터 소스가 있다면 통합 작업이 필요합니다. 또한, 데이터의 형식이 제각각이라면 변환 작업을 해야 하고, 너무 방대한 양의 데이터라면 축소를 통해 필요한 정보만 남겨야 합니다.

이와 같은 전처리 과정을 거쳐 데이터를 정리하면, 더 정확하고 효율적인 분석을 수행할 수 있습니다.

04 공공 데이터 수집

[실습] 검색과 다운로드를 통한 공공 데이터 수집

- 문제 : 나는 건강기능식품 회사 마케터다. 최근 5년 동안 가장 많이 판매된 품목을 알고 싶다.(ChatGPT로 통계청 데이터 가져오기 안 됨)
- 국가통계포털(https://kosis.kr/search/search.do)에서 '건강기능식품' 검색
- "건강기능식품 매출액, 국내 판매액 및 수출액" 선택
  - ▷ 시점 : 최근 5년 이내(2018-2022)
  - ▷ 다운로드 : CSV(UTF-8), 수록자료 형식과 동일
    건강기능식품_매출액_국내_판매액_및_수출액_20240723113020.CSV

https://kosis.kr/statHtml/statHtml.do?orgId=145&tblId=DT_M6010_000&conn_path=I2

검색과 다운로드를 통한 공공 데이터 수집 방법에 대해 설명하겠습니다. 예시로 사용된 데이터는 건강기능식품 매출액 및 국내 판매액입니다.

예를 들어, 건강기능식품 회사의 마케터로서 최근 5년간 가장 많이 판매된 품목을 알고 싶다고 가정합니다. 이러한 데이터를 구하기 위해서는 공공데이터 포털을 통해 데이터를 검색하고 다운로드할 필요가 있습니다.

2 데이터 검색과 수집 절차

1) 국가통계포털(KOSIS) 접속

먼저 [국가통계포털(KOSIS)](https://kosis.kr/search/search.do)에 접속하여 '건강기능식품'을 검색합니다. 이는 건강기능식품의 매출, 판매액, 수출액 등의 데이터가 제공되는 페이지를 찾는 과정입니다.

2) 관련 데이터 선택

검색 결과 중에서 '건강기능식품 매출액, 국내 판매액 및 수출액'이라는 항목을 선택합니다. 이 데이터에는 최근 5년(2018~2022) 동안의 매출 정보를 포함하고 있으며, 다양한 건강기능식품 품목에 대한 매출 데이터를 확인할 수 있습니다.

3) 필터링 및 설정

필요한 데이터 기간을 최근 5년으로 설정하여 트렌드 분석에 적합한 정보를 수집합니다. 또한, 필요한 경우 품목(예 : 비타민, 무기질, 식이섬유 등)을 선택해 세부 정보를 확인할 수 있습니다.

4) 데이터 다운로드

데이터를 다운로드할 때는 CSV 파일 형식(UTF-8 인코딩)으로 저장하는 것이 좋습니다. UTF-8 형식은 한글 처리가 잘 이루어지기 때문에 CSV 파일을 이용하면 다양한 도구에서 데이터를 손쉽게 열어볼 수 있습니다.

이때 "자료 수록 형식과 동일" 옵션을 선택하면, 웹에서 보는 화면 형식 그대로 데이터를 저장할 수 있어 분석에 용이합니다.

5) 메타 데이터 확보

다운로드한 데이터 파일에는 메타 정보도 함께 제공됩니다. 이 메타 정보에는 데이터의 출처, 항목 설명, 기간 등 중요한 정보가 포함되어 있어 데이터의 출처와 구조를 이해하는 데 유용합니다.

3 다운로드한 데이터의 활용

이렇게 수집된 데이터는 CSV 파일로 저장되며, 분석 도구로 불러와서 트렌드 분석이나 매출 현황 파악에 사용할 수 있습니다. 이를 통해 건강기능식품의 판매 추이, 인기 품목 등을 분석하여 마케팅 전략에 활용할 수 있습니다.

05 챗GPT를 이용한 웹 데이터 수집

❶ 웹 데이터 수집 준비

[실습] 챗GPT를 이용한 웹 데이터 수집

◉ 문제 : 최근 1년 동안 판매량 기준으로 인기 있는 자동차 브랜드를 알고 싶다.

  ▷ 원하는 데이터가 있는 사이트 접속(필요한 데이터가 있는 URL 확인)

  ▷ (예) 자동차 모델별 판매실적(다나와 자동차) : 자동차 백과 > 판매실적 > 모델별

    └ 기간 선택 : 23.07~24.06 → 조회

    └ 마우스 우클릭 > 검사(url 확인)

    └ 다시 마우스 우 클릭 > Copy > Copy element

  ▷ 텍스트 편집기 : 새문서 > 붙여넣기 > txt 파일 저장 : automobile sales(23.07~24.06).txt

https://auto.danawa.com/auto/?Work=record&Tab=Model&Month=2023-07-00&MonthTo=

챗GPT를 활용한 웹 데이터 수집 방법을 알아보겠습니다. 구체적으로는 최근 1년간 자동차 브랜드별 판매량 데이터를 수집하는 예시를 통해 웹 데이터를 텍스트 파일로 저장하는 과정을 알아보겠습니다.

1) 데이터 수집 목적 및 접근

예를 들어, 최근 1년 동안 가장 인기 있는 자동차 브랜드와 모델을 알고 싶다고 가정합니다. 이 경우 자동차 모델별 판매실적 데이터를 제공하는 웹사이트인 다나와 자동차(https://auto.danawa.com/auto/)에 접속하여 데이터를 수집할 수 있습니다.

2) 데이터 확인 및 조회 설정

- URL 확인 : 다나와 자동차 사이트에서 판매 실적이 있는 페이지에 접속합니다.
- 기간 설정 : 예를 들어, 2023년 7월부터 2024년 6월까지 1년간의 데이터를 조회하도록 설정합니다.
- 데이터 구조 확인 : 웹 페이지 내에서 마우스 오른쪽 클릭 후, 검사 기능을 통해 HTML 구조를 확인합니다. 원하는 데이터가 포함된 HTML 요소를 찾고 이 요소를 복사할 준비를 합니다.

3) HTML 데이터 추출

- HTML 요소 복사 : HTML 코드에서 원하는 데이터 범위를 선택하고, 마우스 오른쪽 클릭 후 Copy Element를 선택해 해당 요소를 복사합니다.
- 텍스트 편집기에 붙여넣기 : 복사한 HTML 코드를 텍스트 편집기(예:메모장)에 붙여 넣습니다. 이 HTML 코드는 실제 데이터를 포함하고 있으므로, 파일로 저장하여 후속 분석에 사용할 수 있습니다.

4) 파일 저장

- **텍스트 파일로 저장** : 텍스트 편집기에서 데이터를 붙여 넣은 후, 다른 이름으로 저장하기를 선택하여 '.txt' 형식으로 파일을 저장합니다. 예를 들어, 'automobile sales(23.07~24.06).txt'와 같이 파일 이름을 지정합니다.
- **데이터 활용 준비** : 저장된 파일은 분석 도구로 불러와 데이터 처리를 시작할 수 있습니다. 챗GPT나 Python 등의 툴을 사용하여 텍스트 데이터를 정제하고 필요한 부분만 추출하여 사용할 수 있습니다.

이 과정은 특정 웹페이지의 데이터를 HTML 코드로 추출하고 텍스트 파일로 저장하여 후속 분석에 활용하는 단계입니다. 필요한 경우 챗GPT를 활용하여 데이터 정제 및 분석을 추가로 수행할 수 있습니다.

[실습] 챗GPT를 이용한 웹 데이터 수집

○ 문제 : 최근 1년 동안 판매량 기준으로 인기 있는 자동차 브랜드를 알고 싶다.

❷ automobile sales(23.07~24.06).txt
이 txt 파일은 자동차 판매실적 테이블의 html 이다. html 코드는 모두 제거하고[순위, 모델, 판매량, 점유율, 이미지 url]만 추출하고 싶어. 데이터를 추출해서 csv 파일로 정리해서 다운로드할 수 있게 해 줘 추출된 파일을 요약해 줘

◉ 데이터를 성공적으로 추출하여 CSV 파일로 저장했습니다. 여기에서 다운로드할 수 있습니다.

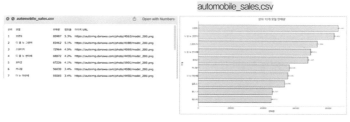

챗GPT를 활용하여 웹 데이터를 CSV 파일로 정리해 보겠습니다. 목표는 최근 1년간 인기 있는 자동차 브랜드의 판매 실적 데이터를 추출하여 CSV 파일로 변환하는 것입니다.

1) 데이터 추출 목표 설정

문제 정의 : 최근 1년 동안 판매량을 기준으로 인기 있는 자동차 브랜드를 알고자 합니다. 이 정보를 다나와 자동차 사이트에서 수집할 수 있습니다.

2) HTML 코드에서 필요한 데이터 추출

파일 준비 : 웹페이지에서 얻은 HTML 데이터가 포함된 텍스트 파일 (automobile sales(23.07~24.06).txt)을 준비합니다.

데이터 추출 요청 : 챗GPT에 텍스트 파일을 업로드하고 HTML 코드에서 순위, 모델명, 판매량, 점유율, 이미지 URL만 추출해 CSV 파일로 정리하도록 요청합니다.

데이터 정제 및 가공 : HTML 태그와 기타 불필요한 코드를 제거하여, 순수 데이터만을 추출합니다.

3) CSV 파일로 저장 및 다운로드

챗GPT는 요청에 따라 데이터를 추출하여 CSV 파일 형식으로 정리하고, 다운로드 링크를 제공합니다. 이를 통해 구조화된 데이터 파일이 준비됩니다.

4) 데이터 분석 및 시각화

추출된 CSV 파일을 챗GPT에 업로드하거나 Python과 같은 외부 도구에서 활용하여 추가 분석 및 시각화를 수행할 수 있습니다. 예시로, 상위 10개 자동차 모델의 판매량을 시각화한 막대그래프가 생성되었습니다.

이 과정은 웹에서 원하는 데이터를 추출하고, 챗GPT를 통해 자동으로 정리 및 시각화하는 방법을 보여줍니다. 이러한 작업은 코드 인터프리터와 데이터 분석 기능을 활용하여 더욱 효율적으로 수행할 수 있으며, 데이터가 CSV 형식으로 정리되므로 다양한 분석 및 보고서 작성에 유용하게 사용할 수 있습니다.

5) 챗GPT에 요청한 프롬프트

[automobile sales(23.07-24.06).txt] 업로드

이 txt파일은 자동차 판매실적 테이블의 html 이다.

html 코드는 모두 제거하고 [순위, 모델, 판매량, 점유율, 이미지 url]만 추출

하고 싶어. 데이터를 추출해서 csv 파일로 정리해서 다운로드할 수 있게 해 줘

📎 🖼 🌐   ↑

06 챗GPT를 이용한 데이터 전처리

■ 데이터 전처리 과정

[실습] 챗GPT를 이용한 데이터 전처리

◎ 문제 : 최근 5년 동안 판매된 건강기능식품에 대해 수집한 원시 데이터를 분석 목적에 맞게 데이터를 전처리하고 싶다.

❷ 건강기능식품_매출액__국내_판매액_및_수출액_20240723113020.csv
이 데이터는 건강기능식품의 품목별 5년간 판매량 데이터다. 이 데이터를 전처리해 줘

◉ 데이터를 전처리하기 위해 몇 가지 단계가 필요합니다

1. 칼럼 이름 변경
각 연도의 매출액, 국내 판매액, 수출액 칼럼이 명확하게 구분되도록 칼럼 이름을 변경합니다.

2. 필요 없는 행 제거
첫 번째 행은 헤더 정보로 중복되므로 제거합니다.

3. 데이터 형식 변환
숫자 데이터를 정수형으로 변환합니다.

4. 결측치 처리
결측치가 있는지 확인하고 적절히 처리합니다.

이제 전처리 과정을 진행하겠습니다

전처리된 건강기능식품 판매량 데이터

	품목	2018_매출액	2018_국내판매액	2018_수출
1	계	2522050463.0	2396224801.0	12582560
2	비타민 및 무기질	248353287.0	238764363.0	9588924.
3	식이섬유 (보충용)	18906283.0	18847870.0	58413.0
4	단백질	7774877.0	6826101.0	948776.0
5	필수지방산	912487.0	897656.0	14831.0
6	인삼	20539526.0	14737244.0	5802282.

챗GPT를 활용하여 건강기능식품의 판매 데이터를 전처리하는 과정에 대해 설명하겠습니다.

1) 전처리 목표

최근 5년간의 건강기능식품 판매 데이터를 분석하기 위해 원시 데이터를 분석 목적에 맞게 가공하는 것입니다. 전처리 과정을 통해 데이터의 품질을 향상시키고, 통계 분석이 가능하도록 데이터 형식을 정리합니다.

2) 전처리 단계

챗GPT를 통해 전처리할 데이터에 대해 다음과 같은 단계가 수행됩니다.

- 칼럼 이름 변경 : 각 연도의 매출액, 국내 판매액, 수출액 칼럼 이름을 명확하게 바꾸어 데이터를 쉽게 구분할 수 있도록 합니다.
- 불필요한 행 제거 : 첫 번째 행의 헤더 정보가 중복되었을 경우 이를 삭제하여 데이터의 일관성을 유지합니다.
- 데이터 형식 변환 : 숫자 데이터는 정수형으로 변환하여 분석에 적합한 형식으로 바꿉니다.
- 결측치 처리 : 결측치가 존재할 경우, 데이터의 신뢰성을 위해 적절하게 처리합니다.

3) 전처리 결과

위의 전처리 과정을 거친 후 최종적으로 정제된 데이터가 CSV 파일로 생성됩니다. 예시를 보면, 연도별로 매출액, 국내 판매액, 수출액 데이터가 명확하게 정리된 것을 확인할 수 있습니다. 이로써 데이터 분석에 필요한 기초 자료가 마련되며, 추가적인 통계 분석이나 시각화를 수행할 준비가 완료됩니다.

전처리는 데이터를 깨끗하고 일관성 있게 만들기 위한 필수 단계입니다.

이렇게 전처리된 데이터는 향후 건강기능식품 시장 분석 및 전략 수립에 중요한 자료로 활용될 수 있습니다. 챗GPT를 통해 이러한 전처리 작업이 자동화되면서 데이터 분석 작업의 효율성이 크게 향상됩니다.

[실습] 챗GPT를 이용한 데이터 전처리

○ 문제 : 최근 5년 동안 판매된 건강기능식품에 대해 수집한 원시 데이터를 분석 목적에 맞게 데이터를 전처리하고 싶다.

❷ 건강기능식품_매출액__국내_판매액_및_수출액_20240723113020.csv
이 데이터는 건강기능식품의 품목별 5년간 판매량 데이터다. 이 데이터를 전처리해 줘
계 행을 제거해 주고, '국내 판매액'과 '수출액' 열을 제거해 줘
칼럼명에서 '_매출액'을 제거해 줘
인덱스 열을 제거하고, 연도별 칼럼 데이터는 정수 타입으로 바꿔줘
전처리된 파일을 다운로드할 수 있는 링크를 제공해 줘

최종 전처리된 건강기능식품 판매량 데이터(인덱스 제거 및 정수 변환)

	품목	2018	2019	2020
1	비타민 및 무기질	248353287	270142098	298846
2	식이섬유(보충용)	18906283	1656229	435364
3	단백질	7774877	28312760	40531954
4	필수지방산	912487	818250	981245
5	인삼	20539526	21436823	11057172
6	홍삼	1109550597	1059797470	10608871

⊘ ⊘ processed_health_supplement_sales.csv		⬆	Open with Numbers	
품목	2018	2019	2020	2021	2022
비타민 및 무기질	248353287	270142098	298846590	335408567	460563
식이섬유(보충용)	18906283	1656229	435364	291316	192593
단백질	7774877	28312760	40531956	57422709	170139
필수지방산	912487	818250	981245	977542	186154
인삼	20539526	21436823	11057172	9605286	113552
홍삼	1109550597	1059797470	1060887944	1047199019	984816

인덱스열을 제거하고 연도별 데이터를 정수 타입으로 변환한 최종 전처리된 데이터를 확인할 수 있습니다.
이 데이터로 추가적인 분석이나 시각화를 원하시면 말씀해 주세요.

전처리된 데이터를 다운로드할 수 있는 링크입니다 :
전처리된 건강기능식품 판매량 데이터 다운로드
processed_health_supplement_sales.csv

챗GPT를 활용하여 최근 5년간 건강기능식품 판매 데이터를 전처리하겠습니다. 전처리 과정에서 불필요한 데이터를 제거하고 필요한 형식으로 데이터를 정리하여 분석에 적합하게 만드는 과정을 알아보겠습니다.

1) 데이터 파일 업로드 및 초기 확인

파일을 챗GPT에 업로드한 후, 각 데이터 칼럼을 확인합니다. 이 데이터에는 매출액, 국내 판매액, 수출액 등의 정보가 포함되어 있으며, 전처리를 통해 필요 없는 데이터를 제거할 계획입니다.

2) 불필요한 행과 열 제거

합계("계") 행을 제거하여 전체 데이터에서 불필요한 부분을 없앱니다.

'국내 판매액'과 '수출액' 열도 제거하여 매출액만 남깁니다. 이처럼 분석 목적에 맞는 데이터만 남기는 작업이 중요합니다.

3) 칼럼명 및 데이터 형식 수정

'매출액'이라는 불필요한 칼럼 명칭은 제거하고, 연도만 남겨 데이터가 더 깔끔하게 보이도록 정리합니다.

연도별 매출액 데이터는 정수형으로 변환하여 소수점 없이 정리합니다. 이는 데이터 일관성을 높이는 작업으로, 분석 시 오류를 줄일 수 있습니다.

4) 결측치 확인 및 처리

결측치를 검사하여 누락된 데이터가 없는지 확인합니다. 데이터가 완전한지 확인한 후, 추가적인 전처리 작업을 진행합니다.

5) 최종 데이터 다운로드

전처리된 데이터를 CSV 파일로 저장하고, 다운로드 링크를 생성하여 공유합니다. 이를 통해 언제든지 전처리된 데이터를 내려받아 사용할 수 있습니다.

이 전처리 과정을 통해 데이터는 분석하기 적합한 상태로 변환됩니다. 필요 없는 데이터를 제거하고, 필요한 정보만 남겨 데이터의 가독성과 신뢰성을 향상시켰습니다. 이렇게 정리된 데이터는 향후 건강기능식품 시장 분석에 중요한 자료로 활용될 수 있으며, 빠르고 정확한 데이터 기반 의사결정을 돕습니다.

한가지 주의할 사항이 있습니다. 세션 만료와 같은 제한을 염두에 두어야 하며, 세션 시작 후 3시간 이내에 작업을 완료해야 합니다. 만약 작업을 완료하지 못한다면 다시 데이터 파일을 업로드해서 분석 작업을 계속할 수 있습니다.

6) 챗GPT에 요청한 프롬프트

[건강기능식품_매출액__국내_판매액_및_수출액_20240723113020.csv] 업로드

이 데이터는 건강기능식품의 품목별 5년간 판매량 데이터다.

이 데이터를 전처리해 줘

계 행을 제거해 주고, '국내 판매액'과 '수출액' 열을 제거해 줘

칼럼명에서 '_매출액'을 제거해 줘

인덱스 열을 제거하고, 연도별 칼럼 데이터는 정수 타입으로 바꿔줘

전처리된 파일을 다운로드할 수 있는 링크를 제공해 줘

07 파워 쿼리를 이용한 데이터 전처리

1 파워 쿼리

파워쿼리를 이용한 데이터 전처리

- 파워쿼리(Power Query) : 분석 요구에 부합하도록 데이터 원본을 검색, 연결, 결합 또는 구체화할 수 있게 해주는 데이터 연결 기술
- 파워쿼리는 최종 사용자가 Excel, Power BI 등을 비롯한 다양한 Microsoft 제품 내에서 데이터를 원활하게 가져오고 재구성할 수 있게 해주는 데이터 연결 및 데이터 준비 기술
- 엑셀 파일, CSV, 웹페이지 데이터 등 다양한 형태의 데이터 활용 가능
- 리본 메뉴 : 데이터 > 데이터 가져오기 > 텍스트/CSV 등

데이터 전처리에 매우 유용한 도구인 파워 쿼리를 활용하는 방법에 대해 알아보겠습니다.

1) 파워 쿼리의 개요

파워 쿼리(Power Query)는 분석 목적에 따라 데이터 원본을 검색, 연결, 결합, 또는 구체화할 수 있게 해주는 강력한 데이터 연결 및 전처리 도구입니다. 엑셀과 파워 BI에 내장되어 있어 최종 사용자가 이 두 소프트웨어에서 데이터를 효율적으로 활용하고 재구성할 수 있도록 도와줍니다. 파워 쿼리는 데이터의 원본에 직접 연결하기 때문에 원본 데이터를 자동으로 동기화하고 업데이트할 수 있습니다.

2) 파워 쿼리의 기능과 활용

- 다양한 형식의 데이터 연결 : 파워 쿼리는 엑셀 파일, CSV 파일, 웹 데이터 등 다양한 형태의 데이터를 불러와 사용할 수 있습니다.
- 데이터 변형 및 정리 : 파워 쿼리의 데이터 편집기에서는 불필요한 행이나 열을 삭제하고, 필요한 열을 추가하거나 수정할 수 있습니다. 예를 들어, 첫 번째 행을 헤더로 지정하거나 특정 열을 삭제하는 등의 작업이 가능합니다. 이를 통해 데이터를 보다 목적에 맞게 정리할 수 있습니다.
- 리본 메뉴를 통한 접근 : 엑셀에서는 상단의 데이터 > 데이터 가져오기 > 텍스트/CSV 경로를 통해 CSV 파일을 불러올 수 있습니다. 파워 쿼리 편집기에서 불러온 데이터를 다양한 방식으로 수정하고 준비할 수 있습니다.

3) 파워 쿼리의 장점

파워 쿼리를 활용하면 사용자는 엑셀이나 파워 BI 내에서 데이터를 가공할 수 있어 보다 효율적이고 반복 가능한 데이터 분석 환경을 구축할 수 있습니다. 특히, CSV 파일 형식으로 데이터를 가져와서 전처리하는 것은 데이터 분석에 매우 유용한 방법입니다.

4) 파워 쿼리와 챗GPT의 전처리 비교

- 챗GPT 활용 : 챗GPT는 프롬프트를 통해 간단한 전처리를 수행할 수 있으나, 데이터 량이 많거나 복잡한 전처리가 필요할 때는 성능이 제한될 수 있습니다.

- 파워 쿼리 활용 : 파워 쿼리는 엑셀이나 파워 BI 환경에서 직접 데이터를 보면서 편집할 수 있어 보다 세밀하고 직관적인 전처리가 가능하며, 대용량 데이터를 다루는 데 적합합니다.

② 파워 쿼리로 데이터 전처리하기

[실습] 파워쿼리를 이용한 데이터 전처리

🔘 문제 : 최근 5년 동안 판매된 건강기능식품에 대해 수집한 원시 데이터를 분석 목적에 맞게 데이터를 전처리하고 싶다.

- ▷ 엑셀 리본 메뉴 : 데이터 > 데이터 가져오기 > 파일 > 로드
- ▷ 엑셀 리본 메뉴 : 쿼리 > 편집
- ▷ 데이터 형식 변경, 열 분할, 열 제거, 행 제거, 열 추가 등
  - └ 파워쿼리 편집기 메뉴 : 홈 ─┬─ 첫 행을 머리글로 사용
    - ├─ 행 제거 > 빈 행 제거
    - ├─ 열 제거 > 열 제거
    - └─ 행 제거 > 상위 행 제거(2)
  - └ 파워쿼리 편집기 메뉴 : 홈 혹은 변환 > 데이터 형식 : 텍스트 → 정수 등
  - └ 파워쿼리 편집기 메뉴 : 칼럼명 변경
  - └ 파워쿼리 편집기 메뉴 : 닫기 및 로드
  - └ 엑셀 리본 메뉴 : 다른 이름으로 저장

건강기능식품_매출액__국내_판매액_및_수출액_20240723123803(파워쿼리편집).xlsx

엑셀의 파워 쿼리를 활용하여 데이터를 전처리하고 비교하는 방법을 설명하겠습니다. 이전까지는 챗GPT에 명령어를 통해 데이터를 전처리했으나, 파워 쿼리 편집기를 사용하여 직접 데이터를 정리하는 방식도 있습니다. 파워 쿼리는 엑셀 내에서 데이터 원본과 연결하여 필터링, 형식 변환, 행과 열의 삭제 및 추가 등 다양한 작업을 가능하게 하며, 이는 특히 대용량 데이터나 복잡한 데이터 구조를 처리할 때 유용합니다.

1) 데이터 가져오기

엑셀 리본 메뉴 경로 : 데이터 > 데이터 가져오기 > 파일 > CSV나 텍스트 파일 등 다양한 소스를 불러올 수 있습니다. 데이터를 불러와서 파워 쿼리 편집기에서 편집 작업을 수행할 수 있습니다.

2) 파워 쿼리 편집기 메뉴 활용

파워 쿼리 편집기 내에서는 데이터의 형식 변환, 행과 열의 추가 및 삭제, 데이터 정리 등이 가능합니다. 예를 들어, 첫 행을 머리글로 설정하거나 불필요한 행 및 열을 삭제할 수 있습니다.

홈 > 변환 메뉴를 사용하여 텍스트 데이터를 숫자나 날짜 형식으로 변환하거나, 필요한 열만 남기고 나머지를 제거하여 데이터를 정리할 수 있습니다.

3) 데이터 형식 변환 및 정리 작업

데이터를 효과적으로 정리하기 위해 수행할 수 있는 여러 가지 구체적인 작업이 있습니다. 예를 들어, 불필요한 빈 행을 제거하거나, 특정 열의 데이터를 정수형으로 변환하는 작업 등을 할 수 있습니다.

데이터 형식 변환 메뉴에서 텍스트 데이터를 정수형으로 변경하거나, 칼럼명 변경, 단위 조정 등의 작업을 할 수 있습니다.

4) 파일 저장

전처리가 완료된 데이터는 엑셀 파일로 저장하거나 CSV 형식으로 내보낼 수 있으며, 이렇게 저장한 파일은 추가 분석에 사용할 수 있습니다.

데이터 분석을 수행할 때 챗GPT와 파워 쿼리의 적절한 활용 방법을 알고 있으면 필요에 따라 또는 편의에 따라 전처리를 보다 쉽게 할 수 있습니다. 특히 대용량 데이터인 경우에는 파워 쿼리가 제공하는 세밀한 편집 기능을 활용해 직접 전처리하는 방법이 더 쉽고 효율적일 수 있습니다.

정리하기

데이터 수집과 전처리 과정에서 2차 데이터 및 공공 데이터, 웹 스크래핑과 크롤링, 전처리 기술, 파워 쿼리의 활용을 설명했습니다. 1차 데이터는 설문 조사, 심층 인터뷰 등 직접 수집한 데이터를 의미하며, 2차 데이터는 기존의 데이터를 의미합니다. 공공 데이터는 주로 공공 기관에서 제공하며, 대표적으로 공공데이터포털과 국가통계포털이 있습니다.

웹 스크래핑은 특정 웹 페이지의 정보를 수집하는 방법이며, 크롤링은 여러 페이지를 탐색하여 데이터를 자동 수집하는 방식입니다. 데이터 전처리는 데이터 정제, 통합, 변환, 축소 등의 작업을 통해 데이터 품질을 높여 분석에 적합한 형태로 만듭니다. 챗GPT를 통해 자동화된 전처리가 가능하며, 대량 데이터일 경우 파워 쿼리가 효율적입니다.

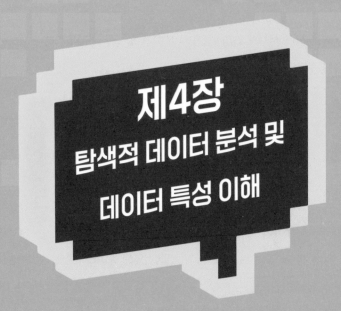

제4장

탐색적 데이터 분석 및

데이터 특성 이해

생각해 볼 문제

① 수집한 데이터의 구조, 변수 유형, 변수 간의 관계가 어떻게 되어 있는지 궁금하다.

② 데이터 중 이상치나 오류가 있는지 확인하고 싶다. 만약 문제가 있다면 데이터 정제를 해야 한다.

③ 변수 간의 상관관계나 패턴을 발견하여 가설을 수립하고 향후 분석 방향을 설정하고 싶다.

④ 분석에 중요한 변수를 식별하고, 불필요하거나 중복되는 변수를 제거하고 싶다.

01 탐색적 데이터 분석과 확증적 데이터 분석 비교

탐색적 데이터 분석과 확증적 데이터 분석

- 탐색적 데이터 분석(Exploratory Data Analysis, EDA) : 데이터를 분석하기 전에 데이터의 주요 특성을 이해하고, 데이터에 숨겨진 패턴, 이상치, 구조 등을 탐색하는 과정(주로 빅 데이터 분석)
- 확증적 데이터 분석(Confirmatory Data Analysis, CDA) : 가설을 설정한 후, 수집한 데이터로 가설을 평가하고 추정하는 전통적인 분석(주로 기존의 통계 분석)

[탐색적 데이터 분석]

| 데이터 수집 | 시각화 탐색 | 패턴 도출 | 인사이트 발견 |

[확증적 데이터 분석]

| 가설 설정 | 데이터 수집 | 통계 분석 | 가설 검정 |

탐색적 데이터 분석과 확증적 데이터 분석의 차이와 각 분석의 단계 및 역할에 대해 설명하겠습니다. 이를 통해 두 분석의 특성과 활용 방안을 이해할 수 있습니다. 다음은 각 분석의 특징과 절차에 대해 자세하게 설명하겠습니다.

1 탐색적 데이터 분석

탐색적 데이터 분석(Exploratory Data Analysis, EDA)은 데이터를 본격적으로 분석하기 전에 데이터의 주요 특성, 숨겨진 패턴, 이상치 등을 탐색하여 이해하는 과정입니다. 주로 빅데이터 분석에서 데이터를 한 번에 분석하기 어려운 경우가 많기 때문에 EDA를 통해 데이터를 탐색하고 이해하는 방법으로 사용합니다.

EDA는 데이터의 주요 특징을 파악하고, 데이터의 구조, 패턴, 이상치를 파악하여 본격적인 분석의 기초를 마련합니다. 주로 데이터의 복잡한 구조를 시각적으로 탐색하는 과정이 필요할 때 사용됩니다.

EDA의 단계는 다음과 같습니다.

1단계 데이터 수집 : 분석에 필요한 데이터를 수집합니다. 데이터의 양과 형태가 매우 다양할 수 있으며, 이를 종합적으로 수집합니다.

2단계 시각화 탐색 : 수집한 데이터를 시각적으로 탐색하여 데이터의 분포, 패턴, 이상치를 시각화 기법을 통해 이해합니다.

3단계 패턴 도출 : 데이터의 구조나 특정 패턴을 발견하여 본격적인 분석 방향을 설정합니다.

4단계 인사이트 발견 : 탐색 결과를 바탕으로 분석에 유용한 초기 인사이트를 도출합니다. 이 인사이트는 최종 결론이 아닌, 다음 단계에서 심층 분석을 위한 단초로 활용됩니다.

EDA는 분석 목적에 맞는 데이터를 정제하고, 분석 방향을 설정하는 데 매우 중요한 역할을 합니다. 특히 빅데이터처럼 다양한 유형과 형태를 가진 데이터를 다룰 때 EDA는 필수적인 과정입니다.

② 확증적 데이터 분석

확증적 데이터 분석(Confirmatory Data Analysis, CDA)은 가설을 세운 후 수집된 데이터를 통해 그 가설을 검증하고 평가하는 전통적인 분석 방법입니다. 이 분석은 주로 기존의 통계 분석 기법을 사용하여 명확한 가설 검증을 목적으로 합니다.

CDA는 설정한 가설을 통계적으로 검증하여 이를 통해 데이터를 평가하고 추정합니다. 조사 설계가 명확하게 되어 있는 연구, 예를 들어 학술 논문이나 설문조사 기반 연구 등에서 사용됩니다.

CDA의 단계는 다음과 같습니다.

- 1단계 가설 설정 : 분석할 가설을 설정합니다. 이는 연구자가 분석하고자 하는 명확한 질문이나 예상하는 관계를 정의하는 단계입니다.
- 2단계 데이터 수집 : 설정한 가설을 검증하기 위한 데이터를 수집합니다. 이때 데이터는 연구 설계에 따라 조정된 방식으로 수집됩니다.
- 3단계 통계 분석 : 수집된 데이터를 바탕으로 통계 기법을 통해 분석을 수행합니다. 분석을 통해 가설의 성립 여부를 판단할 수 있는 수치를 도출합니다.
- 4단계 가설 검정 : 통계 분석 결과를 바탕으로 가설이 검증되었는지 평가합니다. 이를 통해 가설을 수용하거나 기각하게 됩니다.

CDA는 EDA와 달리 데이터가 명확하게 정제되고, 조사 설계가 명확히 되어 있는 경우에 유용합니다. 데이터 프레임이 완성되어 있어야 하고, 데이터에 이상치나 오류가 없는 상태에서 통계적 검증을 수행합니다.

탐색적 데이터 분석(EDA)은 데이터를 본격적으로 분석하기 전에 데이터를 탐색하고 이해하는 단계로, 주로 빅데이터 분석에서 사용됩니다.

확증적 데이터 분석(CDA)은 설정된 가설을 통계적으로 검증하는 단계로, 주로 전통적 통계 분석에서 사용됩니다.

두 분석 방식은 데이터 분석 과정에서 서로 보완적으로 작용할 수 있습니다. EDA를 통해 분석의 방향을 설정하고 주요 패턴과 이상치를 파악한 후, 이를 바탕으로 명확한 가설을 세워 CDA를 수행함으로써 분석의 정확성을 높일 수 있습니다.

02 탐색적 데이터 분석 이해

탐색적 데이터 분석

- **탐색적 데이터 분석의 목적**
  - ▷ 데이터 이해 : 데이터의 구조, 변수 유형, 변수 간의 관계를 파악
  - ▷ 이상치 및 오류 탐지 : 데이터 중 이상치나 오류가 있는지 확인하여 데이터의 정제
  - ▷ 패턴 발견 : 변수 간의 상관관계나 패턴을 발견하여 가설을 수립하고 향후 분석 방향을 설정
  - ▷ 중요 변수 식별 : 분석에 중요한 변수를 식별하고, 불필요하거나 중복되는 변수를 제거
- **탐색적 데이터 분석의 방법**
  - ▷ 기술 통계 분석 : 평균, 중앙값, 최빈값, 표준편차 등을 계산하여 데이터의 중심 경향성과 분산을 파악
  - ▷ 시각화 : 막대그래프, 히스토그램, 박스 플롯, 산점도 등을 이용하여 데이터의 분포와 패턴을 시각적으로 분석
  - ▷ 그룹화 및 집계 : 데이터를 그룹화하고 집계하여 그룹 간 비교 및 경향성을 파악
  - ▷ 상관 분석 : 변수 간의 상관계수를 계산하여 변수 간의 관계를 탐색

탐색적 데이터 분석은 데이터를 이해하고 분석 방향을 설정하는 초기 단계에서 중요한 역할을 하며, 데이터를 더 깊이 이해하기 위해 사용하는 다양한 분석 기법이 포함되어 있습니다. EDA의 목적과 방법에 대해 자세하게 설명하겠습니다.

1) 탐색적 데이터 분석의 목적

탐색적 데이터 분석은 데이터 분석의 초기 단계에서 수행되며, 주로 데이터의 특성과 구조를 파악하는 것을 목표로 합니다. 이를 통해 이후의 분석 과정을 더 효과적으로 수행할 수 있습니다. 주요 목적은 다음과 같습니다.

- 데이터 이해 : 데이터의 전체적인 구조와 각 변수의 유형, 변수 간의 관계를 파악합니다. 데이터의 기본적인 분포나 특성을 이해하는 것이 목표입니다.
- 이상치 및 오류 탐지 : 데이터에서 이상치나 오류를 찾아내고, 이를 정제하여 데이터의 신뢰성을 높입니다. 이는 후속 분석이 왜곡되지 않도록 하는 중요한 과정입니다.
- 패턴 발견 : 변수 간의 상관관계나 데이터 내에서 반복적으로 나타나는 패턴을 파악하여 분석 방향을 설정합니다. 이 패턴들은 이후 가설 설정이나 심층 분석에 활용될 수 있습니다.
- 중요 변수 식별 : 분석에 있어 중요한 변수를 찾아내고, 불필요하거나 중복된 변수는 제거하여 분석의 효율성을 높입니다. 이는 분석 과정에서 데이터의 복잡성을 줄이고, 핵심 변수를 중심으로 분석할 수 있게 합니다.

이러한 목적을 달성하기 위해 EDA는 데이터의 초기 이해와 방향 설정에 필수적인 역할을 합니다. 데이터를 정제하고 주요 특성을 파악하는 것은 이후 단계에서 분석의 정확성을 높이는 데 기여합니다.

2) 탐색적 데이터 분석의 방법

탐색적 데이터 분석에서는 데이터를 이해하고 분석 방향을 잡기 위해 다양한 방법을 사용합니다. EDA에 흔히 사용되는 방법들을 다음과 같이 정리할 수 있습니다.

- 기술 통계 분석 : 평균, 중앙값, 최빈값, 표준편차 등의 기초 통계치를 계산하여 데이터의 중심 경향성과 분산 정도를 파악합니다. 이러한 기초 통계는 데이터의 전반적인 분포를 이해하고, 데이터가 어떤 특성을 가지는지 빠르게 파악할 수 있게 합니다.
- 시각화 : 데이터를 시각적으로 표현하여 분포와 패턴을 쉽게 파악할 수 있게 합니다. 대표적인 시각화 방법으로는 막대그래프, 히스토그램, 박스 플롯, 산점도가 있습니다. 이러한 시각화 기법을 통해 데이터의 분포, 이상치, 변수 간의 관계 등을 직관적으로 이해할 수 있습니다.
- 그룹화 및 집계 : 데이터를 특정 변수에 따라 그룹화하여 그룹 간의 차이를 비교하거나 집계하여 경향성을 파악합니다. 예를 들어, 성별이나 연령대별로 그룹화하여 각 집단의 특성을 비교하는 방식이 있습니다.
- 상관 분석 : 변수 간의 관계를 살펴보는 방법으로, 상관계수를 계산하여 두 변수 간의 관계의 강도와 방향성을 파악합니다. 상관 분석을 통해 변수 간의 잠재적 관계를 탐색하고, 이를 바탕으로 가설 설정이나 추가 분석의 기초 자료로 활용할 수 있습니다.

이와 같은 방법들은 EDA의 대표적인 기법으로, 각 기법은 데이터의 특성을 시각적이고 정량적으로 파악하는 데 효과적입니다. 데이터를 본격적으로 분석하기 전, EDA 과정을 통해 얻은 인사이트는 이후 분석의 방향을 설정하고 분석 과정을 효율적으로 수행할 수 있는 기반이 됩니다.

즉, 탐색적 데이터 분석은 데이터의 구조와 특성을 이해하고, 중요한 변수와 패턴을 파악하여 분석의 방향을 설정하는 데 중요한 역할을 합니다. 이를 위해 다양한 통계적, 시각적 방법이 사용되며, 이를 통해 분석의 기초를 확립할 수 있습니다.

03 문제 해결과 의사결정을 위한 탐색 과정으로서 통계

문제 해결과 의사결정을 위한 탐색 과정으로서 통계

○ 통계(statistics)는 문제를 정의하고 표본추출과 측정에 대한 계획을 세우고, 자료를 수집하여 처리하고, 자료를 분석하고, 이에 대한 해석과 비판으로부터 새로운 아이디어를 얻는 순환적인 과정

○ PPDAC(Problem–Plan–Data–Analysis–Conclusion) 모형 : 통계적 문제해결을 문제, 계획, 데이터, 분석, 결론으로 구성된 하나의 주기로 바라봄(Wild & Pfannkuch,1999)

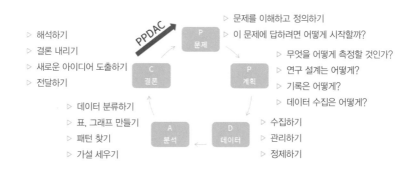

문제 해결과 의사결정을 위한 탐색 과정으로서의 통계와 통계적 문제 해결을 구조화한 PPDAC 모델에 대해 설명하겠습니다. 통계적 분석이 문제 해결의 전체 과정에서 어떻게 적용되는지를 알아야 하며, PPDAC 모델을 통해 체계적이고 반복적인 접근 방식을 이해해야 합니다. 이 과정을 하나씩 자세히 설명해 보겠습니다.

1 통계(Statistics)의 역할

통계는 문제 정의, 표본 추출, 측정, 데이터 처리 및 분석, 해석과 비판적 평가로 이루어진 순환적 과정입니다. 일반적으로 통계적 분석은 다음과 같은 상황에서 사용됩니다.

- 표본 기반 추론 : 현실에서는 전체 모집단을 분석하기 어려운 경우가 많기 때문에, 표본 데이터를 통해 모집단을 추정하는 방식이 사용됩니다. 이는 표본의 대표성과 정확성을 보장함으로써 모집단의 특성을 파악하는 것입니다.
- 데이터 기반 의사결정 : 통계적 분석을 통해 도출된 결과는 문제 해결이나 의사결정을 위한 중요한 정보를 제공합니다. 이를 통해 새로운 아이디어를 얻거나 기존의 아이디어를 검증할 수 있습니다.

통계적 과정은 데이터를 수집하고 처리한 후, 이를 해석하여 문제를 해결하는 일련의 단계로 구성되며, 이 모든 과정에서 통계는 데이터의 신뢰성과 타당성을 확보하는 데 중요한 역할을 합니다.

2 PPDAC 모델 : 탐색적 문제 해결을 위한 프레임워크

PPDAC는 Problem—Plan—Data—Analysis—Conclusion의 약자로, 문제 해결을 위한 통계적 접근을 체계화한 모델입니다. 이 모델은 문제를 정의하고, 해결 방법을 계획한 후, 데이터를 수집하고 분석하여 결론을 도출하는 일련의 단계로 구성됩니다. 각 단계는 아래와 같습니다.

1) P (문제, Problem)

- 목적 : 해결하려는 문제를 명확하게 정의합니다.
- 핵심 질문 : "이 문제에 답하기 위해 무엇을 해야 하는가?"와 같은 질문을 통해 문제의 본질을 파악하고 분석 방향을 설정합니다.

2) P (계획, Plan)

- 목적 : 문제를 해결하기 위한 계획을 수립합니다.
- 주요 요소 : 연구 설계, 측정 방법, 데이터 수집 방법 등을 결정합니다. 이 단계에서 분석에 필요한 리소스를 파악하고, 어떤 데이터가 필요한지 계획합니다.

3) D (데이터, Data)

- 목적 : 필요한 데이터를 수집하고 정제하여 분석 가능한 상태로 준비합니다.
- 활동 : 데이터 수집, 관리 및 정제 작업을 수행하여 데이터의 일관성과 신뢰성을 확보합니다. 수집된 데이터는 오류와 이상치 등을 제거하여 분석에 적합한 상태로 만들어야 합니다.

4) A (분석, Analysis)

- 목적 : 수집된 데이터를 분석하여 문제 해결에 필요한 정보를 도출합니다.
- 활동 : 데이터 분류, 시각화(표와 그래프 생성), 패턴 찾기, 가설 검증 등을 통해 데이터의 의미를 파악합니다. 다양한 분석 기법을 통해 데이터의 특징과 관계를 탐색합니다.

5) C (결론, Conclusion)

- 목적 : 분석 결과를 바탕으로 결론을 도출하고, 새로운 아이디어나 추가 조사를 위한 단서를 제공합니다.
- 활동 : 분석 결과를 해석하여 의사결정에 필요한 정보를 제공하고, 결론을 내립니다. 결론은 문제 해결을 위한 실질적인 통찰을 제공하며, 결과적으로 의사결정자에게 전달됩니다.

PPDAC 모델은 문제 해결을 위한 통계적 접근을 체계화하여 문제, 계획, 데이터, 분석, 결론이라는 단계적 과정으로 구조화합니다. 이러한 모델을 통해 복잡한 문제를 단계별로 접근할 수 있으며, 각 단계에서 도출된 결과를 바탕으로 다음 단계를 진행할 수 있습니다. 또한, 각 단계는 반복할 수 있으며, 새로운 인사이트나 아이디어가 필요한 경우 PPDAC 주기를 다시 반복함으로써 문제를 지속적으로 개선할 수 있습니다.

이 모델은 통계적 사고와 데이터 기반 의사결정을 위한 강력한 틀을 제공하여, 복잡한 문제를 체계적으로 분석하고 효과적인 해결 방안을 모색하는 데 유용한 도구로 활용될 수 있습니다.

04 데이터 분석을 위한 기초 통계

1 분포의 위치

데이터 분석을 위한 기초 통계 : 분포의 위치

○ 위치(Location) : 수집한 자료 전체를 대표하는 통계치(대푯값). 중심 경향치(Central Tendency).

옵 선	내 용
Mean (평균)	모든 관측치의 합을 관측치의 수(표본수)로 나눈 값
Median (중앙값)	크기순서로 가장 작은 값에서 가장 큰 값으로 나열하였을 경우에 정 중앙에 위치하는 관측치의 값
Mode (최빈값)	가장 많은 빈도를 가지고 있는 관측치의 값

유흥점 만족도 (SPSS 분석결과)

			빈도	퍼센트	유효 퍼센트	누적 퍼센트
유효	매우불만족한다	1	4	.3	.3	.3
	불만족한다	2	24	1.6	1.6	1.9
	보통이다/반반이	3	394	26.3	26.3	28.1
	만족한다	4	1000	66.7	66.7	94.8
	매우 만족한다	5	78	5.2	5.2	100.0
	전체		1500	100.0	100.0	

➔ 전체 케이스(응답자수)는 1500개,
결측치 (missing value) 가 0개로 유효응답이 1500개이다.
만족한다(4)에 응답한 비율이 66.7%로 가장 높다.

➔ 최빈값은 ? 4

➔ 중앙값은 ? 4

➔ 평균은 ?

$$mean(\overline{X}) = \frac{\sum\limits_{i-1}^{n} Xi}{n}$$

(1*4)+(2*24)+(3*394)+(4*1000)+(5*78)/1500=3.75

(Excel 기술통계분석결과)

F4.만족도

평균	3.749333
표준오차	0.015057
중앙값	4
최빈값	4
표준편차	0.583146
분산	0.34006
점도	1.467132
왜도	-0.70418
범위	4
최소값	1
최대값	5
합	5624
관측수	1500

데이터 분석을 위한 기초 통계 중에서 분포의 위치(Location), 즉 중심 경향치(Central Tendency)를 설명하겠습니다. 중심 경향치는 수집된 자료의 전체를 대표할 수 있는 값으로, 평균(Mean), 중앙값(Median), 최빈값(Mode) 등이 대표적입니다. 다음은 각 개념에 대한 설명과 예시를 바탕으로 한 자세한 정리입니다.

1) 평균 (Mean)

- 정의 : 평균은 모든 관측값의 합을 관측값의 개수로 나눈 값입니다. 이는 데이터를 전체적으로 요약하여 대표하는 값으로, 대푯값의 가장 기본적인 형태입니다.
- 예시 : 예제에서 1,500명의 만족도 응답을 바탕으로 각 응답 값을 해당 빈도와 곱하여 전체 합을 계산한 후, 응답자의 수로 나눠서 평균값을 도출합니다. 여기서는 평균이 3.75로 계산되었습니다.

2) 중앙값 (Median)

- 정의 : 중앙값은 데이터를 크기 순서로 정렬했을 때 정중앙에 위치하는 값입니다. 이는 데이터 분포의 중앙 위치를 나타내며, 이상치의 영향을 적게 받는 특성이 있습니다.
- 계산 방법 : 데이터의 개수가 홀수일 경우 중앙에 있는 값이 중앙값이며, 짝수일 경우에는 중앙에 있는 두 값의 평균이 중앙값이 됩니다.
- 예시 : 만족도 응답을 순서대로 정렬했을 때 중간에 위치하는 응답이 '4'임을 보여주고 있으며, 이 값이 중앙값이 됩니다. 이는 총 1,500명의 데이터 중에서 정확히 중앙에 해당하는 위치의 값입니다.

3) 최빈값 (Mode)

- 정의 : 최빈값은 데이터에서 가장 자주 나타나는 값입니다. 이는 데이터 분포에서

가장 빈번하게 나타나는 값으로, 데이터를 빠르게 파악할 수 있는 기준이 됩니다.

· 예시 : 만족도 응답 중 빈도가 가장 높은 값은 '4'로, 1,000명이 이 값을 선택하였습니다. 따라서 최빈값은 '4'입니다.

4) 예제 설명 및 분석 도구 활용

예제에서는 1,500명의 응답자가 1에서 5까지의 만족도 등급으로 응답한 결과를 통해 각 중심 경향치를 계산합니다. 여기서는 설명의 편의를 위해 SPSS와 액셀을 이용하여 분석했습니다.

· SPSS 분석 결과 : 만족도 응답의 빈도와 각 응답의 퍼센트가 나열되어 있으며, 이를 통해 빈도분석 결과가 도출됩니다. 예를 들어, 응답자의 66.7%가 '4'로 응답하였으며, 이는 가장 높은 빈도입니다.

· 액셀 통계 분석 : 액셀에서 기술 통계 분석을 통해 평균, 표준편차, 중앙값, 최빈값 등 다양한 통계치를 쉽게 계산할 수 있습니다. 이는 데이터 분석을 손쉽게 수행할 수 있는 도구로, 분석 결과가 SPSS와 동일한 값으로 나타납니다.

5) 중심 경향치의 의미와 활용

중심 경향치는 데이터를 요약하여 대표할 수 있는 값으로, 데이터 분포의 특성을 빠르게 파악하는 데 도움을 줍니다.

· 평균은 모든 데이터의 균형을 나타내지만, 이상치에 민감하게 영향을 받을 수 있습니다.

· 중앙값은 데이터의 중간값을 의미하여 이상치의 영향을 덜 받으며, 데이터의 분포가 한쪽으로 치우쳐 있을 때 유용합니다.

· 최빈값은 데이터에서 가장 빈번하게 나타나는 값으로, 특히 범주형 데이터에서 대표성을 가질 수 있습니다.

이러한 중심 경향치를 이해하고 계산할 수 있는 능력은 데이터 분석에서 기본적인 소양입니다. 또한, 액셀이나 SPSS와 같은 분석 도구를 활용하여 이러한 값을 구할 수도 있지만 챗GPT를 활용해서 구할 수도 있습니다.

② 분포의 변동성

데이터 분석을 위한 기초 통계 : 분포의 변동성

○ 변동성(Variability) : 데이터가 어떻게 분포되어 있는지를 설명하는 통계치. 산포 경향(분산도).

옵 션	내 용
Range (범위)	관측치들 중에서 가장 큰 값과 가장 작은 값의 절대적인 차이
Deviation (편차)와 Variance (분산)	편차는 개별자료(관측치)가 평균에서 얼마나 떨어져 있는지에 대한 값(개별자료와 전체 자료 평균 간 차이) 분산은 편차들의 제곱의 합(편차들의 합을 양수화 하기 위해 제곱을 사용)을 평균낸 값
Standard Deviation (표준편차.SD)	표준편차는 평균으로부터 원래 데이터에 대한 오차범위의 근사값이고, 흩어진 정도에 대한 척도(분산에서 루트를 씌운 값) 표준편차가 크면 평균에서 많이 벗어남
Interquartile range (사분위수. IQR)	전체 자료의 중간에 있는 절반의 자료들이 지니는 값의 범위(Q3에서 Q1을 뺀 값)

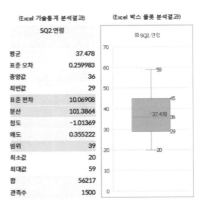

(Excel 기술통계 분석결과)

SQ2.연령

평균	37.478
표준 오차	0.259983
중앙값	36
최빈값	29
표준 편차	10.06908
분산	101.3864
첨도	-1.01369
왜도	0.355222
범위	39
최소값	20
최대값	59
합	56217
관측수	1500

(Excel 박스 플롯 분석결과)

데이터 분석을 위한 기초 통계 중 변동성(Variability)에 관해 설명하겠습니다. 변동성은 데이터가 어떻게 분포되어 있는지를 나타내며, 분포의 산포 경향(흩어진 정도)을 보여주는 중요한 지표입니다. 변동성 분석을 통해 데이터의 다양한 특성을 파악할 수 있으며, 이를 위해 사용하는 주요 지표에는 범위(Range), 편차(Deviation), 분산(Variance), 표준편차(Standard Deviation),

그리고 사분위수 범위(Interquartile Range, IQR) 등이 있습니다. 다음은 각 지표에 대한 설명과 이를 실제 데이터에 적용한 예시의 해석입니다.

1) 범위 Range

- 정의 : 데이터 세트 내에서 가장 큰 값과 가장 작은 값의 차이를 나타냅니다. 이는 데이터의 분포 폭을 한눈에 파악할 수 있는 간단한 지표입니다.
- 계산식 : 범위 = 최댓값 − 최솟값
- 예시 : 연령 변수의 최솟값이 20, 최댓값이 59이므로, 범위는(59 − 20 = 39)입니다. 이는 전체 연령 분포가 39세의 폭을 가지고 있음을 의미합니다.

2) 편차 Deviation 와 분산 Variance

- 편차 Deviation 는 각 데이터 값이 평균으로부터 얼마나 떨어져 있는지를 나타내는 값입니다. 이를 통해 데이터의 개별값들이 평균에서 얼마나 벗어나 있는지 확인할 수 있습니다.
- 분산 Variance 은 각 데이터의 편차를 제곱한 후, 그 값들의 평균을 구한 것으로, 데이터의 산포 정도를 양수로 나타냅니다. 값이 클수록 데이터가 평균으로부터 더 흩어져 있다는 의미입니다.
- 예시 : 연령 변수의 분산 값은 101.3864로, 이는 데이터가 평균값(37.478) 주위에서 어느 정도로 흩어져 있는지를 수치로 나타냅니다.

3) 표준편차 (Standard Deviation, SD)

- 정의 : 분산의 제곱근으로, 원래 데이터 단위와 일치하는 흩어진 정도를 나타냅니다. 표준편차가 클수록 데이터가 평균에서 많이 흩어져 있음을 의미합니다.
- 예시 : 예제 데이터에서 연령 변수의 표준편차는 약 10.0698로, 이는 연령 데이터가 평균값인 37.478을 기준으로 ±10.07 정도의 변동성을 갖고 있음을 나타냅니다.

4. 사분위수 범위 (Interquartile Range, IQR)

- 정의 : 데이터의 중간 50%를 포함하는 범위로, 1사분위수(Q1)와 3사분위수(Q3) 간의 차이를 나타냅니다. 이상치의 영향을 덜 받기 때문에 데이터의 산포 정도를 안정적으로 나타낼 수 있습니다.
- 계산식 : 사분위수 범위 = Q3 − Q1
- 예시 : IQR 값이 명시되지는 않았지만, 박스 플롯을 통해 1사분위수(Q1)에서 3사분위수(Q3) 사이의 구간을 확인할 수 있습니다. 이는 데이터의 중간값에 집중된 범위를 시각적으로 보여줍니다.

분포의 변동성을 박스 플롯(Box Plot)으로 살펴보면, 연령 분포가 약간의 비대칭성을 가지며, 전체적으로 평균이 중앙값에 가까운 상태임을 시사합니다. 박스 플롯에 대해서는 다음에 별도로 말씀드리겠습니다.

변동성 지표는 데이터의 산포도를 이해하는 데 필수적이며, 각 지표는 데이터의 흩어진 정도를 다르게 나타냅니다. 범위는 단순한 분포 폭을 나타내고, 분산과 표준편차는 데이터가 평균 주위에 어떻게 분포하는지를, 사분위수 범위는 이상치의 영향을 줄인 상태에서 중간 데이터의 분포 범위를 보여줍니다. 이러한 지표들은 데이터를 요약하고 분석 방향을 설정하는 데 중요한 역할을 합니다.

3 분포의 첨도와 왜도

데이터 분석을 위한 기초 통계 : 분포의 첨도와 왜도

- 첨도 : 관측치들이 중심 근처에 어느 정도 집중적으로 몰려 있는가를 측정하는 척도.
- 왜도 : 분포의 기울어짐 정도를 나타내는 값.

옵 션	내 용
Kurtosis (첨도)	분포의 모양이 중심점에서 뾰족한 가를 나타내는 통계량
Skewness (왜도)	분포의 모양이 얼마나 좌우대칭인지를 나타내는 통계량

(KESS 히스토그램 분석결과)

히스토그램: SQ2.연령

(Excel 기술통계 분석결과)

SQ2.연령

평균	37.478
표준 오차	0.259983
중앙값	36
최빈값	29
표준 편차	10.06908
분산	101.3864
첨도	-1.01369
왜도	0.355222
범위	39
최소값	20
최대값	59
합	56217
관측수	1500

데이터 분석을 위한 기초 통계 중 분포의 첨도(Kurtosis)와 왜도(Skewness)에 관한 내용을 설명하겠습니다. 첨도와 왜도는 데이터 분포의 형태와 특성을 더 깊이 이해하는 데 중요한 통계 지표로, 각각 분포의 뾰족함과 비대칭성을 측정합니다. 이를 통해 데이터가 평균을 중심으로 얼마나 집중되어 있으며, 어느 방향으로 치우쳐 있는지를 파악할 수 있습니다. 다음은 각 지표에 대한 설명과 예시의 해석입니다.

1) 첨도 (Kurtosis)

- 정의 : 첨도는 분포가 중심에 얼마나 모여 있는지를 측정하며, 주로 분포의 뾰족한 정도를 나타냅니다.

제4장 탐색적 데이터 분석 및 데이터 특성 이해 **141**

- 첨도의 값

  ▷ K > 0(Positive Kurtosis) : 정규분포보다 더 뾰족한 형태로, 중심에 데이터가 많이 모여 있으며, 극단적인 값(꼬리 부분)이 더 큽니다.

  ▷ K = 0 : 정규분포와 유사한 분포 형태로, 데이터가 중간 정도로 분포되어 있습니다.

  ▷ K < 0(Negative Kurtosis) : 정규분포보다 더 평평한 형태로, 극단적인 값이 상대적으로 적고, 중심 부분이 넓게 퍼져 있습니다.

- 예시 : 연령 변수의 첨도가 −1.01369로 음수이며, 이는 분포가 정규분포보다 덜 뾰족하고, 더 평평한 형태를 가지고 있음을 의미합니다. 이 데이터의 분포는 중심에 집중된 정도가 적고, 분포가 전체적으로 넓게 퍼져 있음을 나타냅니다.

2) 왜도 (Skewness)

- 정의 : 왜도는 분포의 비대칭성을 나타내며, 데이터가 어느 한쪽으로 기울어져 있는지를 나타냅니다.

- 왜도의 값 :

  ▷ Sk > 0(Positive Skewness) : 분포가 오른쪽으로 길게 늘어져 있으며, 오른쪽 꼬리가 더 길어집니다. 이는 평균이 중앙값보다 큰 경우가 많습니다.

  ▷ Sk = 0 : 데이터가 대칭적으로 분포되어 있어 정규분포와 유사한 형태입니다.

  ▷ Sk < 0(Negative Skewness) : 분포가 왼쪽으로 길게 늘어져 있으며, 왼쪽 꼬리가 더 길어집니다. 이는 평균이 중앙값보다 작은 경우가 많습니다.

- 예시 : 연령 변수의 왜도는 0.355222로 양수입니다. 이는 데이터가 오른쪽으로 약간 치우쳐 있음을 나타내며, 연령 분포의 오른쪽 꼬리가 약간 더 길게 늘어져 있음을 의미합니다. 히스토그램을 통해 연령 변수의 실제 분포를 시각적으로 확인할 수 있습니다. 히스토그램은 각 연령대에 속하는 사람 수를 보여주며, 분포의 대략적인 형태를 이해하는 데 도움을 줍니다. 왜도가 양수이므로, 분포의 오른쪽 꼬리가 상대적으로 길게 나타납니다. 첨도가 음수이기 때문에, 전체적으로 정규분포보다 덜 뾰족하고 평평한 형태를 보입니다.

첨도는 분포의 뾰족한 정도를 나타내며, 첨도가 높으면 중심에 데이터가 많이 모여 있는 반면, 첨도가 낮으면 분포가 평평해집니다. 왜도는 분포의 비대칭성을 나타내며, 양수이면 오른쪽으로, 음수이면 왼쪽으로 치우쳐 있는 분포를 나타냅니다.

이 두 지표는 데이터의 분포 특성을 파악하는 데 중요한 역할을 하며, 분포의 형태를 통해 분석자는 데이터의 대칭성이나 극단치(Outliers) 가능성을 미리 파악할 수 있습니다.

4 분포와 이상치 파악을 위한 박스 플롯 이해

분포와 이상치 파악을 위한 박스 플롯 이해

- 박스 슬롯(Box Plot) : 최솟값, Q1(제1사분위 수), 중앙값, Q3(제3사 분위수) 및 최댓값의 5가지 요약을 사용하여 표준화된 방식으로 데이터 분포를 표시. 상자 수염 그림(box and whisker plot) 혹은 상자 그림 등으로 호칭.
- 주로 분포가 왜곡되었는지와 데이터 세트에 비정상적인 관찰(이상치)이 있는지를 나타내는 데 주로 사용.
- 많은 수의 데이터 세트가 관련되거나 비교될 때 매우 유용(서울 지하철역 승객수 분포 사례).

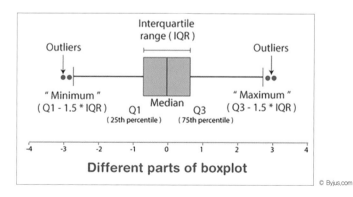

Different parts of boxplot

© Byjus.com

박스 플롯(Box Plot)은 데이터를 시각화하여 데이터의 분포 특성과 이상치를 효과적으로 나타내는 대표적인 방법입니다. 특히 많은 데이터 세트가 관련되거나 비교되어야 할 때 유용하게 사용됩니다.

1) 박스 플롯의 구성 요소와 의미

박스 플롯은 데이터의 다섯 가지 요약값을 기반으로 만들어지며, 이 값들은 각각 데이터 분포의 중요한 위치를 나타냅니다.

- **최솟값**(Minimum) : 데이터 세트에서 가장 작은 값이며, 박스 플롯의 왼쪽 끝을 나타냅니다.
- **제1사분위수**(Q1) : 데이터의 하위 25% 지점에 있는 값으로, 박스의 하단 경계를 형성합니다.
- **중앙값**(Median) : 데이터의 중간값으로, 박스의 내부에 있는 선으로 표시됩니다.
- **제3사분위수**(Q3) : 데이터의 상위 25% 지점에 있는 값으로, 박스의 상단 경계를 형성합니다.
- **최댓값**(Maximum) : 데이터 세트에서 가장 큰 값이며, 박스 플롯의 오른쪽 끝을 나타냅니다.

박스 플롯에서는 사분위수 범위(IQR), 즉 Q1과 Q3 사이의 범위가 박스 형태로 나타나며, 전체 데이터의 중간 50%가 포함되어 있습니다. 이 박스 내에서 중앙값을 통해 데이터가 어떻게 분포되어 있는지 확인할 수 있으며, 중앙값의 위치가 박스의 가운데에서 벗어나 있는 경우 데이터를 기준으로 분포의 비대칭성을 파악할 수 있습니다.

2) 이상치 (Outliers)

박스 플롯에서는 IQR을 이용하여 이상치를 판별할 수 있습니다. 일반적으로 $Q1 - 1.5 \times IQR$ 이하나 $Q3 + 1.5 \times IQR$ 이상에 있는 값들은 이상치로 간주되어 박스 플롯의 외곽에 점으로 표시됩니다. 이상치는 분포를 왜곡하거나 비정상적인 값을 나타낼 수 있으며, 분석에서 특별히 주의가 필요합니다.

3) 박스 플롯의 주요 용도

박스 플롯은 주로 다음과 같은 경우에 사용됩니다.

- 데이터의 비대칭성 파악 : 박스 플롯을 통해 데이터가 특정 방향으로 치우쳐 있는지 확인할 수 있습니다. 중앙값이 박스의 중심에서 벗어나거나 박스와 수염이 비대칭적으로 위치하는 경우, 데이터가 비대칭적으로 분포되어 있다고 해석할 수 있습니다.
- 이상치 탐지 : 박스 플롯의 외곽에 있는 점들은 이상치로 간주되며, 데이터의 특이 값을 빠르게 확인할 수 있습니다.
- 다중 데이터 비교 : 여러 박스 플롯을 나란히 배치하여 다양한 데이터 세트의 분포 특성을 비교할 때 유용합니다.

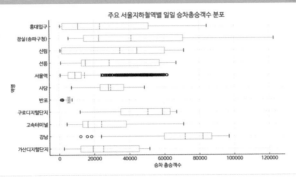

주요 서울지하철역별 일일 승차총승객수 분포

4) 서울 지하철역 승객 분포 사례

서울 지하철역의 일별 승객 수 분포를 박스 플롯으로 표현해 보았습니다. 이 예제를 통해 박스 플롯의 활용 사례를 더 잘 이해할 수 있습니다.

- 강남역 : 승객 수가 많은 역으로, 전체적으로 높은 중앙값과 넓은 IQR을 가지며, 일부 이상치도 존재하여 변동성이 큰 분포를 보여줍니다.
- 반포역 : 승객 수가 상대적으로 적은 역으로, 중앙값과 IQR이 좁게 분포되어 있으며, 데이터의 변동성이 작음을 보여줍니다.

강남역과 반포역을 비교하여 각 역의 승객 분포 특성을 파악해 보았습니다. 강남역은 변동성이 크고 이상치가 있는 반면, 반포역은 안정적인 분포를 보이며, 승객 수가 일정하게 유지되고 있습니다.

박스 플롯은 데이터 분포와 이상치를 파악하는 데 매우 유용한 시각화 도구입니다. 다섯 가지 요약값(최솟값, Q1, 중앙값, Q3, 최댓값)을 통해 데이터의 분포를 효과적으로 나타내며, 이상치를 시각적으로 식별할 수 있습니다. 박스 플롯은 특히 여러 데이터 세트를 비교하거나 이상치가 포함된 데이터를 분석할 때 큰 도움이 됩니다.

05 탐색적 데이터 분석 수행 절차

EDA 수행 절차

○ 단변량 EDA : 분석되는 데이터가 단 하나의 변수로 구성되는 가장 간단한 데이터 분석
○ 다변량 EDA : 분석되는 데이터가 둘 이상의 변수로 구성된 데이터를 분석

데이터 수집	데이터 정제 및 전처리	데이터 구조 파악	시각화	상관관계 분석	가설 설정 및 추가 분석
• 데이터 출처 확인 • 데이터 불러오기	• 결측치 처리 • 데이터 타입 확인 및 변환 • 이상치 탐지 및 처리	• 변수(칼럼) 확인 • 기초 통계 분석 (평균, 중앙값, 최소, 최댓값, 표준편차 등)	• 단변량 분석 (히스토그램, 박스 플롯 등) • 다변량 분석 (산점도 등)	• 상관 계수 계산 • 상관관계 시각화 (히트맵 등)	• 패턴 및 트렌드 식별 • 가설 수립

    탐색적 데이터 분석의 수행 절차를 설명하고, 단변량 EDA와 다변량 EDA의 차이점과 단계별 주요 활동을 정리하겠습니다. EDA는 데이터 분석의 초기 단계로, 데이터를 이해하고, 전처리하고, 분석의 방향을 설정하기 위한 중요한 과정입니다. 다음은 EDA 수행 절차의 각 단계에 대한 설명입니다.

1) 단변량 EDA와 다변량 EDA의 차이

    • 단변량 EDA : 단일 변수로 구성된 데이터를 분석하는 가장 기본적인 형태입니다.

주로 데이터의 분포, 중앙값, 평균, 범위 등을 파악하는 데 초점을 맞춥니다. 단변량 EDA는 히스토그램, 박스 플롯 등 시각화 기법을 사용하여 하나의 변수에 대한 분포와 특성을 파악합니다.

- 다변량 EDA : 두 개 이상의 변수가 포함된 데이터를 분석합니다. 변수가 여러 개일 때 변수 간의 관계나 상관성을 파악하는 것이 주목적이며, 산점도나 히트맵 등의 시각화 기법을 사용합니다. 다변량 EDA는 상관 분석 등을 통해 변수 간의 관계를 탐색하며, 데이터의 상호작용을 더 깊이 이해할 수 있습니다.

2) EDA 수행 절차

EDA는 크게 데이터 수집, 데이터 정제 및 전처리, 데이터 구조 파악, 시각화, 상관관계 분석, 가설 설정 및 추가 분석의 6단계로 나누어집니다.

① 데이터 수집

- 활동 : 분석에 필요한 데이터를 수집하며, 데이터의 출처와 신뢰성을 확인합니다. 필요한 데이터를 불러와 EDA를 시작할 준비를 합니다.

② 데이터 정제 및 전처리

- 활동 : 결측치나 이상치와 같은 데이터의 불완전한 부분을 탐지하고 처리합니다. 데이터 타입이 불일치하거나 부정확한 데이터가 있을 경우 이를 수정하거나 변환하여 분석에 적합한 상태로 만듭니다.
- 주요 작업 : 결측치 처리, 데이터 타입 확인 및 변환, 이상치 탐지 및 처리

③ 데이터 구조 파악

- 활동 : 데이터를 구성하는 변수(칼럼)를 확인하고, 각 변수의 기초 통계치를 계산합니다. 이를 통해 데이터의 기본적인 분포와 특성을 이해합니다.
- 주요 작업 : 평균, 중앙값, 최소/최댓값, 표준편차 등의 기초 통계 분석을 통해 데이터의 구조를 파악합니다.

④ **시각화**

- 활동 : 단변량 분석과 다변량 분석에 각각 적합한 시각화 기법을 사용하여 데이터를 시각적으로 탐색합니다.
- 단변량 분석 : 히스토그램, 박스 플롯 등을 통해 변수 하나에 대한 분포를 파악합니다.
- 다변량 분석 : 산점도 등을 사용하여 두 변수 간의 관계를 시각화하며, 이때 변수의 상호작용을 확인할 수 있습니다.

⑤ **상관관계 분석**

- 활동 : 변수 간의 상관성을 탐색하여 데이터의 구조와 관계를 더욱 명확히 이해합니다.
- 주요 작업 : 상관계수 계산, 상관관계 시각화
- 히트맵(Heatmap) : 다수의 변수 간 상관관계를 한눈에 파악하기 위해 히트맵을 사용합니다. 이는 변수 간 상관의 강도와 방향성을 시각적으로 이해하는 데 유용합니다.

⑥ **가설 설정 및 추가 분석**

- 활동 : 데이터 탐색을 통해 발견한 패턴이나 트렌드를 바탕으로 분석의 방향성을 설정합니다. 가설을 수립하고, 이후 단계에서 이를 검증할 수 있는 추가 분석 계획을 세웁니다.
- 주요 작업 : 패턴 및 트렌드 식별, 가설 수립 및 추가 분석 계획 설정

EDA는 데이터를 탐색하고 이해하는 초기 단계에서 필수적인 과정입니다. 각 단계에서 데이터를 정제하고, 변수 간의 관계를 파악하며, 시각화를 통해 데이터를 보다 직관적으로 이해합니다. 또한, EDA 결과는 데이터 분석의 방향을 설정하고, 추가 분석을 위한 기반을 마련하는 데 중요한 역할을 합니다.

06 챗GPT를 이용한 탐색적 데이터 분석

1 챗GPT로 수행하는 탐색적 데이터 분석 절차

[실습] 챗GTP를 이용한 탐색적 데이터 분석

⊙ 문제 : 건강기능식품에 대한 신제품을 출시하기 위해 소비자 요구, 경쟁 상황, 시장 트랜드 등을 파악하고자 설문조사를 실시했다.
수집한 데이터의 특성과 추가 분석을 위한 인사이트를 얻고 싶다.

❓ market_research_health_functional_food_synthetic_survey_data(edit).csv
제공한 데이터는 건강기능식품에 대한 소비자 요구 및 시장 트렌드를 조사한 설문 데이터야.
이 데이터로 탐색적 데이터 분석을 단계적으로 수행해 줘 결과는 한글로 작성해 줘

건강기능식품 신제품 출시를 위한 소비자 요구, 경쟁 상황, 시장 트렌드를 파악하기 위해 설문조사를 실시하고, 그 결과 데이터를 챗GPT로 분석하는 절차를 설명하겠습니다.

1) 실습 목적

건강기능식품에 대한 소비자 요구와 시장 트렌드를 파악하기 위한 설문 데이터를 분석하여 신제품 출시와 관련된 인사이트를 얻는 것입니다. 챗GPT를 이용하여 단계적으로 EDA를 수행하고, 데이터를 통해 얻을 수 있는 핵심 정보와 인사이트를 찾는 과정을 설명합니다.

2) 데이터 설명

사용된 데이터는 설문조사를 통해 수집된 소비자의 요구와 시장 트렌드를 반영한 데이터입니다. 데이터는 가상으로 생성된 것이며, 챗GPT의 도움을 받아 데이터 항목과 구조에 따라 가상의 1,000개 샘플을 생성하여 실습 목적으로 사용하고 있습니다. 챗GPT는 생성형 AI이므로 데이터 분석을 연습하기 위해 데이터를 생성할 수 있습니다. 다만, 이 데이터는 실제 수집, 즉 관측된 값이 아니므로 해석할 때 실제 값으로 오해하지 않도록 주의를 해야 합니다.

데이터는 여러 질문 항목(A1, B1, B2 등)으로 구성되어 있으며, 이는 각각 소비자의 인식과 시장의 상황을 반영하는 변수들입니다. 설문 항목들은 A, B, C, D로 구분되어 있는데, 이는 변수명을 체계적으로 분류하여 분석을 용이하게 하는 역할을 합니다.

3) 단계별 EDA 수행 절차

① 데이터 기본 정보 확인

- 목적 : 데이터의 구조와 특성을 이해하고, 각 변수의 데이터 유형을 파악합니다.
- 주요 작업 : 데이터의 전체적인 모습과 변수명을 확인하고, 각 질문 항목이 어떤 내용을 다루고 있는지 파악합니다.

② 데이터 전처리

- 목적 : 분석하기 전에 데이터를 정제하고, 불완전한 데이터를 처리하여 분석의 신뢰성을 확보합니다.
- 주요 작업 : 결측치 확인 및 처리, 데이터 타입 변환, 이상치 탐지 및 정리

③ 탐색적 데이터 분석(EDA)

- 주요 항목 :
- A1 항목 : 건강기능식품 섭취 여부를 분석하여, 섭취 경험이 있는 소비자 비율을 확인합니다.
- B1 항목 : 현재 섭취 중인 건강기능식품에 대한 데이터를 분석하여 소비자들의 선호 제품이나 제품군을 파악합니다.

EDA 과정에서는 각 질문 항목별로 소비자 응답 패턴을 파악하고, 이를 통해 특정 제품군이나 소비 성향에 대한 초기 인사이트를 얻습니다.

④ 시각화

- 목적 : EDA 분석 결과를 그래프로 시각화하여 직관적으로 표현합니다.
- 주요 작업 : 챗GPT를 통해 도출한 분석 내용을 바탕으로 히스토그램, 막대그래프, 박스플롯 등의 시각화 방법을 사용하여 데이터를 시각적으로 나타냅니다.

4) 챗GPT 프롬프트 사용

챗GPT에게 데이터를 업로드하고 분석을 요청하는 프롬프트를 제공해야 합니다. 예를 들어, "제공한 데이터는 건강기능식품에 대한 소비자 요구 및 시장 트렌드를 조사한 설문 데이터야. 이 데이터로 탐색적 데이터 분석을 단계적으로 수행해 줘 결과는 한글로 작성해 줘"와 같은 명령어를 입력하여 챗GPT가 EDA를 단계적으로 수행하도록 요청할 수 있습니다.

❷ 챗GPT로 탐색적 데이터 분석하기

[실습] 챗GTP를 이용한 탐색적 데이터 분석

◉ 문제 : 건강기능식품에 대한 신제품을 출시하기 위해 소비자 요구, 경쟁 상황, 시장 트렌드 등을 파악하고자 설문조사를 실시했다. 수집한 데이터의 특성과 추가 분석을 위한 인사이트를 얻고 싶다.

❷ market_research_health_functional_food_synthetic_survey_data(edit).csv
제공한 데이터는 건강기능식품에 대한 소비자 요구 및 시장 트렌드를 조사한 설문 데이터야.
이 데이터로 탐색적 데이터 분석을 단계적으로 수행해 줘 결과는 한글로 작성해 줘

챗GPT를 이용한 탐색적 데이터 분석(EDA)을 수행해 보겠습니다. 먼저 건강기능식품 신제품 출시를 위한 소비자 요구와 시장 트렌드를 파악하기 위해 실시한 설문조사 데이터를 챗GPT로 탐색적 데이터 분석을 하는 방법을 설

명하겠습니다. 분석의 목적은 데이터를 전처리하고 분석하여 인사이트를 얻는 것입니다.

1) 분석 목표와 문제 정의

분석의 목표는 건강기능식품 신제품 출시를 위해 소비자의 요구와 시장 트렌드를 이해하는 것입니다. 설문조사를 통해 수집된 데이터를 챗GPT에 업로드하여, 챗GPT가 데이터를 분석하고 유의미한 인사이트를 도출하도록 설정합니다.

> **주요 질문**
>
> ❓ 소비자가 건강기능식품에 대해 어떤 니즈를 가지고 있는가?
> ❓ 시장의 경쟁 상황과 트렌드는 어떤가?

이 질문을 중심으로 데이터를 다루고, 챗GPT를 통해 데이터를 단계적으로 분석해 나갑니다.

2) 데이터 전처리

데이터 전처리는 결측치 처리와 데이터 형식 확인 등으로 구성됩니다. 전처리는 분석을 신뢰성 있게 수행하기 위한 필수적인 과정입니다.

- 결측치 처리 방법
  - ▷ 결측치 제거 : 일부 필드에서 결측치가 발견되면 해당 결측치를 제거하여 데이터를 정제합니다.
  - ▷ 결측치 대체 방법 : 질문에 따라 결측치를 특정 값으로 대체하거나, 결측치가 있는 데이터는 개별적으로 처리하는 방식을 선택할 수 있습니다.

예로 A1, B1~B7, C1~C7, D1, D2 항목들에서 결측치를 처리하는 방식을 제안하고 있습니다. 각 항목에 따라 결측치 처리 방법을 다르게 적용하여, 데이터를 정리하고 분석의 신뢰성을 높입니다.

· 데이터 형식 변환

데이터 유형이 불일치할 경우, 데이터 타입을 변환하여 분석할 수 있게 만듭니다. 예를 들어, 날짜나 숫자 형식의 일관성을 유지하여 오류를 방지할 수 있습니다.

3) 챗GPT를 통한 데이터 분석 수행

챗GPT는 업로드된 데이터를 바탕으로 여러 단계에 걸쳐 탐색적 데이터 분석을 수행합니다. 분석 과정은 다음과 같이 구성됩니다.

A1 : 건강기능식품 섭취 여부 분석

· 분석 항목 : A1 질문은 소비자가 건강기능식품을 섭취하는지를 묻는 질문입니다.
· 분석 목표 : 챗GPT는 이 항목의 응답 분포를 분석하여 건강기능식품의 현재 시장 침투율을 파악할 수 있습니다.

이 과정에서 챗GPT는 데이터를 요약하고, 특정 항목에 대한 응답률을 계산하며, 필요한 경우 이를 그래프로 시각화하여 제공할 수 있습니다. 이와 같은 방법으로 변수들에 대해 탐색적 데이터 분석을 계속 수행하면 됩니다.

[실습] 챗GTP를 이용한 탐색적 데이터 분석

○ 문제 : 건강기능식품에 대한 신제품을 출시하기 위해 소비자 요구, 경쟁 상황, 시장 트랜드 등을 파악하고자 설문조사를 실시했다. 수집한 데이터의 특성과 추가 분석을 위한 인사이트를 얻고 싶다.

❓ market_research_health_functional_food_synthetic_survey_data(edit).csv
제공한 데이터는 건강기능식품에 대한 소비자 요구 및 시장 트렌드를 조사한 설문 데이터야. 이 데이터로 탐색적 데이터 분석을 단계적으로 수행해 줘 결과는 한글로 작성해 줘

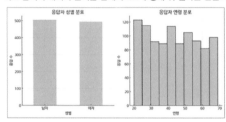

결론

이번 탐색적 데이터 분석(EDA)에서는 건강기능식품에 대한 소비자 요구와 시장 트렌드를 조사한 설문 데이터를 바탕으로 다양한 분석을 수행했습니다. 주요 분석 결과는 다음과 같습니다.

1. 건강기능식품 섭취 여부 : 대부분의 응답자가 건강기능식품을 섭취하고 있습니다.
2. 현재 섭취 중인 건강기능식품 : 비타민D와 엑세라민 등이 많이 섭취되고 있습니다.
3. 건강기능식품 섭취 이유 : 면역력 강화와 피로회복 등이 주요 이유입니다.
4. 섭취 빈도 : 많은 응답자가 매일 건강기능식품을 섭취하고 있습니다.
5. 만족도 : 대부분의 응답자가 섭취 중인 건강기능식품에 대해 높은 만족도를 보이고 있습니다.
6. 구매 시 중요 요소 : 효과와 가격이 중요하게 고려되고 있습니다.
7. 구매 채널 : 온라인 쇼핑몰과 약국이 주요 구매 채널입니다.
8. 개선/추가 사항 : 효과 증대와 가격 인하가 주요 개선/추가 사항으로 꼽혔습니다.
9. 선호하는 주요 원료 : 홍삼, 비타민, 프로바이오틱스 등이 선호되고 있습니다.
10. 정보 얻는 경로 : 인터넷 검색과 전문가 추천이 주요 경로입니다.
11. 정보 찾을 때 중요 요소 : 성분 분석과 사용 후기가 중요하게 고려되고 있습니다.
12. 원료 출처 중요도 : 많은 응답자들이 원료 출처를 중요하게 생각하고 있습니다.
13. 응답자 성별 및 연령 : 성별 비율은 비슷하고, 다양한 연령대가 응답에 참여했습니다.

이러한 분석 결과는 건강기능식품 시장의 트렌드와 소비자 요구를 이해하는 데 중요한 기초 자료가 될 수 있습니다. 추가로 필요한 분석이나 궁금한 사항이 있으시면 말씀해 주세요.

1) 데이터 시각화

응답자 성별 및 연령 분포에 대한 시각화가 포함되어 있습니다. 이러한 시각화는 데이터의 기초적인 특성을 파악하는 데 중요한 역할을 합니다.

- **응답자 성별 분포** : 그래프를 통해 남성과 여성 응답자의 분포를 한눈에 파악할 수 있습니다. 이를 통해 성별에 따른 응답 차이와 성향을 비교할 수 있는 기초 자료가 됩니다.
- **응답자 연령 분포** : 연령대별 응답자 수를 시각화하여 주요 연령층이 어디에 집중되어 있는지를 확인합니다. 예를 들어, 그래프에서 20대부터 70대까지 다양한 연령대가 포함되어 있음을 볼 수 있으며, 특정 연령층이 더 높은 비율을 차지하는지 파악할 수 있습니다.

이러한 시각화를 통해 데이터가 특정 인구 집단에 치우쳐 있지 않은지 확인하고, 신제품 출시를 위한 타깃 연령층을 결정할 수 있는 기초 자료로 활용할 수 있습니다.

2) 분석 결과 요약

챗GPT는 EDA 결과를 요약하여 다양한 인사이트를 제공합니다. 주요 분석 항목은 다음과 같습니다.

- **섭취 여부** : 건강기능식품의 섭취 여부를 분석하여 시장 침투율을 파악하고 있습니다.
- **현재 섭취 중인 건강기능식품** : 어떤 종류의 건강기능식품이 소비자들 사이에서 인기가 있는지 확인할 수 있습니다.
- **섭취 이유 및 동기** : 소비자가 건강기능식품을 섭취하게 된 주요 이유나 동기를 파악하여 제품의 USP(Unique Selling Proposition)를 설정하는 데 도움이 됩니다.
- **향후 섭취 의향** : 소비자들이 앞으로 건강기능식품을 섭취할 의향이 있는지 분석하여, 시장의 성장 가능성을 예측할 수 있습니다.

- 건강기능식품 구매 경로 : 소비자가 어떤 경로로 제품을 구매하는지 확인하여, 마케팅 전략의 방향을 설정할 수 있습니다.
- 주요 고려 요소 : 소비자들이 제품을 구매할 때 중요하게 생각하는 요소(예:가격, 브랜드, 성분 등)를 파악하여 제품 개발과 마케팅에 반영할 수 있습니다.

이와 같은 결과를 바탕으로 신제품 개발 시 유용한 정보를 확보할 수 있으며, 설문 데이터에서 발견된 패턴을 통해 향후 분석 방향을 설정할 수 있습니다.

3) 추가 분석 및 인사이트

EDA를 통해 기초적인 인사이트를 도출한 후, 추가 분석이 필요할 경우 챗GPT를 활용해 더 깊이 있는 분석을 진행할 수 있습니다.

예를 들어,

- 트렌드 분석 : 특정 연령대나 성별에 따른 건강기능식품 소비 트렌드를 심층적으로 분석할 수 있습니다.
- 상관관계 분석 : 건강기능식품 소비 동기와 구매 경로, 혹은 주요 고려 요소 간의 상관관계를 분석하여 마케팅 전략을 더욱 정교하게 세울 수 있습니다.
- 세분화 분석 : 연령대와 성별에 따른 세부 집단을 구분하여 맞춤형 제품 개발을 위한 소비자 특성 연구가 가능합니다.

이처럼 챗GPT를 통해 데이터를 단계별로 탐색하고, 필요한 경우 심화된 분석을 진행하여 신제품 출시와 관련된 중요한 인사이트를 도출할 수 있습니다.

[실습] 챗GTP를 이용한 탐색적 데이터 분석

○ 문제 : 건강기능식품에 대한 신제품을 출시하기 위해 소비자 요구, 경쟁 상황, 시장 트랜드 등을 파악하고자 설문조사를 실시했다. 수집한 데이터의 특성과 추가 분석을 위한 인사이트를 얻고 싶다.

❷ market_research_health_functional_food_synthetic_survey_data(edit).csv
제공한 데이터는 건강기능식품에 대한 소비자 요구 및 시장 트렌드를 조사한 설문 데이터야.
이 데이터로 탐색적 데이터 분석을 단계적으로 수행해 줘 결과는 한글로 작성해 줘
건강기능식품 섭취 여부 분포를 파이 차트로 시각화하고 백분율로 표시하고 값을 표시해 줘

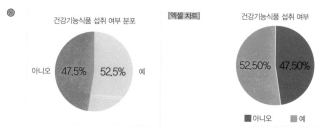

　　건강기능식품 섭취 여부에 대한 응답 분포를 파이 차트로 시각화하여 분석할 수 있습니다. EDA에서 데이터를 시각화하여 의미 있는 통찰을 도출하기 위해서는 특정 지표(예 : 백분율 및 값을 포함한 시각화)에 대한 구체적인 지시가 필요합니다. 챗GPT와 같은 AI 도구를 활용해 데이터를 분석하고 시각화할 때 원하는 요소를 세부적으로 설정해야 원하는 결과를 얻을 수 있습니다.

1) 분석 목표와 시각화 방법

　　건강기능식품을 섭취하는 소비자와 그렇지 않은 소비자의 비율을 파악하여, 건강기능식품의 시장 침투율을 이해하고자 합니다. 이를 위해서는 응답 분포를 파이 차트로 시각화해야 합니다.

- 파이 차트 시각화 : 파이 차트는 각 응답의 비율을 시각적으로 직관적으로 나타낼 수 있어 분포를 한눈에 이해하기 용이합니다.
- 백분율 표시 : 응답 비율을 백분율로 표시함으로써, 각 응답 항목이 전체에서 차지하는 비중을 명확히 알 수 있습니다.
- 값 표시 : 단순히 비율뿐만 아니라 실제 응답자 수(값)를 표시하여 데이터의 실제 크기를 함께 확인할 수 있습니다.

이러한 세부 지시 사항을 통해 시각화가 더욱 직관적이고 유용하게 구성할 수 있습니다.

2) 파이 차트 분석 결과

파이 차트의 결과는 다음과 같습니다.
- 예(섭취) : 응답자의 52.5%가 건강기능식품을 섭취하고 있다고 답했습니다.
- 아니오(미섭취) : 나머지 47.5%가 건강기능식품을 섭취하지 않는다고 답했습니다.

이 결과는 건강기능식품의 현재 시장 침투율을 나타내며, 절반 이상이 건강기능식품을 섭취하고 있음을 보여줍니다. 이 통찰은 건강기능식품 시장의 현재 상황을 이해하는 데 유용하며, 제품 개발 및 마케팅 전략 수립 시 중요한 참고 자료가 될 수 있습니다.

3) 챗GPT와 액셀의 시각화 비교

챗GPT를 통해 생성된 파이 차트와 액셀(Excel)에서 직접 생성할 수 있는 파이 차트를 비교해 보았습니다. 챗GPT와 액셀의 사용 방법 및 분석한 결과의 정확성 등을 확인하는 차원입니다.

- 챗GPT : 챗GPT를 통해 원하는 시각화를 얻기 위해서는 백분율 표시, 값 표시 등 구체적인 요구사항을 명확하게 전달해야 합니다. 이러한 지시를 통해 챗GPT는 시각화에서 필요한 요소들을 포함하여 차트를 생성합니다.
- 액셀 : 액셀에서는 시각화 옵션을 선택하여 백분율 및 값을 표시할 수 있습니다. 특히, 액셀에서는 시각화 생성이 직관적이며, 클릭 몇 번으로 백분율, 빈도, 값 등을 쉽게 표시할 수 있습니다.
- 챗GPT와 액셀의 분석 결과는 동일하게 나왔습니다. 챗GPT Data Analyst는 파이선 코드를 이용해서 데이터 분석을 하기 때문에 동일한 결괏값이 나오는 것이 당연합니다. 다만, 생성형 AI의 환각에 대한 우려는 여전하기 때문에 간혹 한 번씩 조금 이상하다 싶을 때 다른 분석 도구를 이용하여 확인하는 습관이 필요합니다.

이러한 차이를 통해 챗GPT와 같은 AI 도구는 복잡한 데이터 분석의 자동화에 유리하지만, 액셀은 시각화 작업에 있어 사용자 편의성이 뛰어나다는 것을 알 수 있습니다. 액셀, 그리고 액셀과 연동해서 사용하는 파워쿼리는 데이터 분석 및 데이터관리를 위해 여전히 중요합니다.

[실습] 챗GTP를 이용한 탐색적 데이터 분석

◎ 문제 : 건강기능식품에 대한 신제품을 출시하기 위해 소비자 요구, 경쟁 상황, 시장 트렌드 등을 파악하고자 설문조사를 실시했다. 수집한 데이터의 특성과 추가 분석을 위한 인사이트를 얻고 싶다.

❷ market_research_health_functional_food_synthetic_survey_data(edit).csv
제공한 데이터는 건강기능식품에 대한 소비자 요구 및 시장 트렌드를 조사한 설문 데이터야. 이 데이터로 탐색적 데이터 분석을 단계적으로 수행해 줘
연령을 10년 구간으로 나누어 다시 만족도 분포를 시각화해 줘

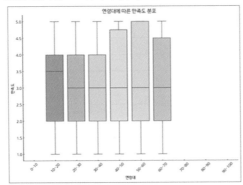

연령대에 따른 만족도 분포

   ▷ 위의 박스플롯은 연령을 10년 단위로 구분하여 연령대별 건강기능식품에 대해 전반적인 만족도의 분포를 보여줍니다

   ▷ 각 연령대의 만족도 중앙값, 사분위 범위, 이상치 등을 시각적으로 확인할 수 있습니다.

   ▷ 특정 연령대에 따라 만족도의 분포가 다르게 나타나는지 확인할 수 있습니다.

이러한 분석 결과는 건강기능식품 시장의 트렌드와 소비자 요구를 이해하는 데 중요한 기초 자료가 될 수 있습니다. 추가로 필요한 분석이나 궁금한 사항이 있으시면 말씀해 주세요.

    연령대에 따른 만족도 분포를 박스 플롯으로 시각화해 보겠습니다. 특히 연령을 10년 단위로 구간화하여 연령대별 건강기능식품에 대한 전반적인 만족도 분포를 분석할 수 있습니다. 이를 통해 연령대에 따른 만족도의 차이를 시각적으로 이해할 수 있습니다.

이 분석의 목적은 건강기능식품에 대한 소비자 만족도가 연령대에 따라 어떻게 분포하는지 파악하는 것입니다. 연령을 10년 단위 구간으로 나누어 연령대별 만족도 분포를 박스 플롯으로 시각화하여 연령대별 차이를 확인할 수 있습니다.

2) 박스 플롯을 활용한 만족도 분포 시각화

박스 플롯(Box Plot)은 데이터의 다섯 가지 요약값(최솟값, 제1사분위수, 중앙값, 제3사분위수, 최댓값)을 기반으로 데이터를 시각화하여 데이터의 분포와 이상치를 확인할 수 있습니다.

- 연령 구간 : 각 연령대를 10년 단위로 나누어(10대, 20대, 30대 등) 각 구간의 만족도 분포를 비교했습니다.
- 만족도 범위 : 만족도는 1점에서 5점까지의 점수로 측정되었습니다.
- 중앙값(Median) 각 박스 플롯의 중앙선은 해당 연령대의 중앙값을 나타내며, 연령대별 평균적인 만족도를 한눈에 파악할 수 있습니다.
- 사분위수(IQR) 박스 플롯 내의 박스 영역은 각 연령대의 중간 50% 만족도 분포를 나타내며, 박스의 상단은 제3사분위수(Q3), 하단은 제1사분위수(Q1)를 나타냅니다.

분석 결과를 해석하면, 50대 응답자들의 만족도가 다른 연령대에 비해 상대적으로 높고 분포 범위도 넓게 나타났습니다. 이는 50대에서 건강기능식품에 대해 높은 만족도를 보이면서도 일부 응답자 간 차이가 큼을 의미합니다. 20대와 30대의 만족도 분포는 상대적으로 낮은 만족도 범위를 나타내며, 만족도 점수가 50대에 비해 다소 낮게 분포해 있습니다.

3) 챗GPT를 통한 시각화 과정

챗GPT는 다음과 같은 과정을 통해 만족도 분포를 시각화합니다.

- 데이터 구간화 : 연령대를 10년 단위로 구분하여 분석 및 시각화가 용이하도록 구성합니다.
- 결측치 처리 및 데이터 클리닝 : 분석 도중 결측치를 처리하고, 응답이 없는 항목을 별도로 처리하여 분석의 정확도를 높입니다.
- 시각화 요청 : "연령을 10년 구간으로 나누어 다시 만족도 분포를 시각화해 줘"와 같은 구체적인 지시 사항을 챗GPT에 전달하여 원하는 시각화를 얻습니다.

이 과정을 통해 분석자는 연령대별 만족도 차이를 확인할 수 있으며, 이를 바탕으로 특정 연령대에 맞춘 제품 개발이나 마케팅 전략을 구상할 수 있습니다.

6 챗GPT에 요청한 프롬프트

[market_research_health_functional_food_synthetic_survey_data(edit).csv] 업로드
제공한 데이터는 건강기능식품에 대한 소비자 요구 및 시장 트렌드를 조사한 설문 데이터야. 이 데이터로 탐색적 데이터 분석을 단계적으로 수행해 줘
결과는 한글로 작성해 줘
건강기능식품 섭취 여부 분포를 파이 차트로 시각화하고 백분율로 표시하고 값을 표시해 줘
연령을 10년 구간으로 나누어 다시 만족도 분포를 시각화해 줘

정리하기

챗GPT를 활용해 건강기능식품에 대한 소비자 요구와 시장 트렌드를 파악하는 탐색적 데이터 분석(EDA)을 수행하는 방법에 대해 살펴보았습니다. EDA 과정은 데이터 수집, 전처리, 시각화, 인사이트 도출의 단계로 구성되어 있습니다. 데이터 수집 단계에서는 건강기능식품 관련 설문 데이터를 가공하고, 전처리에서는 결측치를 처리하고 데이터 형식을 정리했습니다. 이후 시각화 단계에서 파이 차트와 박스 플롯을 사용해 데이터를 분석했습니다. 파이 차트는 건강기능식품 섭취 여부를 백분율로 나타내어 소비자 분포를 확인했으며, 박스 플롯은 연령을 10년 단위로 구분해 연령대별 만족도 분포를 분석했습니다. 또한, 액셀과 챗GPT의 시각화 기능을 비교하며 챗GPT의 프롬프트를 통한 맞춤형 데이터 분석의 활용법을 설명했습니다. 이를 통해 챗GPT를 활용한 EDA 과정을 체계적으로 수행할 수 있습니다.

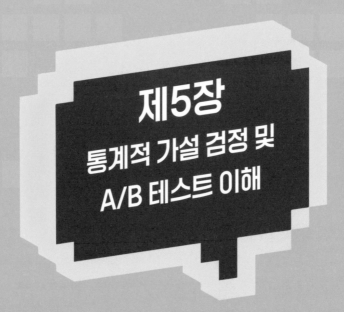

제5장
통계적 가설 검정 및
A/B 테스트 이해

생각해 볼 문제

① 새로운 약물 A의 효과를 기존 약물 B와 비교할 때 신약 A의 효과가 더 높을까?

② 새로운 광고와 기존 광고 중에서 구매율을 비교해 볼 때 어느 광고 캠페인이 더 효과가 있을까?

③ 우리 제품에 대한 고객 만족도가 성별 혹은 연령별로, 즉 집단 간에 차이가 있을까?(통계적으로 의미가 있을까?)

④ 새로운 디자인(UX/UI) 시안 A와 B중 어느 것이 더 좋을까?

⑤ 웹페이지의 버튼 색은 빨강/파랑? 어느 것이 전환율을 높일까?.

⑥ 패스트푸드 체인점에서 신제품 출시에 맞추어 홍보를 위한 세 가지 마케팅 캠페인을 기획(1/2/3안) 했다. 어느 캠페인 방안이 매출에 가장 큰 영향을 미칠까?

01 통계 이해 : 기술 통계와 추론 통계

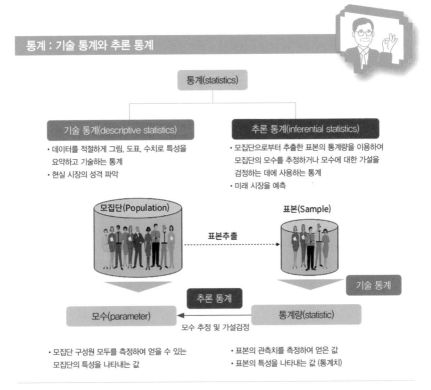

통계 : 기술 통계와 추론 통계

통계(statistics)

기술 통계(descriptive statistics)
- 데이터를 적절하게 그림, 도표, 수치로 특성을 요약하고 기술하는 통계
- 현실 시장의 성격 파악

추론 통계(inferential statistics)
- 모집단으로부터 추출한 표본의 통계량을 이용하여 모집단의 모수를 추정하거나 모수에 대한 가설을 검정하는 데에 사용하는 통계
- 미래 시장을 예측

모집단(Population)

표본(Sample)

표본추출

추론 통계

기술 통계

모수(parameter)

통계량(statistic)

모수 추정 및 가설검정

- 모집단 구성원 모두를 측정하여 얻을 수 있는 모집단의 특성을 나타내는 값

- 표본의 관측치를 측정하여 얻은 값
- 표본의 특성을 나타내는 값 (통계치)

통계의 두 가지 주요 유형, 즉 기술 통계와 추론 통계에 대해 설명하겠습니다.

1) 통계의 개요

통계(Statistics)는 두 가지 중요한 분류로 나누어집니다.

- 기술 통계(Descriptive Statistics) : 데이터를 요약하고 기술하는 방법을 다룹니다. 이는 데이터를 시각적으로 표현하거나, 특정 수치로 데이터의 특성을 파악하는 데 사용됩니다. 예를 들어, 평균, 중앙값 등을 통해 시장의 전반적인 특성을 이해할 수 있습니다.

- 추론 통계(Inferential Statistics) : 표본 데이터를 기반으로 전체 모집단에 대해 추론하거나, 모수를 예측하는 데 사용됩니다. 특히, 미래의 시장 동향을 예측하거나 특정 가설을 검증할 때 중요한 역할을 합니다.

2) 모집단과 표본

- 모집단(Population) : 분석의 대상이 되는 전체 집합입니다. 예를 들어, 대한민국의 모든 국민이 하나의 모집단이 될 수 있습니다. 모집단의 모든 구성원의 특성을 나타내는 값을 모수(Parameter)라고 합니다. 예를 들어, 국민의 평균 나이나 소득 등입니다.

- 표본(Sample) : 모집단에서 선택된 대표적인 부분 집합입니다. 현실적으로 전체 모집단을 조사하는 것이 어려운 경우가 많기 때문에, 모집단의 특성을 추정하기 위해 표본을 사용합니다. 표본의 특성을 나타내는 값을 통계량(Statistic)이라고 합니다.

3) 기술 통계의 역할

기술 통계는 표본 데이터를 요약하고 해석하기 위한 것입니다. 이를 통해 우리는 시장의 일반적인 특성을 시각적으로 이해하고, 데이터의 주요 패턴을 확인할 수 있습니다. 예를 들어, 특정 제품의 매출 통계를 분석하고, 도표로 매출 추이를 확인함으로써 현재의 시장 성격을 파악할 수 있습니다.

4) 추론 통계의 과정

추론 통계는 모집단의 특성을 표본 데이터로부터 예측하고, 통계적으로 검증하는 데 사용됩니다.

- 표본 추출(Sampling) : 모집단에서 표본을 선택하는 과정입니다. 표본 추출 방법은 확률적 방법과 비확률적 방법으로 나뉩니다.
- 가설 검증(Hypothesis Testing) : 표본 데이터를 사용하여 가설을 세우고, 그 가설을 통계적으로 검증합니다. 검증 결과에 따라 가설이 채택되거나 기각됩니다.
  이를 통해 우리는 모수에 대한 유의미한 결론을 도출할 수 있습니다.

5) 현실적인 한계와 표본 추출의 필요성

모집단 전체를 조사하는 것이 어려운 이유는 여러 가지가 있습니다. 예를 들어, 대한민국 국민 전체를 조사하려고 할 때, 유아들은 조사에 참여하기 어렵고, 병원이나 요양 시설에 계신 어르신들 역시 접근이 어렵기 때문에 현실적인 제약이 존재합니다.

따라서 표본을 추출하여, 그 표본에서 얻은 정보를 바탕으로 모수에 대한 추론을 수행하는 것이 일반적입니다. 이는 통계학이 발전해 온 중요한 방법론입니다.

6) 빅데이터 시대의 통계학

빅데이터 시대에도 이러한 통계적 접근 방법은 여전히 중요한 도구로 활용됩니다. 데이터가 많아도 모집단 전체를 모두 분석하는 것이 어렵기 때문에, 효과적으로 표본을 분석하여 의미 있는 결론을 도출하는 방식이 유지되고 있습니다.

02 통계적 가설 검정

통계적 가설 검증에 대해 상세하게 살펴보겠습니다.

여기서는 가설 검증의 정의, 절차, 그리고 귀무 가설과

대립 가설의 개념을 이해하는 것이 중요합니다.

통계적 가설 검정

● 통계적 가설 검정(hypothesis test) : 모집단으로부터 수집된 표본의 정보를 사용해서,
실제 모집단의 값에 대한 주장이 타당한지, 확률에 근거하여 검증하는 통계적인 추론

가설 설정 ▶ 유의수준 설정 ▶ 검정통계량 산출 ▶ 기각/채택 판단

▷ 가설(hypotheses) : 연구자가 관심을 갖고 있는 현상이나 요인에 관한 증명되지 않은 진술이나 제안임
▷ 귀무 가설(歸無假說, null hypothesis, H_0)은 기존에 사실이라고 받아들여지는 가설이고,
대립 가설(對立假說, alternative hypothesis, H_1)은 기존의 사실에 대립되는 연구자의 가설
▷ 귀무 가설 또는 영 가설(零假說) : 차이가 없거나 영향이 없다는 것을 의미(H_0 : μ1 = μ2)
▷ 대립 가설 또는 연구 가설 : 어떤 견해나 행동에 변화를 유발시킬 수 있음을 의미(H_1 : μ1 ≠ μ2)

귀무 가설(H_0) : 소득수준에 따라 만족도에 차이가 없을 것이다.
대립 가설(H_1) : 소득수준에 따라 만족도에 차이가 있을 것이다.

1 통계적 가설 검증과 가설 설정

1) 통계적 가설 검증의 정의

통계적 가설 검증(Hypothesis Testing)이란 모집단으로부터 수집된 표본 데이터를 사용하여 모집단의 특정 주장이 타당한지를 검증하는 방법입니다. 이 과정은 특정 주장을 확률적으로 검증하는 통계적 추론의 한 부분입니다. 즉, 우리가 얻은 표본 데이터를 통해 모집단에 대한 결론을 내리기 위한 과정입니다.

2) 가설 검증의 절차

가설 검증은 네 단계로 이루어집니다.

① 가설 설정 : 연구자는 검증하고자 하는 현상이나 요인에 대해 가설을 설정합니다. 이 가설은 일반적으로 아직 증명되지 않은 진술입니다. 예를 들어, "어떤 마케팅 전략이 더 효과적일 것이다" 와 같은 가설입니다.

② 유의 수준 설정 : 검정의 기준이 되는 유의 수준을 미리 설정합니다. 유의 수준은 보통 0.05(5%)로 설정되며, 이는 오류를 감수할 확률을 의미합니다. 예를 들어, 유의 수준이 5%라면 검정 결과가 5%의 확률로 잘못된 결론을 내릴 가능성을 의미합니다.

③ 검정 통계량 산출 : 데이터를 분석하여 검정 통계량을 계산합니다. 검정 통계량은 가설이 맞는지를 검증하기 위해 필요한 값으로, 특정 분석 방법에 따라 달라집니다.

④ 기각 또는 채택 판단 : 산출된 검정 통계량을 유의 수준과 비교하여 가설을 기각할지 채택할지를 결정합니다. 만약 검정 통계량이 유의 수준 내에 있으면 귀무 가설을 기각하고, 그렇지 않으면 귀무 가설을 채택합니다.

3) 가설의 종류

가설 검증에서 설정하는 가설은 두 가지로 나뉩니다.

- 귀무 가설(Null Hypothesis, H_0) : 일반적으로 "차이가 없다" 또는 "효과가 없다"는 기존의 사실이나 상태를 가리킵니다. 예를 들어, "소득 수준에 따라 만족도에 차이가 없다"라는 진술이 귀무 가설입니다.
- 대립 가설(Alternative Hypothesis, H_1) : 연구자가 입증하고자 하는 주장으로, "차이가 있다" 또는 "효과가 있다"는 진술입니다. 예를 들어, "소득 수준에 따라 만족도에 차이가 있다"라는 진술이 대립 가설입니다.

연구자는 보통 대립 가설을 입증하고 싶어 합니다. 왜냐하면, 대립 가설이 맞다는 것을 증명함으로써 새로운 통찰이나 결론을 도출할 수 있기 때문입니다.

예를 들어 보겠습니다.

- 귀무 가설(H_0) : "소득 수준에 따라 만족도에 차이가 없을 것이다."
- 대립 가설(H_1) : "소득 수준에 따라 만족도에 차이가 있을 것이다."

이 두 가설은 서로 반대되는 관계에 있습니다. 귀무 가설이 "차이가 없다"고 주장하는 반면, 대립 가설은 "차이가 있다"고 주장합니다. 연구자는 보통 대립 가설을 지지하는 증거를 찾기 위해 데이터를 분석합니다.

4) 유의 수준과 검정 통계량

- 유의 수준(Significance Level) : 가설 검증의 기준으로, 보통 0.05(5%)로 설정됩니다. 이는 우리가 오류를 감수할 최대 허용 확률을 의미합니다.
- 검정 통계량(Test Statistic) : 표본 데이터를 기반으로 계산되는 값으로, 유의 수준과 비교하여 가설을 기각할지 채택할지를 결정합니다.

가설 검증은 연구자가 데이터 분석을 통해 효과적인 의사결정을 내리도록 돕습니다. 예를 들어, 마케팅 전략을 비교할 때 어느 전략이 더 효과적인지를 통계적으로 검증하여, 효율적인 전략을 선택할 수 있습니다.

② 유의수준 설정

통계적 가설 검정

○ 통계적 가설 검정(hypothesis test) : 모집단으로부터 수집된 표본의 정보를 사용해서, 실제 모집단의 값에 대한 주장이 타당한지, 확률에 근거하여 검증하는 통계적인 추론

가설 설정 ▶ 유의수준 설정 ▶ 검정통계량 산출 ▶ 기각/채택 판단

▷ 유의수준(α) : 가설을 검정할 때 이 정도까지 벗어나면 귀무 가설이 참인데 귀무 가설을 기각하는 오류(1종)로 인정하겠다는 수준 [유의수준 = 1 − 신뢰수준]

▷ 기본적으로 귀무 가설이 맞지만 표본이 신뢰수준 95%를 벗어나는 정도로 귀무 가설이 틀렸다면 귀무 가설을 기각.

▷ 유의수준(α) 0.05나 0.01이 자주 사용

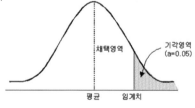

통계적 가설 검증의 중요한 요소 중 하나인 유의 수준(Significance Level, α)에 대해 말씀드리겠습니다. 여기서는 유의 수준의 정의, 역할, 그리고 그 중요성에 대해 자세히 설명하겠습니다.

유의 수준(α)은 가설 검증에서 가설을 기각할 기준을 설정하는 값입니다. 이 값은 가설 검증에서 귀무 가설이 사실임에도 불구하고, 이를 잘못 기각할 확률을 나타냅니다. 예를 들어, 유의 수준이 0.05라는 것은 5%의 확률로 귀무 가설이 참인데도 불구하고 기각할 위험을 감수한다는 의미입니다. 이 오류를 제1종 오류라고 부릅니다.

· 수학적 관계 : 유의 수준은 신뢰 수준의 보완 관계입니다.

예를 들어, 신뢰 수준이 95%라면, 유의 수준은 5%(0.05)입니다.

2) 귀무 가설과 유의 수준의 관계

· 귀무 가설이 맞는 경우 : 기본적으로 귀무 가설은 참이라고 가정합니다. 그러나, 우리가 표본을 통해 검증할 때, 표본의 데이터가 신뢰 수준을 벗어나는 경우 귀무 가설이 틀렸다고 결론 내릴 수 있습니다.

· 유의 수준의 역할 : 유의 수준은 "귀무 가설이 맞다"는 가정하에 표본 데이터가 얼마나 극단적인지 판단하는 기준이 됩니다. 만약 검정 통계량이 유의 수준을 초과하면 귀무 가설을 기각합니다.

3) 일반적으로 사용되는 유의 수준

· 0.05(5%) : 사회과학 연구에서 가장 일반적으로 사용하는 유의 수준입니다. 이는 5%의 확률로 제1종 오류를 감수한다는 의미입니다.

· 0.01(1%) : 더 엄격한 기준이 필요한 경우, 특히 의학 연구나 정밀과학 분야에서 사용됩니다. 여기서 오류의 위험을 1%로 제한하여 보다 신뢰할 수 있는 결론을 얻습니다.

4) 임곗값과 검정 통계량

- 임곗값(Critical Value) : 유의 수준과 관련된 기준점입니다. 검정 통계량이 이 임곗값을 초과하면 귀무 가설을 기각하게 됩니다.

- 제시한 분포 그림은 가설 검증에서의 임곗값을 시각적으로 나타냅니다. 분포의 중앙에 있는 영역이 채택 영역이고, 양쪽의 끝부분에 있는 영역이 기각 영역입니다. 유의 수준이 0.05일 경우, 전체 분포에서 양 끝에 5%의 기각 영역이 할당됩니다.

5) P-값과 유의 수준

- P-값(P-value) : 실제 검정 통계량이 관찰된 데이터보다 더 극단적인 값을 가질 확률을 의미합니다. P-값이 유의 수준(α)보다 작으면 귀무 가설을 기각합니다.
- P-값 < 0.05 : 귀무 가설을 기각합니다. 이는 차이나 영향이 있다는 결론을 내립니다. 즉, 귀무 가설을 기각하고, 대립 가설을 채택합니다. 이는 데이터에 차이나 효과가 있음을 의미합니다.
- P-값 ≥ 0.05 : 귀무 가설을 기각하지 않습니다. 이는 차이나 영향이 없다는 결론을 내립니다. 즉, 귀무 가설을 기각하지 않으며, 데이터에 차이나 효과가 없다고 결론짓습니다.

이러한 기준을 통해 데이터 분석을 보다 객관적이고 체계적으로 수행할 수 있으며, 잘못된 결론을 내릴 확률을 줄일 수 있습니다.

3 검정 통계량 산출

통계적 가설 검정

○ 통계적 가설 검정(hypothesis test) : 모집단으로부터 수집된 표본의 정보를 사용해서, 실제 모집단의 값에 대한 주장이 타당한지, 확률에 근거하여 검증하는 통계적인 추론

▷ 검정통계량(test statistics) : 관찰된 표본으로부터 구하는 통계량으로 분포가 가설에서 주어지는 모수에 의존한다. 검정 시 가설의 진위를 판단하는 수단이 된다
▷ 기각역(critical region) : 검정통계량의 분포에서 유의수준 α의 크기에 해당하는 영역으로 계산된 검정통계량의 유의성을 판정하는 기준이 된다
▷ 독립된 2개의 표본평균의 차이를 검증하기 위해서는 ▶ t검증
▷ 표본집단이 2개 이상일 때 표본평균의 차이를 검증하기 위해서는 ▶ 분산분석(ANOVA)

통계적 가설 검증의 과정에서 검정 통계량 산출에 대해 설명하겠습니다. 여기서는 검정 통계량이 무엇이며, 어떤 검정 방법을 사용하는지에 대해 학습할 수 있습니다.

1) 검정 통계량

검정 통계량(Test Statistics)은 관찰된 표본 데이터를 통해 구하는 값으로, 표본이 귀무 가설의 분포에서 얼마나 멀리 떨어져 있는지를 나타내는 지표입니다. 즉, 검정 통계량은 귀무 가설이 참이라는 가정하에, 표본 데이터가 얼마나 그 가설을 지지하거나 기각하는지를 판단하는 수단입니다.

검정 통계량을 계산한 후, 이 값을 유의 수준과 비교하여 귀무 가설을 기각할지를 결정합니다. 검정 통계량은 사용된 검정 방법에 따라 다르게 산출됩니다. 예를 들어, t-검정이나 분산 분석(Analysis of Variance, ANOVA)이 사용됩니다.

2) 기각역과 임곗값

- **기각역**(Critical Region) : 분포에서 유의 수준 α의 크기에 해당하는 영역으로, 검정 통계량이 이 영역에 속하면 귀무 가설을 기각하게 됩니다. 이는 검정 통계량이 충분히 극단적인 위치에 있어, 귀무 가설이 틀렸다고 결론 내릴 때 사용됩니다.
- **임곗값**(Critical Value) : 기각역의 경계를 결정하는 값입니다. 검정 통계량이 이 임곗값을 초과하거나 미달하면 귀무 가설을 기각합니다.

3) 검정 방법의 선택

어떤 검정 방법을 사용할지는 비교하고자 하는 집단의 수에 따라 다릅니다.

① 두 개의 독립된 표본 평균을 비교할 때 : t-검정(t-test)을 사용합니다.

- 예 : A 집단과 B 집단의 평균 차이를 분석할 때.
- t-검정은 두 집단의 평균 차이를 검토하여, 그 차이가 통계적으로 유의미한지를 판단합니다.

② 두 개 이상의 표본 평균을 비교할 때 : 분산 분석을 사용합니다.

- 예 : 세 개 이상의 그룹이 있을 때 각 그룹 간 평균 차이를 비교.
- 분산 분석은 집단 간의 평균 차이가 통계적으로 유의미한지를 검토하는데, 집단이 세 개 이상일 때 효과적입니다.

4) 선택 기준과 설명

두 집단의 평균 차이를 비교할 때는 t-검정을, 세 개 이상의 집단을 비교할 때는 분산 분석을 사용하는 것이 일반적입니다. 분산 분석은 다양한 그룹 간 차이를 효과적으로 분석할 수 있으며, 이를 통해 연구자는 의미 있는 결론을 도출할 수 있습니다.

4 기각/채택 판단

통계적 가설 검정

○ 통계적 가설 검정(hypothesis test) : 모집단으로부터 수집된 표본의 정보를 사용해서, 실제 모집단의 값에 대한 주장이 타당한지, 확률에 근거하여 검증하는 통계적인 추론

> 유의확률(p-value) : 귀무 가설이 옳다고 가정했을 때 실제로 기각하게 되는 확률. P값이 유의수준 (0.05, 신뢰수준 95%) 보다 작게 되면(p<0.05) 귀무 가설을 기각하고 대립 가설을 채택

귀무 가설(H₀) : 소득수준에 따라 만족도에 차이가 없을 것이다. **p>0.05 귀무 가설 채택**
대립 가설(H₁) : 소득수준에 따라 만족도에 차이가 있을 것이다. **p<0.05 대립 가설 채택**

통계적 가설 검증의 마지막 단계인 기각 및 채택 판단에 대해 설명하겠습니다. 특히, P-값을 기준으로 가설을 채택할지 기각할지를 결정하는 방법에 대해 다룹니다.

1) 기각 및 채택의 판단 기준

· P-값 < 0.05 : 귀무 가설을 기각합니다. 즉, "소득 수준에 따라 만족도에 차이가 있다"는 대립 가설을 채택합니다.

· P-값 ≥ 0.05 : 귀무 가설을 기각하지 않습니다. 즉, "소득 수준에 따라 만족도에 차이가 없다"는 귀무 가설을 유지합니다.

2) 예시로 이해하기

연구자는 소득 수준이 만족도에 영향을 미치는지 알고 싶습니다.

· 귀무 가설(H₀) : "소득 수준에 따라 만족도에 차이가 없다."

· 대립 가설(H₁) : "소득 수준에 따라 만족도에 차이가 있다."

만약 검정 결과에서 P-값이 0.05보다 작다면, 우리는 귀무 가설을 기각하고 대립 가설을 채택합니다. 이는 "소득 수준에 따라 만족도에 차이가 있다"는 결론을 내릴 수 있음을 의미합니다.

지금까지 설명 드린 내용의 핵심을 요약하면 다음과 같습니다.

· 가설 검정에서 가장 중요한 것은 P-값과 유의 수준의 비교입니다.

· P-값이 0.05보다 작으면 : 귀무 가설을 기각하고 대립 가설을 채택합니다.

· P-값이 0.05 이상이면 : 귀무 가설을 기각하지 않고 유지합니다.

· 이 과정은 간단히 말해, "P-값이 0.05보다 작으면 차이가 있다"라고 기억하시면 됩니다.

이러한 개념을 통해 우리는 데이터에 기반하여 의미 있는 결론을 도출할 수 있으며, 연구에서 통계적 유의미성을 판단할 수 있습니다.

03 A/B 테스트

■ A/B 테스트와 실험 설계

A/B Testing

- A/B Testing은 서비스 사용자를 두 개의 그룹으로 무작위 추출(random sampling)하여 다른 상황을 제시했을 때, 각각의 반응을 비교하는 통계 기반의 분석 기법
- 무작위비교연구(RCT ; Randomized-controlled trial) 방법
- 디자인, 인터페이스, 상품 배치, 광고 시안 등을 개선
- 각 상황에서 유도된 행위를 한 사용자의 비율(=전환율)이 유의미한 통계적 차이를 갖는지를 검정. 통계적 차이의 유의미함 정도는 p-value로 추론
- p-value는 기존의 귀무 가설과 새롭게 관찰된 대립 가설이 일치하는 정도를 의미. p-value가 유의 수준(0.1, 0.05, 0.01)보다 낮다면 귀무 가설을 기각

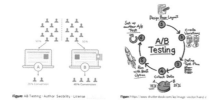

Figure A/B Testing · Author Swoblity · License   **Figure** https://www.shutter-dock.com/ko/image·vector·hand·c

가설을 설정하고 이를 과학적으로 검증해 그 결과를 미래의 전략에 반영하는
이른바 '가설 주도 의사결정'이 경쟁력의 원천

A/B 테스트(A/B Testing 또는 A/B Test)는 데이터를 기반으로 두 개의 안을
비교하여 최적의 대안을 선택하는 중요한 실험 설계 방법입니다.

1) A/B 테스트

A/B 테스트는 서비스 사용자나 소비자를 두 개의 그룹으로 무작위로 나누고, 각각의 그룹에 다른 상황을 제시한 후 그에 대한 반응을 비교하는 분석 기법입니다. 이 방법은 통계적 근거를 바탕으로 어떤 선택이 더 효과적인지를 평가하는 데 사용됩니다.

- **무작위 비교 연구**(RCT : Randomized Controlled Trial) : 무작위로 배정된 실험 그룹과 대조 그룹을 비교하는 방식입니다. 이는 편향을 최소화하고, 두 그룹 간의 차이가 순수하게 테스트 된 요소에 기인하는지를 평가합니다.
- **활용 사례** : 디자인, 사용자 인터페이스(UI), 상품 배치, 광고 문구, 사이트 레이아웃 등 다양한 영역에서 최적화를 위해 사용됩니다.

2) 실험 설계의 기본 개념

사용자들을 랜덤하게 두 그룹으로 나누어 A 안과 B 안을 제시합니다.
이렇게 하면 각 그룹이 균등하게 분산되며, 외부 요인으로 인한 편향을 최소화할 수 있습니다.

- **그룹 A** : 새로운 광고 디자인을 본 사용자들.
- **그룹 B** : 기존 광고 디자인을 본 사용자들.

두 그룹의 반응, 예를 들어 전환율(특정 행동을 수행한 비율)을 비교합니다.

3) 실험 데이터 분석

A/B 테스트에서 가장 중요한 것은 각 상황에서 유도된 행위(전환율)의 차이가 통계적으로 유의미한지를 검증하는 것입니다.

- **P-값**(P-value) : 두 그룹 간 차이가 우연히 발생할 가능성을 측정하는 값입니다.

• P-값 < 유의 수준(0.05, 0.01 등) : 귀무 가설을 기각하고, 두 그룹 간 차이가 있다고 판단합니다. 이는 대립 가설을 채택할 근거가 됩니다.

4) P-값의 의미와 해석

P-값은 기존의 귀무 가설과 새로운 대립 가설이 일치하는 정도를 나타냅니다. 예를 들어, P-값이 0.05보다 작으면 우리는 귀무 가설(차이가 없다)을 기각하고, 대립 가설(차이가 있다)을 채택합니다. 이는 A 안과 B 안 사이의 차이가 단순한 우연이 아니라, 통계적으로 의미 있는 차이임을 시사합니다.

5) 단계별 실험 설계

A/B 테스트를 성공적으로 수행하기 위해 다음 단계를 따릅니다.

① 아이디어 정립 : 무엇을 테스트할지를 정합니다. 예를 들어, 웹사이트의 버튼 색상이나 광고 문구를 변경할 수 있습니다.

② A 안과 B 안 설계 : 테스트할 두 가지 안을 만듭니다. 중요한 점은 단일 변수만 변경하는 것입니다. 예를 들어, 버튼 색상만 바꾸거나, 문구만 바꾸는 것이 이상적입니다. 두 가지 변수를 동시에 변경하면 해석이 어려워질 수 있습니다.

③ 실험 실행 : 설정한 방법으로 실험을 실행합니다. 이는 웹사이트에서 자동으로 배분될 수 있고, 물리적인 공간에서 오프라인으로도 가능합니다.

④ 데이터 수집 : 각 안에 대해 전환율과 같은 데이터를 수집합니다.

⑤ 가설 검증 : P-값을 계산하여 통계적으로 유의미한 차이가 있는지를 확인합니다. 예를 들어, 그룹 A의 전환율이 20%이고, 그룹 B의 전환율이 40%라면, P-값을 통해 이 차이가 유의미한지를 판단합니다.

⑥ 결과 적용 : 검증 결과에 따라 더 나은 안을 선택하여 실행합니다. 유의미한 차이를 보인 A 안이나 B 안을 채택하고, 다른 안은 폐기합니다.

A/B 테스트는 가설을 설정하고, 과학적 방법으로 검증하여 데이터를 기반으로 의사결정을 내리는 과정입니다. 이 과정은 가설 주도 의사결정으로 이어지며, 데이터 기반의 경쟁력을 강화하는 중요한 방법이 됩니다. 이처럼 A/B 테스트는 다양한 영역에서 최적화에 필수적인 도구로, 조직의 의사결정에 큰 영향을 미칩니다.

② 사례연구 : 아마존의 A/B 테스트

Case. 아마존 A/B 테스트

○ 아마존, 페이지 width 테스트

▷ Leak #57 from Amazon.com | Jul 14, 2020 Product

▷ Amazon Finally A/B Tests Their Full Vs. Fixed Width Layout In This Experiment

Amazon just completed this wonderful product page layout experiment. The experiment was visible on wider monitors where the main content column was set to either full width(control) or fixed to 1500 pixels(B variation). View Leak

Source : https://goodui.org/leaks/?company%5B%5D=4322

아마존의 A/B 테스트 사례를 설명하겠습니다. A/B 테스트는 기업이 웹사이트의 디자인과 기능을 최적화하기 위해 사용하는 중요한 방법입니다. 여기에서는 아마존이 페이지 레이아웃 변경에 대해 수행한 A/B 테스트 사례를 구체적으로 다룹니다.

아마존은 2020년 6월에 웹사이트의 페이지 레이아웃에 대한 A/B 테스트를 진행했습니다. 이 실험은 화면의 너비가 넓어진 환경에서 더 많은 정보를 노출하는 것이 효과적인지, 아니면 고정된 너비로 정보를 제공하는 것이 더 나은지를 알아보기 위해 수행되었습니다.

- 배경 : 현대의 모니터 화면은 점점 더 넓어지고 있어, 웹 페이지가 더 많은 정보를 표시할 수 있습니다. 아마존은 이를 반영하여 전체 너비를 활용하는 레이아웃과 고정된 너비(1500픽셀)로 제한된 레이아웃을 비교하고자 했습니다.
- A 안 : 전체 너비를 사용하는 레이아웃. 이 옵션은 사용자의 모니터 크기에 따라 정보가 더 많이 보이게 합니다.
- B 안 : 고정된 너비(1500픽셀) 레이아웃. 이 옵션은 정보가 제한된 너비 안에 집중적으로 표시되도록 합니다.

2) 실험 설계 및 결과

- 실험 설계 : 무작위로 사용자를 두 그룹으로 나눠, 한 그룹은 A 안을 보고, 다른 그룹은 B 안을 보게 했습니다. 중요한 점은 사용자들이 자신이 A/B 테스트에 참여하고 있다는 사실을 알지 못한다는 점입니다. 이는 실험의 자연스러움을 유지하고, 사용자의 행동에 영향을 주지 않기 위해서입니다.
- 결과 : B 안(고정된 너비 레이아웃)이 더 나은 성과를 보여 선택되었습니다. 이 결과는 사용자들이 정보가 고정된 너비 안에 집중적으로 표시될 때 더 나은 경험을 한다는 것을 시사합니다.

3) A/B 테스트의 핵심 원리

- 단일 변수 변경 : 이 실험에서는 페이지의 너비라는 하나의 변수만 변경되었습니다. A/B 테스트의 중요한 원칙 중 하나는 단일 변수를 조정하여 그 효과를 명확하게 분석하는 것입니다. 이렇게 하면 결과 해석이 더 쉬워집니다.
- 사용자 행동에 미치는 영향 분석 : 전환율(예:구매율, 클릭률 등)과 같은 사용자 행동 지표를 비교하여 어느 안이 더 효과적인지를 판단합니다.

4) 온라인과 오프라인 실험의 차이

- 온라인 A/B 테스트 : 웹사이트에서 수행되는 A/B 테스트는 사용자가 실험에 참여하고 있는지 인지하지 못하게 설계됩니다. 예를 들어, 사용자는 자신이 웹사이트의 A 안이나 B 안을 보고 있다는 것을 알지 못합니다. 이러한 무의식적인 참여는 사용자의 자연스러운 행동을 관찰하는 데 효과적입니다.
- 오프라인 실험 : 오프라인에서는 참여자가 실험에 참여하고 있다는 것을 알 수 있습니다. 예를 들어, 오프라인 매장에서 조사원이 특정 제품을 비교할 때, 참가자는 자신이 연구의 대상임을 인식하게 됩니다. 따라서 오프라인 실험에서는 실험 상황에 의해 행동이 왜곡될 가능성이 있습니다.

아마존 사례는 A/B 테스트가 디자인 변경이 실제로 사용자 경험에 어떤 영향을 미치는지를 과학적으로 검증하는 데 매우 효과적이라는 것을 보여줍니다. 이 과정을 통해 기업은 데이터를 기반으로 의사결정을 내릴 수 있으며, 사용자 중심의 최적화된 경험을 제공할 수 있습니다. A/B 테스트는 변화의 효과를 명확하게 파악할 수 있는 도구로, 기업의 경쟁력을 높이는 중요한 방법입니다.

A/B 테스트의 분석 요소 및 장단점

○ A/B 테스트에서 수정 및 분석할 수 있는 요소
- ▷ CTA(call to action) 버튼 : 크기, 모양, 텍스트, 색상 및 배치
- ▷ CTA 텍스트 길이, 콘텐츠 및 서식 지정
- ▷ 제목 : 내용, 길이, 글꼴 크기, 타이포그래피
- ▷ 텍스트 : 길이 및 내용
- ▷ 이미지 : 정적 또는 캐러셀(슬라이드), 크기 및 배치

○ A/B 테스트의 장점
- ▷ 새로운 아이디어를 테스트하고, 전환율 향상, 이탈률 감소 등과 같은 결과로 이어지는지를 확인하는 데 매우 유용
- ▷ 페이지에서 가능한 변경 사항을 단계별로 테스트할 수 있어 방문자의 행동에 영향을 미치는지를 분석할 수 있음

○ A/B 테스트의 단점(온라인 실험)
- ▷ 두 가지(혹은 그 이상) 버전의 웹 사이트를 준비하고 설정하는 데 시간이 걸림
- ▷ 트래픽이 적은 웹사이트의 경우 의미 있는 결과를 얻기 위해 충분히 큰 데이터베이스를 얻기 위해 몇 주 또는 몇 달에 걸쳐 테스트를 수행해야 할 수도 있음
- ▷ 낮은 전환율과 같은 결과의 원인이 될 수 있는 웹 사이트에 사용성 문제가 있는지를 측정하거나 표시할 수 없음
- ▷ 여러 변수가 동시에 변경되면 테스트 결과가 잘못 해석될 위험이 있음

A/B 테스트의 분석 요소와 장단점에 대해 설명하겠습니다. A/B 테스트는 웹사이트나 애플리케이션의 성능을 최적화하기 위해 다양한 변경 사항을 실험하고 평가하는 데 유용한 방법입니다.

1) A/B 테스트에서 수정 및 분석할 수 있는 요소

A/B 테스트를 통해 실험할 수 있는 요소는 매우 다양합니다. 여기서는 주요한 몇 가지를 소개합니다.

- • CTA(Call to Action) 버튼 : 크기, 모양, 텍스트, 색상 및 배치 위치를 변경하여 사용자 행동에 미치는 영향을 평가할 수 있습니다.

- CTA 텍스트 : 텍스트의 길이, 콘텐츠, 서식 등을 실험하여 어느 형식이 더 많은 사용자를 유도하는지 분석합니다.
- 제목 : 제목의 내용, 길이, 글꼴 크기, 타이포그래피 스타일이 사용자 행동에 어떤 영향을 미치는지 평가합니다.
- 텍스트 : 본문 텍스트의 길이와 내용 역시 중요한 요소입니다. 간결한 텍스트가 더 효과적인지, 아니면 자세한 설명이 더 효과적인지를 실험합니다.
- 이미지 : 정적인 이미지와 캐러셀(슬라이드쇼) 이미지, 이미지의 크기 및 배치 등을 실험할 수 있습니다. 이미지의 종류와 배치가 전환율에 미치는 영향을 분석합니다.

이러한 요소들을 개별적 또는 조합하여 실험하면 사용자 경험과 전환율을 최적화할 수 있습니다.

2) A/B 테스트의 장점

- 새로운 아이디어를 시험 : A/B 테스트는 웹사이트나 애플리케이션에서 새로운 아이디어를 과학적으로 검증할 수 있는 도구입니다. 전환율을 높이거나 이탈률을 줄이는 데 유용합니다.
- 단계적인 테스트 : A/B 테스트는 페이지에서 가능한 변경 사항을 하나씩 테스트할 수 있어, 각 변경이 사용자 행동에 미치는 영향을 정확하게 파악할 수 있습니다. 이러한 방식은 결과를 세밀하게 분석할 수 있도록 돕습니다.
- 데이터 기반 의사결정 : A/B 테스트를 통해 얻은 데이터를 바탕으로 객관적인 결정을 내릴 수 있어, 비즈니스의 전략을 효과적으로 개선할 수 있습니다.

3) A/B 테스트의 단점

A/B 테스트는 효과적이지만, 몇 가지 단점과 제약이 존재합니다.

- **시간 소요** : 여러 버전의 웹사이트를 설계하고 설정하는 데 많은 시간이 필요합니다. 특히, 테스트가 복잡하거나 요소가 많을 때 시간이 더 걸릴 수 있습니다.
- **트래픽 부족 문제** : 트래픽이 적은 웹사이트의 경우, 충분한 데이터를 모으기 위해 테스트를 오랫동안 수행해야 합니다. 그렇지 않으면 결과가 통계적으로 유의미하지 않을 수 있습니다.
- **원인과 결과 해석의 어려움** : 낮은 전환율의 원인이 웹사이트의 특정 문제에 기인하는 경우, 이를 측정하거나 정확히 표시하기 어려울 수 있습니다. 사용성 문제가 정확히 어떤 요소 때문인지 판단하기 어려울 때가 있습니다.
- **변수 동시 변경 시 혼란** : 여러 변수를 동시에 변경하면, 어떤 요소가 전환율에 영향을 미쳤는지 파악하기 어렵습니다. 따라서 한 번에 하나의 요소를 변경하는 것이 바람직합니다.
- **부정적인 사용자 경험** : 실험 과정에서 일부 사용자가 예상치 못한 레이아웃이나 디자인을 접하게 되어, 부정적인 사용자 경험이 생길 가능성도 있습니다. 이는 브랜드 이미지에 영향을 줄 수 있으므로 주의가 필요합니다.

A/B 테스트는 효과적인 사용자 경험을 설계하고 전환율을 높이기 위해 사용할 수 있는 필수적인 도구입니다. 하지만 시간과 리소스가 요구되며, 잘못된 설계나 데이터 부족으로 인해 잘못된 결론을 내릴 위험도 있습니다. 따라서 A/B 테스트를 실행할 때는 신중하게 실험 요소를 설계하고, 하나씩 변경하여 분석하는 것이 중요합니다.

■ 챗GPT로 통계적 가설 검정하기

[실습] 챗GPT로 통계적 가설 검정하기

◎ 문제 : 우리 제품에 대한 고객 만족도가 성별로 혹은 연령별로, 즉 집단 간에 차이가 있을
까?(통계적으로 의미가 있을까?).

❓ final_modified_market_research_health_functional_food_synthetic_survey_data.xlsx
성별에 따라 고객만족도에 차이가 있는지 통계적 가설검정을 해 줘

🖥 데이터를 확인했습니다. 만족도에 대한 정보와 성별 정보가 포함되어 있습니다. 이제 성별에 따라 만족도에 차이가
있는지 통계적 가설 검정을 수행하겠습니다. 이를 위해 두 그룹(남성, 여성)의 만족도 평균을 비교하는 t-검정을 사
용하겠습니다.

가설 설정:

- 귀무가설(H0): 성별에 따라 건강기능식품 만족도에 차이가 없다.
- 대립가설(H1): 성별에 따라 건강기능식품 만족도에 차이가 있다.

먼저 데이터를 정리한 후 t-검정을 수행하겠습니다. [~]

t-검정 결과는 다음과 같습니다:

- t-통계량: -0.955
- p-값: 0.340

p-값이 0.05보다 크므로, 귀무가설을 기각할 수 없습니다. 즉, 성별에 따라 건강기능식품 만족도에 유의미한 차이가
있다고 볼 수 없습니다.

이 결과는 성별이 건강기능식품에 대한 만족도에 영향을 미치지 않는다는 것을 의미합니다. 추가로 필요한 분석이나
그래프가 있다면 말씀해 주세요. [~]

챗GPT를 이용한 통계적 가설 검정에 대해 설명 드리겠습니다. 여기서는
고객 만족도가 성별에 따라 통계적으로 유의미한 차이가 있는지를 검정하는
과정을 말씀드리겠습니다.

1) 문제 설정

분석해 보고 싶은 문제는 다음과 같습니다.

"우리 제품에 대한 고객 만족도가 성별이나 연령에 따라 차이가 있을까?"

즉, 고객 만족도가 성별 혹은 연령별로 유의미한 차이를 보이는지를 통계적으로 검정하는 것이 목적입니다.

이를 위해 우리가 보유한 가상의 데이터를 사용하여 가설 검정을 수행할 수 있습니다. 데이터는 설문 조사를 통해 수집된 것으로, 고객의 성별과 만족도 점수를 포함하고 있습니다.

2) 데이터 설명 및 준비

먼저 데이터에 포함된 요소를 확인합니다.

- 성별 정보 : 남성과 여성으로 분류된 범주형 데이터.
- 만족도 : 연속형 데이터로, 고객이 제품에 대해 느끼는 만족도를 수치로 표현한 값

이러한 데이터 특성에 따라 적합한 통계 분석 기법을 선택합니다. t-검정(t-test)은 두 그룹의 평균을 비교하는 데 적합합니다. 따라서 남성과 여성의 만족도 평균을 비교하여 차이가 있는지를 검정합니다.

3) 가설 설정

가설 검정을 위해 두 가지 가설을 설정합니다.

- 귀무 가설(H_0) : 성별에 따라 건강기능식품에 대한 만족도에 차이가 없다.
- 대립 가설(H_1) : 성별에 따라 건강기능식품에 대한 만족도에 차이가 있다.

4) t-검정 수행

t-검정을 통해 두 그룹(남성, 여성)의 만족도 평균 차이를 분석합니다. 챗GPT를 사용하여 데이터를 정리하고 t-검정을 실행합니다.

- t-통계량 : −0.955
- P-값 : 0.340

5) 결과 해석

P-값이 0.05(유의 수준)보다 큽니다. 여기서 0.05는 우리가 설정한 신뢰 수준(95%)에서 허용할 수 있는 최대 오차입니다. P-값이 0.05보다 크기 때문에 귀무 가설을 기각할 수 없습니다. 즉, "성별에 따라 건강기능식품에 대한 만족도에 유의미한 차이가 있다"는 결론을 내릴 근거가 없습니다.

결과적으로, 성별에 따른 만족도 차이는 통계적으로 유의미하지 않다고 결론지을 수 있습니다.

6) 결론 및 추가 분석

이 분석 결과는 성별이 건강기능식품 만족도에 영향을 미치지 않는다는 것을 의미합니다. 따라서 현재 데이터로는 성별에 따른 차이를 발견할 수 없습니다. 그러나, 추가로 연령이나 다른 요인을 분석하여 더 깊은 통찰을 얻을 수 있습니다.

7) 분석 도구 사용

챗GPT를 이용해 쉽게 통계적 가설 검증을 수행할 수 있음을 알아보았습니다. 엑셀과 같은 프로그램에서도 비슷한 분석이 가능합니다. 이처럼 다양한 도구를 활용하여 데이터를 분석하고 의사결정에 반영할 수 있습니다.

[final_modified_market_research_health_functional_food_

synthetic_survey_data.xlsx] 업로드

성별에 따라 고객만족도에 차이가 있는지 통계적 가설검정을 해 줘

❷ 엑셀 데이터 분석을 이용한 통계적 가설 검정

[실습] 엑셀 데이터 분석을 이용한 통계적 가설 검정

◎ 문제 : 우리 제품에 대한 고객 만족도가 성별로 혹은 연령별로, 즉 집단 간에 차이가 있을
까?(통계적으로 의미가 있을까?)

▷ 엑셀 : 만족도와 성별 변수 복사 후 새로운 시트에 복사

▷ 엑셀 : 새로운 시트에서 성별에 따른 만족도 분리 후 복사

▷ 엑셀 : 새로운 시트에 각각 붙여넣기

▷ 엑셀 : 데이터 > 데이터분석 > 통계 데이터 분석 > t-검정 : 등분산 가정 두집단

t-검정 : 등분산 가정 두 집단		
	남자	여자
평균	3.118320611	3.224334601
분산	1.507019391	1.724291063
관측수	262	263
공동(Pooled) 분산	1.615862944	
가설 평균차	0	
자유도	523	
t통계량	−0.955454011	
[P(T≤t) 단측 검정		0.169894782
t기각치 단측 검정	1.647772343	
[P(T≤t) 양측 검정	0.339789565	
t기각치 양측 검정	1.964510213	

엑셀을 이용한 통계적 가설 검증에 대한 실습 과정을 설명하겠습니다. 여기서는 엑셀을 활용하여 성별에 따른 고객 만족도의 차이가 통계적으로 유의미한지를 검증하는 방법을 소개합니다. 엑셀은 널리 사용되는 데이터 분석 도구로, 기본적인 통계 분석을 수행할 수 있습니다.

1) 엑셀을 이용한 데이터 분석 과정

- 데이터 준비 : 먼저, 고객 만족도와 성별 변수를 복사하여 새로운 시트에 붙여 넣습니다. 이렇게 하면 원본 데이터를 보존하면서 분석을 진행할 수 있습니다.
- 데이터 분리 : 새로운 시트에서 성별에 따라 만족도 데이터를 분리합니다. 남성과 여성 데이터를 별도로 나눠야 분석이 가능합니다. 엑셀의 필터 기능을 사용하여 데이터를 성별로 분리할 수 있습니다.
- t-검정 수행 : 엑셀의 데이터 분석 도구를 사용하여 t-검정을 수행합니다. 이를 위해 엑셀 메뉴에서 데이터 > 데이터 분석 > t-검정 : 등분산 가정 두 집단을 선택합니다. t-검정 옵션에서 남성과 여성의 만족도 데이터를 각각 입력합니다.

2) t-검정 결과 해석

- 남성과 여성의 평균 만족도가 각각 3.118과 3.224로 나타났습니다. 이 차이가 유의미한지를 판단하기 위해 P-값을 확인합니다.
- P-값 : t-검정 결과 P-값이 0.339로 계산되었습니다. 이는 우리가 설정한 유의 수준(일반적으로 0.05)보다 큽니다.
- 해석 : P-값이 0.05보다 크므로, 귀무 가설을 기각할 수 없습니다. 즉, 성별에 따른 만족도의 차이가 통계적으로 유의미하지 않다고 결론지을 수 있습니다.

3) 추가 설명 : 데이터 분석의 정확성

엑셀을 사용한 분석은 매우 직관적이고 편리하지만, 데이터를 정확하게 준비하고 설정해야만 올바른 결과를 얻을 수 있습니다. 파이선과 같은 프로그래밍 언어를 사용한 통계 분석은 엑셀보다 더 복잡한 계산을 수행할 수 있습니다. 아울러 챗GPT를 통해서도 가설 검정을 수행할 수 있었습니다. 어떤 분석 도구를 사용하더라도 얻어지는 통계치는 동일합니다.

최소한의 데이터 기반 의사결정을 위해 챗GPT와 엑셀을 이용한 데이터 분석을 할 수 있어야 합니다. 분석 도구는 필요에 따라 선택적으로 사용하면 됩니다.

05 챗GPT를 이용한 A/B 테스트 분석

1 문제 정의 및 탐색적 데이터 분석하기

[실습] 챗GPT를 이용한 A/B/C 테스트 분석

◎ 문제 : 패스트푸드 체인점에서 신제품 출시에 맞추어 홍보를 위한 세 가지 마케팅 캠페인을 기획(1/2/3안)했다. 어느 캠페인 방안이 매출에 가장 큰 영향을 미칠까?

❓ WA_Marketing-Campaign.csv
먼저 이 데이터를 탐색해 줘
프로모션별 판매량에 대한 기술 통계분석을 해 줘
프로모션별 판매량 평균의 차이 검정

[실습용 데이터 설명]

• 패스트푸드 마케팅 캠페인 A/B 테스트
• IBM Watson Analytics 마케팅 캠페인
• 열
  – MarketID : 시장의 고유 식별자
  – MarketSize : 매출에 따른 시장 면적의 크기
  – LocationID : 매장 위치에 대한 고유 식별자
  – AgeOfStore : 매장의 나이(년)
  – 프로모션 : 테스트 된 3가지 프로모션 중 하나
  – 주 : 프로모션이 진행된 4주 중 하나
  – Salesin Thousands : 특정 LocationID,Promotion 및 주에 대한 판매 금액

프로모션별 판매량 평균의 차이 검정(ANOVA) 결과는 다음과 같습니다.
  ▷ F – 통계량 : 21.95
  ▷ P – 값 : 6.77 x 10⁻⁹

p-값이 매우 작아서(일반적으로 0.05보다 훨씬 작음), 귀무 가설을 기각할 수 있습니다.즉, 프로모션별로 판매량 평균에 유의미한 차이가 있다는 것을 알 수 있습니다.

이 결과는 프로모션이 판매량에 영향을 미친다는 것을 나타냅니다.
추가로 필요하거나 원하는 분석이 있으면 말씀해 주세요

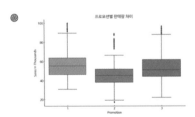

챗GPT를 이용한 A/B 테스트 분석에 대해 설명 드리겠습니다. 여기서는 패스트푸드 체인점에서 신제품 출시에 맞춰 세 가지 마케팅 캠페인 중 어떤 캠페인이 매출에 가장 큰 영향을 미치는지를 분석하는 방법을 설명하겠습니다.

1) 문제 설정

패스트푸드 체인점에서 신제품 홍보를 위해 세 가지 마케팅 캠페인을 기획했습니다. 우리는 이 캠페인들이 매출에 미치는 효과를 분석하고, 어느 캠페인이 가장 효과적인지를 결정하고자 합니다.

- A/B/C 테스트 : 일반적으로 두 개의 안을 비교할 때 A/B 테스트라고 하지만, 여기처럼 세 가지 안을 비교할 때는 A/B/C 테스트라고 합니다.
- 데이터 : 제공된 WA_Marketing-Campaign.csv 파일은 IBM Watson Analytics의 마케팅 캠페인 데이터를 기반으로 합니다. 이 데이터는 패스트푸드 마케팅 캠페인 A/B 테스트를 위한 것입니다.

2) 데이터 설명

데이터에는 여러 변수가 포함되어 있습니다.

- MarketID : 시장의 고유 식별자.
- MarketSize : 시장 면적의 크기(소형, 중형, 대형).
- LocationID : 매장 위치에 대한 고유 식별자.
- AgeOfStore : 매장의 운영 기간(년 단위).
- 프로모션 : 세 가지 프로모션 방안(1, 2, 3).
- 주 : 프로모션이 진행된 4주 중 하나.
- SalesInThousands : 특정 LocationID에서 Promotion 및 주에 따른 판매 금액(천 단위).

① **탐색적 데이터 분석**(EDA) :

· 데이터를 분석하기 전, 항상 탐색적 데이터 분석을 수행합니다. 이를 통해 데이터의 특성을 이해하고, 각 변수 간의 관계를 시각적으로 탐색합니다.

이 과정에서 박스 플롯(Box Plot)을 사용해 각 프로모션에 따른 판매량의 차이를 시각화합니다. 박스 플롯은 데이터의 중앙값, 분포, 이상치를 한눈에 보여주는 유용한 도구입니다.

② **박스 플롯 해석** :

· 박스 플롯에서 각 프로모션의 중앙값을 비교합니다. 프로모션 1의 중앙값이 가장 높아 보이며, 판매량의 분포도 더 넓습니다. 하지만 시각적 차이만으로는 통계적 유의미성을 판단할 수 없으므로, 추가 분석이 필요합니다.

❷ A/B/C 테스트 분석하기

[실습] 챗GPT를 이용한 A/B/C 테스트 분석

◉ 문제 : 페스트푸드 체인점에서 신제품 출시에 맞추어 홍보를 위한 세 가지 마케팅 캠페인을
기획(1/2/3안)했다. 어느 캠페인 방안이 매출에 가장 큰 영향을 미칠까?

❓ WA_Marketing-Campaign.csv
마케팅 캠페인 데이터에서 프로모션 1/2/3안에 따른 판매량에 대해 가설검정 및 A/B/C 테스트 분석의 절
차를 단계적으로 수행하고 최종적으로 분석 결과에 대한 해석과 어떤 프로모션을 선택해야 되는지 알려줘
p-value를 지수가 아니라 일반적인 실수로 표시하는 ANOVA 분석 결과를 테이블로 보여줘
프로모션 1/2/3안에 따른 판매량의 평균값을 구하고 테이블 형식으로 결과를 보여줘

💬 마케팅 캠페인 데이터에서 프로모션 1, 2, 3에 따른 판매량에 대해 가설검정 및 A/B/C 테스트 분석을 단계적
으로 수행하겠습니다. 최종적으로 분석 결과를 해석하고 어떤 프로모션을 선택해야 하는지 제안하겠습니다.

단계 1 : 데이터 준비 및 기본 통계 분석
▷ 데이터 세트을 불러와서 구조와 기본 통계 정보를 확인합
니다.

단계 2 : 데이터 시각화
▷ 시장 규모별 판매량 분포와 프로모션별 판매량 차이를 시각
화하여 데이터 분포를 이해합니다.

단계 3 : ANOVA 검정
▷ 프로모션 간 판매량 평균의 차이가 있는지 확인하기 위해
ANOVA 검정을 수행합니다.

단계 4 : 사후 검정(Tukey's HSD)
▷ ANOVA 검정에서 유의미한 차이가 있음을 확인한 후, 각 프
로모션 간의 쌍별 비교를 위해 Tukey's HSD 검정을 수행합
니다.

단계 5 : 결과 해석 및 프로모션 선택
▷ 분석 결과를 해석하고, 최종적으로 어떤 프로모션을 선택할
지 결론을 내립니다.

결과 해석

1. ANOVA 검정 결과
• F-통계량 : 21.95
• p-값 : $6.77 \times 10^{-106.77} \times 10^{-10}$
• 프로모션 간에 유의미한 차이가 있음.

2. Tukey's HSD 결과
• 프로모션 1과 프로모션 2 : 유의미한 차이(p-값 : 0.001)
• 프로모션 1과 프로모션 3 : 유의미한 차이 없음(p-값 : 0.295)
• 프로모션 2와 프로모션 3 : 유의미한 차이(p-값 : 0.001)

결론 :
• 프로모션 1은 프로모션 2보다 판매량이 유의미하게 높습니다.
• 프로모션 1과 프로모션 3간에는 유의미한 차이가 없습니다.
• 프로모션 3은 프로모션 2보다 판매량이 유의미하게 높습니다.

프로모션 선택 제안
• 프로모션 1을 선택하는 것이 가장 합리적입니다. 이는 프로모
션 2보다 판매량이 유의미하게 높으며, 프로모션 3과는 유의미
한 차이가 없기 때문에 더 높은 판매량을 기대할 수 있습니다

ANOVA 분석 결과를 일반적인 실수로 표시한 테이블 형식으로 정리하면 다음과 같습니다:

Source	Sum of Squares	df	F-Statistic	p-Value
Promotion	11449.17	2	21.95	0.0000000007
Residual	142114.11	545	-	-

이 테이블은 프로모션별 판매량의 차이를 나타내는 ANOVA 검정 결과를 요약한 것입니다. 'Promotion' 행은 프로
모션 간의 차이를 나타내며, 'Residual' 행은 설명되지 않은 잔은 분산을 나타냅니다. p-값이 매우 작아서
(0.0000000007) 프로모션 간에 유의미한 차이가 있음을 알 수 있습니다. (...)

프로모션 1, 2, 3에 따른 판매량의 평균값을 테이블 형식으로 정리하면 다음과 같습니다.

Promotion	Mean Sales in Thousands
1	58.10
2	47.33
3	55.36

이 테이블은 각 프로모션별 판매량의 평균값을 보여줍니다. 프로모션 1이 가장 높은 평균 판매량을 기록하고 있으며,
그 다음으로 프로모션 3이, 마지막으로 프로모션 2가 평균 판매량이 낮은 것을 확인할 수 있습니다. (...)

---

1) 통계적 가설 검증

세 가지 집단(프로모션 1, 2, 3)의 평균을 비교하기 위해 분산 분석(ANOVA)
을 사용합니다. 분산 분석은 세 개 이상의 집단 간 차이를 검증하는 데 사용
됩니다.

- 귀무 가설(H₀) : 프로모션별 판매량 평균에 차이가 없다.
- 대립 가설(H₁) : 적어도 하나의 프로모션이 다른 프로모션과 판매량 평균에 차이가 있다.

2) 분산 분석 결과 해석

- F-통계량 : 21.95(F-값이 크면 그룹 간 차이가 크다는 것을 의미합니다.)
- P-값 : 6.77×10^{-10}(지수형으로 표기되었지만, 매우 작은 값(0.0000000007)으로 유의 수준 0.05보다 훨씬 작습니다.)
- 해석 : P-값이 0.05보다 작기 때문에, 귀무 가설을 기각합니다. 즉, 프로모션별 판매량 평균에 통계적으로 유의미한 차이가 있다고 결론지을 수 있습니다.

3) 추가 분석 : 사후 검정(Tukey's HSD)

분산 분석은 그룹 간 차이가 있는지를 알려주지만, 어느 그룹들이 서로 다른지를 알려주지 않습니다. 이를 알아보기 위해 Tukey's HSD 사후 검정을 사용합니다. 사후 검정 결과, 프로모션 1이 다른 프로모션에 비해 더 높은 평균 판매량을 기록했습니다.

4) 결론 및 추천

통계적으로 세 가지 프로모션이 매출에 서로 다른 영향을 미친다는 사실을 알게 되었습니다. 프로모션 1, 2, 3에 따른 판매량의 평균값은 각각 58.10, 47.33, 55.36로 나타났습니다. 프로모션 1이 가장 높은 평균 판매량을 기록하고 있으며, 그다음으로 프로모션 3입니다. 마지막으로 프로모션 2가 평균 판매량이 낮은 것을 확인할 수 있습니다.

따라서 프로모션 1을 선택하는 것이 가장 합리적입니다.

이는 프로모션 2보다 판매량이 유의미하게 높으며, 프로모션 3과는 유의미한 차이가 없기 때문에 더 높은 판매량을 기대할 수 있습니다.

챗GPT와 같은 도구를 사용하여 A/B/C 테스트를 쉽게 수행하는 방법을 알아보았습니다. 데이터 기반으로 마케팅 캠페인을 분석하고 최적의 전략을 선택하는 데 매우 유용한 접근 방식입니다.

5) 챗GPT에 요청한 프롬프트

[WA_Marketing-Campaign.csv] 업로드

먼저 이 데이터를 탐색해 줘

프로모션별 판매량에 대한 기술 통계분석을 해 줘

프로모션별 판매량 평균의 차이 검정을 수행해 줘

마케팅 캠페인 데이터에서 프로모션 1/2/3안에 따른 판매량에 대해

가설검정 및 A/B/C 테스트 분석의 절차를 단계적으로 수행하고 최종적으로

분석 결과에 대한 해석과 어떤 프로모션을 선책해야 되는지 알려줘

p-value를 지수가 아니라 일반적인 실수로 표시하는 ANOVA 분석 결과를

테이블로 보여줘

프로모션 1/2/3안에 따른 판매량의 평균값을 구하고 테이블 형식으로

결과를 보여줘

정리하기

통계적 가설 검정과 A/B 테스트의 활용을 중심으로 데이터 기반 의사결정에 대해 살펴보았습니다. 기술 통계와 추론 통계의 기본 개념을 통해 모집단과 표본의 관계를 이해하고, 가설 검정 과정을 알아보았습니다. 이를 통해 P-값을 사용해 가설을 채택하거나 기각하는 방법을 설명했습니다. 챗GPT와 엑셀을 활용하여 t-검정을 수행해 성별에 따른 만족도 차이를 분석하고, 분산 분석을 사용해 세 가지 이상의 그룹 간 차이를 검정했습니다. A/B/C 테스트 사례로 패스트푸드 체인점의 마케팅 캠페인을 분석해 프로모션별 매출 차이를 비교했으며, 박스 플롯과 분산 분석을 활용해 데이터 기반 의사결정을 내릴 수 있습니다.

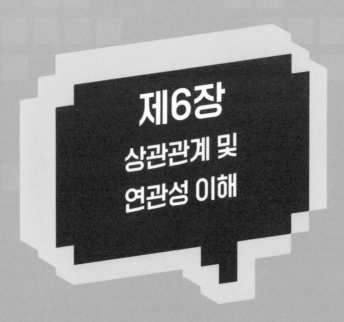

제6장
상관관계 및
연관성 이해

생각해 볼 문제

1 특정 생활 습관(예 : 운동량)과 건강지표(예 : 혈압) 간에는 어떤 관계가 있을까?

2 신장과 체중은 어떤 관계가 있을까?

3 온도 변화와 특정 지역의 작물 생산량 간에는 어떤 관계가 있을까?

4 기온 및 강수량과 판매량 사이에는 어떤 관계가 있을까?

5 만족도와 연령은 어떤 관계가 있을까?

6 광고비 지출과 매출 간에는 어떤 관계가 있을까?

01 변수 간의 관계 이해하기

먼저 변수와 변수 간의 관계를 이해하기 위해
상관관계와 인과 관계에 대해 설명하겠습니다.

상관관계와 인과 관계 ?

◉ 변수와 변수 간의 관계

상관관계(correlation)

원인 ⇢✕⇠ 결과

▷ 상관분석
▷ 설문, 소셜 데이터

• 아이스크림 판매와 상어 공격은 어떤 관계?

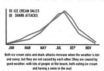

인과 관계(causation)

원인 ⇠----▶ 결과

▷ 회귀분석
▷ 실험, 시계열 데이터

어떤 변수 간에 상관관계가 강하다(?)고 해서
그 사이에 상관이 없는 경우도 있다.
단지, 우연의 일치일 뿐 [가짜 상관관계]

어떤 변수 간에 상관관계가 강하다(?)고 해서
그 사이에 인과 관계가 있는 것은 아니다

1) 상관관계

상관관계(Correlation)란 두 변수 사이에 관계가 있음을 의미하지만, 이 관계가 원인과 결과를 설명하지는 않습니다. 즉, 어떤 변수의 변화가 다른 변수에 어떤 영향을 주는지 알 수 없는 경우입니다.

상관관계는 일반적으로 상관 분석으로 수행되며, 설문, 또는 소셜 데이터를 통해 탐구합니다.

예시한 그래프를 보면 아이스크림 판매량과 상어 공격 횟수가 비슷한 패턴을 따라 움직인다는 것을 보여줍니다. 여름철에는 아이스크림 판매가 증가하고, 같은 시기에 상어 공격도 늘어나는 현상을 관찰할 수 있습니다. 그러나 이것은 단순히 상관관계일 뿐, 아이스크림 판매량이 상어 공격을 증가시키는 원인은 아닙니다. 둘 다 사실상 날씨라는 공통 요인에 영향을 받기 때문입니다.

두 변수 간의 패턴이 비슷하다고 해서 인과 관계를 단정할 수 없습니다. 예를 들어, 날씨가 더우면 사람들이 아이스크림을 더 많이 먹고, 동시에 해변에 사람들이 몰려 상어 공격도 늘어나는 것입니다. 날씨가 여기서 중요한 원인 변수 역할을 합니다.

2) 인과 관계

인과 관계(Causation)란 하나의 변수가 다른 변수에 직접적인 영향을 미쳐서 원인과 결과가 명확히 구분되는 관계를 의미합니다. 이 관계에서는 원인이 반드시 결과보다 먼저 일어나야 하며, 원인 없이 결과가 생기지 않는 구조입니다.

인과 관계를 분석할 때는 주로 회귀분석 방법을 이용합니다. 실험 설계, 또는 시계열 데이터를 통해 분석할 수 있습니다. 실험은 특히 변수 간의 영향을 명확히 규명하기 위해 설계됩니다.

예를 들어, 시험공부를 열심히 했더니 성적이 향상된 경우입니다. 여기서는 공부라는 원인이 성적 향상이라는 결과를 낳은 것이므로 인과 관계가 분명합니다. 즉, 공부가 선행되고 성적이 후행되는 구조입니다.

2 실생활 적용

두 변수 간에 강한 상관관계가 존재한다고 해서 그것이 반드시 인과 관계를 의미하지는 않습니다. 이러한 현상은 흔히 우연의 일치일 수 있으며, 설명할 수 있는 숨겨진 요인이 존재할 수 있습니다.

예를 들어, "초콜릿 소비와 노벨상 수상자 수"가 강한 상관관계를 보인다고 해서, 초콜릿을 많이 먹으면 노벨상을 받을 확률이 높아진다고 볼 수는 없습니다. 이는 단순히 우연의 일치일 가능성이 큽니다. 가짜 상관입니다.

인과 관계를 입증하기 위해서는 실험과 같은 방법으로 변수를 통제하고 원인과 결과의 관계를 명확히 할 필요가 있습니다.

정리하면, 상관관계는 다양한 현상들 사이에서 발견될 수 있지만, 우리는 상식적으로 그 관계가 인과적인지 아닌지를 판단해야 합니다. 인과 관계는 분명한 원인과 결과가 있는 경우에만 해당하며, 과학적 방법을 통해 증명될 필요가 있습니다. 이러한 개념을 이해하면 데이터 분석이나 연구를 수행할 때 변수 간의 관계를 더 정확하게 해석할 수 있을 것입니다.

02 연관성 분석 : 상관 분석

▮ 상관 분석 이해

연관성 분석 : 상관 분석(Correlation Analysis)

○ 변수 간의 관계 파악

  ▷ 등간척도나 비율척도로 측정된 2개의 계량적
    변수 간의 연관성의 정도를 요약하는 방법

  ▷ 두 변수 사이에 존재하는 상호 관련성이
    선형 관계인지를 결정하기 위해 사용

○ 상관관계 분석 활용의 예

  ▷ 키와 몸무게 간의 관계

  ▷ 광고비용의 지출 규모의 증가와 판매량의 증가에도
    어느 정도 연관성이 있으며 광고비의 증가에 따른
    누적효과(cumulative effects)는 어떤 형태일까?

  ▷ 소비자들이 느끼는 가격에 대한 지각과 품질에 관한
    지각 사이에는 어떤 연관성이 있는 것일까?

○ 상관계수(Correlation Coefficient, r)

  ▷ 두 변수의 선형적인 관계. 즉 선형의 방향과 상관된
    정도를 상관계수로 계산하여 r이라는 문자로 표현

  ▷ +1에서 −1까지

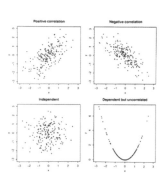

상관계수	상관관계
± 0.9 이상	상관관계가 아주 높다
± 0.7 ~ 0.9	상관관계가 높다
± 0.4 ~ 0.7	상관관계가 있다
± 0.2 ~ 0.4	상관관계가 있으나 낮다
± 0.2 미만	상관관계가 거의 없다

1) 상관 분석의 개념

상관 분석은 두 개의 계량적 변수가 서로 얼마나 연관되어 있는지를 평가하는 방법입니다. 이때 변수들은 등간척도 또는 비율척도로 측정된 연속형 데이터여야 합니다. 주로 두 변수 사이의 상호 관련성이 선형 관계인지를 결정할 때 사용합니다. 예를 들어, 한 변수의 증가가 다른 변수의 증가 또는 감소와 어떤 식으로 관계가 있는지를 분석합니다.

상관관계의 유형은 다음과 같습니다.

- 양의 상관관계(Positive Correlation) : 한 변수가 증가할 때, 다른 변수도 함께 증가하는 관계입니다. 예를 들어, 키와 몸무게의 관계가 이에 해당할 수 있습니다.
- 음의 상관관계(Negative Correlation) : 한 변수가 증가할 때, 다른 변수는 감소하는 관계입니다.
- 독립적 관계(No Correlation) : 두 변수 간에 관계가 전혀 없는 경우를 나타냅니다.
- 비선형 관계 : 어떤 경우에는 두 변수 사이에 명확한 선형 관계가 없지만, 비선형적 형태의 관계가 존재할 수 있습니다.

2) 상관관계 분석의 활용 예

- 키와 몸무게 간의 관계 : 두 변수 사이에 상관관계가 있을 경우, 키가 클수록 몸무게도 증가하는 경향이 관찰될 수 있습니다.
- 광고비용과 판매량의 관계 : 광고비용 지출이 증가할 때, 판매량도 증가하는지를 분석해 광고 효과를 평가할 수 있습니다. 더 나아가, 광고비의 누적 효과가 존재하는지를 연구할 수도 있습니다.
- 소비자가 느끼는 가격과 품질 지각 사이의 관계 : 가격이 소비자의 품질 인식에 미치는 영향을 평가하여 마케팅 전략에 반영할 수 있습니다.

상관 계수(Correlation Coefficient, r)는 두 변수 간의 선형적인 관계, 즉 관계의 방향과 강도를 나타내는 지표입니다. 상관 계수는 소문자 r로 표기되며, −1에서 +1 사이의 값을 가집니다.

- r = +1 : 완전한 양의 상관관계. 한 변수가 증가하면 다른 변수도 완전히 비례해서 증가합니다.
- r = −1 : 완전한 음의 상관관계. 한 변수가 증가하면 다른 변수는 완전히 비례해서 감소합니다.
- r = 0 : 두 변수 간에 선형적인 관계가 전혀 없습니다.

일반적으로 상관 계수의 해석은 다음과 같습니다.

- ±0.9 이상 : 상관관계가 매우 높다.
- ±0.7 ~ ±0.9 : 상관관계가 높다.
- ±0.4 ~ ±0.7 : 상관관계가 존재한다.
- ±0.2 ~ ±0.4 : 상관관계가 낮다.
- ±0.2 미만 : 상관관계가 거의 없다.

4) 상관 분석의 중요성

상관 계수를 활용하면, 두 변수 간의 관계를 이해하고 이를 기반으로 예측 및 전략 수립이 가능해집니다. 기업의 마케팅 전략 수립, 연구 설계, 데이터 기반 의사 결정 등에 상관 분석이 중요한 역할을 합니다.

2 상관 분석 결과 해석 시 유의할 점

상관분석 결과 해석 시 유의할 점

- 두 변수의 상관관계는 인과관계를 담보하지 않음
  - ▷ 상관관계가 있다고 반드시 인과관계가 있는 것은 아님

구분	Doctor.K	Doctor.L
심혈관수술	70/90(77.8%)	2/10(20%)
봉합수술	10/10(100%)	81/90(90%)
수술성공률	80/100(80%)	83/100(83%)

- 제3 변수의 문제
  - ▷ 도시 내 범죄 발생 건수와 종교 시설의 수는 양의 상관관계가 있음
  - ▷ 범죄가 많아서 종교에 의존하는가? 또는 종교가 범죄를 부추기는가?
  - ▷ 사실은 인구가 많아지면 범죄도 늘고, 종교 시설도 많아짐.
- 이질적인 집단들의 합(심프슨의 역설)
  - ▷ 집단별 상관관계와 전체 총합의 상관관계는 다를 수 있음
  - ▷ 상관분석 결과가 예상과 다를 경우, 이질적인 하위집단들이 존재하는지 살펴봐야 할 수도 있음
- 극단치(outliers)에 의한 인위적 상관 존재 가능성
  - ▷ 자료 내에 극단치가 있을 때, 존재하지 않는 상관관계가 포착되거나, 존재하는 상관관계가 포착되지 못하는 경우가 생기기도 함

상관 분석은 두 변수 간의 관계를 이해하는 유용한 도구지만, 해석할 때 주의해야 할 몇 가지 중요한 사항이 있습니다.

1) 상관관계는 인과 관계를 보장하지 않음

- 상관관계의 한계 : 두 변수 간의 상관 계수가 높다고 해서 그 관계가 반드시 인과 관계를 의미하는 것은 아닙니다. 단순히 두 변수가 동시에 변화한다고 해서 한 변수가 다른 변수에 직접적인 영향을 미친다는 결론을 내릴 수 없습니다.
- 예시 : "도시 내 범죄 발생 건수와 종교 시설 수가 양의 상관관계가 있다"고 해 보겠습니다. 이 경우, 단순히 두 수치가 함께 증가한다고 해서 범죄가 종교를 부추기거나, 종교가 범죄를 억제한다고 해석하면 오해가 생길 수 있습니다.
- 제3 변수 문제 : 이 경우 인구 수라는 제3의 변수가 더 중요한 역할을 합니다. 인구가 많아지면 자연스럽게 범죄 발생 수와 종교 시설 수도 증가할 수 있습니다. 따라서 이러한 제3 변수를 고려하지 않으면 잘못된 결론에 이를 수 있습니다.

2) 이질적인 집단들의 합 : 심프슨의 역설

심프슨의 역설(Simpson's Paradox) : 서로 다른 집단들의 데이터를 합산할 때, 전체적인 상관관계가 각 집단 내의 상관관계와 다를 수 있는 현상을 말합니다. 즉, 개별 집단에서는 특정한 관계가 존재하지만, 모든 집단을 합치면 그 관계가 반대로 나타날 수 있습니다.

예를 들어, 두 의사, 즉 Doctor K와 Doctor L의 수술 성공률이 있습니다. 전체 수술 성공률에서 Doctor L의 성공률은 83%, Doctor K는 80%로, Doctor L이 더 높은 것처럼 보입니다. 세부 수술 성공률에서 심혈관 수술에 대한 Doctor K의 성공률은 77.8%로, 매우 높은 난도의 수술에서 더 우수합니다. 반면, Doctor L의 성공률은 단 20%에 불과합니다. 봉합 수술에 대한 Doctor K는 100% 성공률을 보이지만, Doctor L은 90%입니다.

결론적으로 Doctor L의 전체 성공률이 더 높아 보이는 이유는 봉합 수술 같은 상대적으로 쉬운 수술을 더 많이 수행했기 때문입니다. 이처럼 데이터를 집단별로 세분화하여 분석할 필요가 있습니다.

3) 극단치 (Outliers)에 의한 인위적 상관관계

데이터 세트에 극단치가 포함되어 있을 경우, 상관 분석 결과가 왜곡될 위험이 있습니다. 극단치는 상관관계를 인위적으로 강화하거나 약화시킬 수 있기 때문입니다.

자료 내 극단치를 제거하거나, 극단치가 분석 결과에 미치는 영향을 고려하여 해석하는 것이 중요합니다.

[사례] 구매 이력 데이터를 이용한 상품 간 연관성 찾기

- 상품 간의 연관성을 찾는 것은 상품 추천을 하기 위한 첫 단계

- 상품 간의 연관성을 알아야 교차 판매와 상향 판매를 할 만한 상품을 고를 수 있기 때문

  ▷ 과제 : ABC 커피숍은 최근 매출이 대폭 늘어나면서 허니브레드를 제공받는 업체와 재계약을 할 수 있었고 결국 기존보다 3% 싼 가격에 허니브레드를 구매했다. 이제 예전보다 더 많은 허니브레드를 팔고 싶다.

  ▷ 데이터 : 멤버십 카드 덕분에 ABC 커피숍은 고객들의 구매내역을 데이터로 저장하고 있다. 고객들은 멤버십 카드를 이용해 구매액에 3%를 포인트로 적립할 수 있다.

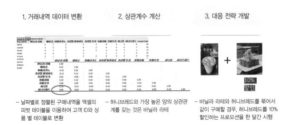

1. 거래내역 데이터 변환	2. 상관계수 계산	3. 대응 전략 개발
– 날짜별로 정렬된 구매내역을 엑셀의 피벗 테이블을 이용하여 고객 ID와 상품 별 테이블로 변환	– 허니브레드와 가장 높은 양의 상관관계를 갖는 것은 바닐라 라테	– 바닐라 라테와 허니브레드를 묶어서 같이 구매할 경우, 허니브레드를 10% 할인하는 프로모션을 한 달간 시행

ABC 커피숍의 사례를 들어보겠습니다. 최근 ABC 커피숍은 허니브레드를 더 저렴한 가격에 대량 구매할 기회를 얻게 되었습니다.

따라서 매출을 극대화하기 위해 허니브레드의 판매를 늘리는 것이 목표입니다. 이 커피숍은 고객의 구매 이력 데이터를 보유하고 있으며, 멤버십 카드 프로그램을 통해 이러한 데이터를 수집해왔습니다. 이 데이터를 활용하여 허니브레드 판매를 증진할 수 있는 방법을 데이터 기반으로 찾아보겠습니다.

1) 거래 내역 데이터 변환

고객의 구매 이력 데이터를 살펴보면, 날짜별로 어떤 상품이 구매되었는지 기록되어 있습니다. 이 데이터를 엑셀의 피벗 테이블 기능을 사용해 고객 ID별로 각 상품의 구매 빈도를 집계했습니다. 이를 통해 고객들이 주로 구매하는 상품과 그 빈도를 쉽게 파악할 수 있습니다.

특정 상품과 다른 상품 간의 구매 연관성을 분석하여 상관관계가 높은 상품 쌍을 찾아낼 수 있습니다.

2) 상관 계수 계산

다음 단계는 각 상품 간의 구매 연관성을 계산하는 것입니다. 여기서 상관 계수를 사용해 두 상품의 연관성이 얼마나 강한지를 평가합니다. 상관 계수가 1에 가까울수록 두 상품이 함께 구매되는 경향이 강하다는 것을 의미합니다.

허니브레드와 가장 높은 상관관계를 가진 상품은 바닐라 라테로 나타났습니다. 이는 바닐라 라테를 구매하는 고객들이 허니브레드도 함께 구매할 가능성이 높다는 뜻입니다. 상관 계수는 0.45로, 두 상품 간에 의미 있는 상관관계가 있음을 보여줍니다.

바닐라 라테를 구매하는 고객에게 허니브레드를 추천하는 프로모션을 기획할 수 있습니다. 예를 들어, 바닐라 라테와 허니브레드를 함께 구매하면 10% 할인을 제공하는 프로모션을 시행합니다. 이를 통해 고객의 구매 유인을 높이고, 허니브레드의 판매량을 증가시킬 수 있습니다.

이러한 대응 방안은 교차 판매를 촉진하며, 커피숍의 전반적인 매출을 향상시키는 데 기여할 수 있습니다. 또한, 고객의 만족도를 높일 수 있는 추가적인 혜택을 제공하는 방법이기도 합니다.

구매 이력 데이터를 활용해 상품 간 상관관계를 분석함으로써 효율적인 프로모션 전략을 수립할 수 있습니다. 이 접근법은 재고 관리와 매출 증대에 매우 효과적이며, 데이터를 기반으로 한 마케팅 의사 결정을 내릴 때 유용한 인사이트를 제공합니다. 이렇게 상관 분석을 통해 상품 추천 및 교차 판매 전략을 구체적으로 설계할 수 있습니다.

04 두 변수의 관계 파악을 위한 산점도 이해

두 변수의 관계 파악을 위한 산점도 이해

- ○ 산점도(Scatter Chart, Point Plot, Scattergram, X-Y Plot)는 두 변수의 관계를 보여주는 그래프
  - ▷ 두 변수의 값의 순서쌍을 좌표평면 위에 점으로 나타냄
  - ▷ 두 변수 사이의 관계성을 한눈에 파악하기 위해 사용
  - ▷ 두 변수 모두 수치형 변수
- ○ 산점도 구성요소 및 상관관계 여부

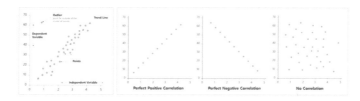

두 변수의 관계 파악을 위한 산점도에 대해 설명하겠습니다.

1 산점도 이해

산점도(Scatter Chart, Point Plot, Scattergram, X-Y Plot)는 두 변수 간의 관계를 시각적으로 보여주는 그래프입니다. 데이터를 좌표평면에 점으로 표시하여 두 변수의 연관성을 쉽게 파악할 수 있도록 도와줍니다.

두 변수의 값들을 X축(독립 변수)과 Y축(종속 변수)에 따라 배치해 관계성을 한눈에 확인할 수 있습니다. 산점도는 특히 두 변수 모두 수치형 데이터일 때 사용합니다.

2) 구성 요소 :

- 데이터 포인트 : 각 점은 하나의 데이터 항목을 나타내며, X축과 Y축 좌표에 의해 위치가 결정됩니다.
- 추세선(Trend Line) : 데이터의 전반적인 방향이나 경향을 보여주는 선으로, 상관관계의 방향성을 파악하는 데 유용합니다.
- 극단치(Outlier) : 군집에서 벗어난 데이터 포인트를 의미하며, 분석에 영향을 줄 수 있습니다.

2 산점도의 상관관계 유형

1) 완전한 양의 상관관계 (Perfect Positive Correlation)

모든 데이터 포인트가 오른쪽 위로 향하는 일직선 위에 분포해 있습니다. X 값이 증가할 때 Y 값도 증가하는 관계를 의미합니다.

2) 완전한 음의 상관관계 (Perfect Negative Correlation)

데이터 포인트가 오른쪽 아래로 향하는 일직선 위에 분포합니다. X 값이 증가할 때 Y 값은 감소하는 관계를 나타냅니다.

데이터 포인트들이 특정 패턴 없이 흩어져 있으며, X값의 변화에 따라 Y값이 규칙적으로 변하지 않습니다. 즉, 두 변수 사이에 명확한 관계가 없음을 나타냅니다.

3 활용

산점도는 두 변수 간의 관계를 시각적으로 표현하여 데이터 분석에 유용한 도구입니다. 데이터 포인트의 분포를 통해 양의 상관관계, 음의 상관관계, 또는 상관관계가 없는지를 쉽게 파악할 수 있습니다. 추세선과 극단치를 고려하여 데이터의 전반적인 패턴과 특이점을 분석할 수 있습니다.

이러한 산점도 분석을 통해 데이터가 서로 어떻게 연결되어 있는지를 효과적으로 이해하고, 상관관계의 강도와 방향성을 판단할 수 있습니다.

상관 분석을 위한
05 데이터 수집 및
데이터 전처리

① 데이터 수집 방법

[실습] 공공데이터포털에서 데이터 수집

- ◎ 문제 : 기온 및 강수량과 판매량 사이에는 어떤 관계가 있을까? 이를 분석할 수 있는 데이터를 수집해야 한다.
  - ▷ 국가통계포털(https://kosis.kr/search/search.do)에서 편의점 검색 ▶ 편의점 매출 동향(품목별) ▶ 2014.01 - 2023.12 데이터 다운로드
  - ▷ 기상청 : 기상자료 개발 포털(https://data.kma.go.kr/stcs/gmd/gmdRnList.do?pgmNo=69)에서 기온 분석과 강수량 분석 ▶ 2014.01 - 2023.12 데이터다운로드

편의점_매출_동향_품목별__20240724151730.csv

기온 : ta_20240724152200.csv
강수량 : rn_20240724152259.csv

예를 들어, 기온과 강수량이 판매량에 어떤 영향을 미칠까요? 상관 분석으로 두 변수 간의 관계를 탐구하고, 나아가 판매 전략 수립에 활용할 수 있습니다. 상관 분석을 위한 데이터가 필요합니다. 여기서는 상관관계 분석을 위해 공공데이터포털에서 데이터를 수집하고 챗GPT로 전처리해 보겠습니다.

1) 국가통계포털(KOSIS)

기온과 강수량이 판매량에 어떤 영향을 미치는지를 알기 위해서는 기온과 강수량, 그리고 판매량 데이터가 필요합니다. 편의점은 기온과 강수량에 영향을 많이 받을 수 있을 것 같습니다. 데이터로 확인해 보기 위해 데이터를 수집하겠습니다.

웹사이트 : 국가통계포털(https://kosis.kr/search/search.do)

데이터 종류 : 편의점 매출 데이터

수집 절차

① KOSIS에 접속하여 "편의점"을 검색합니다.

② 검색 결과 중 편의점 매출 동향(품목별) 데이터를 선택합니다.

③ 기간 설정 : 2014년 1월부터 2023년 12월까지의 데이터를 다운로드합니다.

④ 데이터를 CSV 파일 형식으로 저장하며, UTF-8 형식으로 변환하여 이후 분석에 활용합니다.

2) 기상청 기상자료 개방 포털

기온과 강수량이 판매량에 어떤 영향을 미치는지를 알기 위해서는 기온과 강수량 데이터가 필요합니다.

웹사이트 : 기상자료 개방 포털
(https://data.kma.go.kr/stcs/grnd/grndRnList.do?pgmNo=69)
데이터 종류 : 기온 및 강수량 분석 데이터

수집 절차 :

① 기상청 포털에 접속하여 기온 분석과 강수량 분석 데이터를 선택합니다.

② 조건 설정 : 월별 데이터로 2014년 1월부터 2023년 12월까지의 기간을 지정하고, 전국 기준으로 데이터를 다운로드합니다.

③ 데이터를 CSV 파일로 저장합니다.

② 데이터 구성 및 활용

1) 다운로드한 파일

- 편의점 매출 동향 데이터 : 편의점에서 판매된 품목별 매출 정보를 포함합니다.
- 기온 데이터 : 월별로 수집된 평균 기온 정보를 포함합니다.
- 강수량 데이터 : 월별 강수량 정보를 포함합니다.

2) 데이터 통합

이 세 개의 데이터를 월별 기준으로 통합하여 분석 준비를 완료합니다. 편의점 매출, 기온, 강수량을 각각 같은 월 단위로 묶어 분석할 수 있는 데이터 세트을 구성합니다.

3) 분석 준비

- 통합 데이터 세트 구성 : 월별 데이터를 기준으로 기온, 강수량, 판매량을 결합합니다.
- 분석 기대 효과 : 수집한 데이터를 통해 계절적 요인이나 날씨 변화가 편의점 매출에 미치는 영향을 분석할 수 있으며, 이를 통해 보다 정교한 판매 전략을 수립할 수 있습니다.

③ 챗GPT를 이용한 데이터 전처리

[실습] 챗GPT를 이용한 데이터 전처리

◎ 문제 : 기온 및 강수량과 판매량 사이에는 어떤 관계가 있을까? 이를 분석하기 위해 수집
한 각각의 데이터를 전처리 후 하나로 통합해야 한다.

▷ 각각 파일을 업로드하여 개별적으로 전처리(불필요한 행, 열 제거) 후 통합

❷ 편의점_매출_동향_품목별__20240724151730.csv
ta_20240724152200.csv
rn_20240724152259.csv

처음 정리한 데이터

		년월	담배 등 기타	생활용품
1	0	2014.01	-4.1	0.4
2	1	2014.02	-7.6	-8.9
3	2	2014.03	16.5	20.3
4	3	2014.04	0.2	-1.0
5	4	2014.05	5.8	6.2
6	5	2014.06	-1.3	1.0

'품목별' 칼럼의 값을 새로운 칼럼으로 변환하여 데이터를 정리합니다. 이제 이 데이터를 다운
했습니다. [~]

년월	담배 등 기타	생활용품	음료 등 가공	합화	축석(신산일부)	평균기온(°C)	강수량(mm)
2014.01	-4.1	0.4	-2.2	15.9	-4.5	0.2	10.3
2014.02	-7.6	-8.9	-6.9	-8.9	-13.2	2.3	26.9
2014.03	16.5	20.3	20.8	-12.8	17.8	7.5	77.1
2014.04	0.2	-1.0	-0.1	-7.1	5.0	13.1	84.4
2014.05	5.8	6.2	13.2	18.9	0.7	18.2	59.9
2014.06	-1.3	1.0	0.5	-12.2	1.9	21.6	80.7
2014.07	4.1	9.6	2.8	3.7	4.4	24.8	154.8
2014.08	0.7	8.8	-0.3	13.7	3.2	23.6	373.1

CVS_sales_weather_ad.csv

챗GPT를 이용해서 수집한 공공 데이터를 전처리해 보겠습니다. 기온과 강
수량이 판매량에 미치는 영향을 분석하기 위해 데이터를 통합해야 합니다.
각각의 데이터를 전처리하여 하나의 통합된 데이터 세트를 만들고 분석할 수
있도록 준비합니다.

1) 데이터 업로드 및 탐색

수집한 데이터 파일들을 챗GPT와 같은 데이터 분석 도구에 업로드합
니다. 여기서는 세 가지 주요 파일이 있습니다.

· 편의점 매출 데이터 : 편의점_매출_동향_품목별_20240724151730.csv

· 기온 데이터 : ta_20240724152200.csv

· 강수량 데이터 : rn_20240724152259.csv

각 파일을 불러온 후, 데이터의 기본 구조를 탐색하고 불필요한 열을 제거하며 데이터 통합 준비를 시작합니다.

2) 데이터 전처리

- 필요한 열 추출 : 분석에 필요 없는 열을 삭제하고, 유의미한 정보만 남깁니다.
- 데이터 정리 : 날짜나 월별 데이터를 기준으로 통일하여 각 데이터 세트를 연결할 수 있도록 합니다.
- 데이터 탐색 : 데이터가 제대로 정리되었는지 확인하기 위해 탐색적 데이터 분석 (EDA)을 수행합니다. 예를 들어, 누락된 값이 있는지, 데이터 형식이 일관성 있는지 등을 점검합니다.

3) 데이터 통합

최종적으로 통합된 데이터 세트에는 다음과 같은 정보가 포함되어 있습니다.

- 월별 매출 정보 : 편의점에서 판매된 품목별 매출 데이터를 포함합니다.
- 기온 정보 : 각 월의 평균 기온 데이터를 포함합니다.
- 강수량 정보 : 각 월의 강수량 데이터를 포함합니다.
- 파일 다운로드 : 전처리된 데이터를 [정리된_통합_데이터_인덱스제거.csv] 파일로 저장하여 분석에 사용할 수 있도록 합니다.

4) 챗GPT에 요청한 전처리 프롬프트

<편의점_매출_동향_품목별__20240724151730.csv> 전처리

'총계'행을 제거해 줘

'소계'가 있는 행을 제거해 줘

인덱스와 품목별(1) 칼럼을 제거해 줘

'전년동월대비 매출증감률(%)'이 있는 칼럼을 제거해 줘

전년동월대비 매출증감률 칼럼이 제거되지 않았는데 다시 제거해 줘

칼럼명에 '.1'이 포함된 칼럼을 제거해 줘

'품목별(2)' 칼럼명을 '품목별'로 바꿔줘

'품목별(2)'로 되어 있는 행을 제거해 줘

데이터를 다운로드할 수 있게 해 줘

📎 🖼 🌐   ⬆

<rn_20240724152259.csv> 전처리

전처리해 줘

지점 칼럼을 제거해 줘

📎 🖼 🌐   ⬆

<ta_20240724152200.csv> 전처리

전처리해 줘

평균최저기온과 평균최고기온 칼럼을 제거해 줘

📎 🖼 🌐   ⬆

<데이터 통합>

월별로 3개 파일을 통합해 줘

품목별 칼럼에 있는 값을 칼럼으로 전환하여 다시 데이터를 정리해 줘

즉, 칼럼은 연월, 생활용품, 잡화, 담대 등 기타, 음료 등 가공, 즉석(신선 일부),

그리고 매출 증감율, 평균기온, 강수량이 되어야 해

인덱스 칼럼 제거해 줘

0 岱 ⊕   ⬆

[인덱스 칼럼이 제거된 최종 정리된 데이터를 다운로드 할 수 있습니다.

정리된_통합_데이터_인덱스제거.csv]

0 岱 ⊕   ⬆

데이터 전처리는 분석을 위한 필수적인 단계입니다. 여기서는 기온, 강수량, 매출 데이터를 하나의 데이터 세트로 통합하여 분석 준비를 완료했습니다. 이 데이터를 기반으로 기온 및 강수량이 매출에 미치는 영향을 탐구할 수 있습니다. 이를 통해 계절적 요인이 비즈니스에 어떤 영향을 주는지 이해하고, 효과적인 마케팅 및 운영 전략을 수립할 수 있습니다.

06 챗GPT를 이용한 상관분석

1 상관 분석 및 산점도

[실습] 챗GPT를 이용한 상관 분석

● 문제 : 기온 및 강수량과 판매량 사이에는 어떤 관계가 있을까?

  ▷ 신선식품과 강수량은 상관관계가 있을까? 신선식품과 기온과는 상관관계가 있을까?

❓ CVS_sales_weather_ad.csv
신선식품의 매출 증감률과 기온, 그리고 강수량과의 상관분석에 대한 가설검정을 해 줘

⊚ 신선식품(즉석, 신선 일부)의 매출 증감률과 기온의 상관계수는 약 0.305로, 이는 약한 양의 상관관계를 나타냅니다. 이는 기온이 상승할수록 신선식품 매출이 증가하는 경향이 있음을 시사합니다. 이제 이를 시각적으로 나타내기 위해 산점도를 그려보겠습니다.

신선식품(즉석, 신선 일부)의 매출 증감률과 강수량의 상관계수는 약 0.173으로, 이는 약한 양의 상관관계를 나타냅니다. 즉, 강수량이 증가할수록 신선식품 매출이 증가하는 경향이 약간 있음을 시사합니다. 이제 이를 시각적으로 나타내기 위해 산점도를 그려보겠습니다.

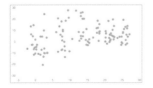

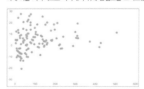

1) 상관 분석 및 상관 계수 해석

기온, 강수량, 매출 데이터를 하나의 데이터 세트으로 통합한 데이터를 기반으로 기온 및 강수량이 매출에 미치는 영향을 분석해 보겠습니다.

목표는 기온과 강수량이 신선식품 매출에 미치는 영향을 분석하는 것입니다. 구체적으로, 신선식품과 기온 및 강수량 사이에 상관관계가 있는지를 분석하고, 이를 시각적으로 표현하여 이해하는 것이 목적입니다.

사용한 데이터는 [정리된_통합_데이터_인덱스제거.csv] 파일로 기온, 강수량, 신선식품 매출 데이터가 포함되어 있습니다.

챗GPT를 활용하여 신선식품 매출과 기온, 강수량 간의 상관 계수를 계산했습니다.

- 신선식품 매출과 기온 : 상관 계수는 약 0.305로, 약한 양의 상관관계를 보입니다. 기온이 증가할수록 신선식품의 매출이 다소 증가하는 경향이 있습니다. 하지만 상관 계수가 높지 않기 때문에 강한 관계는 아닙니다.

- 신선식품 매출과 강수량 : 상관 계수는 약 0.173으로, 매우 약한 양의 상관관계를 나타냅니다. 강수량이 증가할 때 신선식품 매출도 약간 증가하는 경향이 있지만, 이 관계는 거의 무시할 수 있을 정도로 약합니다.

2) 산점도

산점도는 두 변수 간의 관계를 시각적으로 보여주는 강력한 도구입니다. 각 데이터 포인트가 좌표평면에 표시되어 두 변수 사이의 패턴을 한눈에 파악할 수 있습니다.

- 기온과 신선식품 매출 산점도 : 점들이 다소 오른쪽 위로 퍼지는 경향을 보이지만, 명확한 패턴은 아닙니다. 이는 기온이 매출에 약간의 영향을 미칠 수 있음을 시사합니다.

228

- 강수량과 신선식품 매출 산점도 : 점들이 거의 무작위로 흩어져 있어, 강수량이 신
선식품 매출에 미치는 영향이 매우 적거나 없다는 것을 보여줍니다.

3) 해석 및 시사점

- 기온과 신선식품 매출 : 약한 양의 상관관계가 있으므로, 마케팅 전략을 세울 때, 기
온 상승에 따른 매출 증가를 고려할 수 있습니다. 예를 들어, 더운 날씨에 적합한 신
선식품 프로모션을 진행할 수 있습니다.
- 강수량과 신선식품 매출 : 거의 상관관계가 없으므로 강수량을 마케팅이나 판매 전
략에 반영할 필요는 적어 보입니다.
- 시각화의 중요성 : 산점도를 통해 숫자만으로는 이해하기 어려운 데이터를 직관적
으로 분석할 수 있으며, 데이터 간의 관계를 명확히 파악할 수 있습니다.

2 상관 분석 및 가설 검정

[실습] 챗GPT를 이용한 상관 분석 및 가설 검정

- 문제 : 기온 및 강수량과 판매량 사이에는 어떤 관계가 있을까?
  - ▷ 신선식품과 강수량은 상관관계가 있을까? 신선식품과 기온과는 상관관계가 있을까?

- CVS_sales_weather_ad.csv
  신선식품의 매출 증감률과 기온, 그리고 강수량과의 상관분석에 대한 가설검정을 해 줘

신선식품 매출 증가율, 기온, 강수량 사이에는 어떤 관계가 있을까? 기온과 강수량이 신선식품 매출 증가율에 영향을 미칠까? 이를 검증하기 위해 상관 분석과 가설 검정을 수행합니다.

1) 가설 설정

신선식품 매출 증가율이 기온 및 강수량과 어떤 관계를 갖고 있는지를 수치상으로 검증합니다.

① 신선식품 매출 증가율과 기온 :

- 귀무 가설 : 신선식품 매출 증가율과 기온 사이에 상관관계가 없다.
- 대립 가설 : 신선식품 매출 증가율과 기온 사이에 상관관계가 있다.

② 신선식품 매출 증가율과 강수량 :

- 귀무 가설 : 신선식품 매출 증가율과 강수량 사이에 상관관계가 없다.
- 대립 가설 : 신선식품 매출 증가율과 강수량 사이에 상관관계가 있다.

2) 분석 결과

① 신선식품 매출 증가율과 기온 :

- 상관 계수 : 0.305(약한 양의 상관관계)
- p-value : 0.0007
- 해석 : p-value가 0.05보다 작으므로, 귀무 가설을 기각합니다. 따라서, 기온과 신선식품 매출 증가율 사이에는 통계적으로 유의한 상관관계가 존재한다고 결론지을 수 있습니다.

② 신선식품 매출 증가율과 강수량 :

- 상관 계수 : 0.173(매우 약한 양의 상관관계)
- p-value : 0.059
- 해석 : p-value가 0.05보다 크므로, 귀무 가설을 기각할 수 없습니다. 즉, 강수량

과 신선식품 매출 증가율 사이에는 통계적으로 유의한 상관관계가 없다고 할 수 있습니다.

3) 가설 검정 해석

① 신선식품 매출 증가율과 기온 :

- 기온이 증가할수록 신선식품 매출이 증가하는 경향이 있으며, 이 관계는 통계적으로 유의합니다. 따라서, 기온 상승을 고려한 마케팅 전략이 필요할 수 있습니다.

② 신선식품 매출 증가율과 강수량 :

- 강수량이 신선식품 매출에 미치는 영향은 통계적으로 유의하지 않습니다. 따라서 강수량은 마케팅 및 판매 전략에서 중요한 고려 사항이 아닐 수 있습니다.

4) 요약 및 시사점

기온과 매출은 유의미한 상관관계가 확인되었으므로, 기온 변화에 따른 판매 전략을 세울 수 있습니다.

강수량과 매출은 유의미한 상관관계가 없으므로 강수량은 매출 증가와 관련이 없을 가능성이 큽니다.

챗GPT와 같은 데이터 분석 도구는 통계적 검정을 자동으로 수행하고, 결과 해석까지 제공하여 빠르고 정확한 분석을 가능하게 합니다. 이러한 접근법을 통해 보다 정확한 데이터 기반의 의사 결정을 내릴 수 있게 됩니다.

③ 생활용품과 강수량 간의 상관관계

[실습] 챗GPT를 이용한 상관 분석 및 가설 검정

◎ 문제 : 기온 및 강수량과 판매량 사이에는 어떤 관계가 있을까?

▷ 생활용품과 강수량은 상관관계가 있을까?

❓ CVS_sales_weather_ad.csv
이 데이터에서 생활용품과 강수량과의 상관분석을 하고 산점도를 그리고 가설검정을 해 줘

⊚ 생활용품 매출 증감률과 강수량 간의 상관분석을 수행하고, 산점도를 그린 후, 가설검정을 수행하겠습니다.

가설 설정

• 귀무 가설(Ho) : 생활용품 매출 증감률과 강수량 사이에 상관관
계가 없다.(p = 0)

• 대립 가설(H) : 생활용품 매출 증감률과 강수량 사이에 상관관계
가 있다.(p≠0)

단계

1. 상관계수 계산

2. 산점도 시각화

3. 가설검정(상관계수의 유의성 검정)

먼저, 상관계수를 계산하겠습니다.

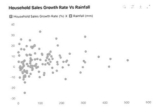

위 산점도는 생활용품 매출 증감률과 강수량 간의 관계를 나타내며, 상관계수는 약 0.13, p-value는 0.151로 표시되어 있습니다.

강수량이 생활용품 매출 증가율에 어떤 영향을 미칠까? 특히, 생활용품과 강수량 사이에 상관관계가 있는지 궁금합니다. 생활용품 매출 증가율과 강수량의 상관관계를 분석해 보겠습니다.

1) 가설 설정

• 귀무 가설 : 생활용품 매출 증가율과 강수량 사이에 상관관계가 없다.

• 대립 가설 : 생활용품 매출 증가율과 강수량 사이에 상관관계가 있다.

2) 분석 단계

① 상관 계수 계산 : 생활용품 매출 증가율과 강수량 간의 상관 계수를 계산합니다.

② 산점도 시각화 : 데이터를 시각적으로 표현하여 두 변수 간의 관계를 쉽게 이해합니다.

③ 가설 검정 : 상관 계수가 통계적으로 유의한지를 검정합니다.

3) 분석 결과

- 상관 계수 : 약 0.13으로, 생활용품 매출 증가율과 강수량 간에는 매우 약한 양의 상관관계가 있습니다.
- p-value : 0.151로, 일반적으로 사용되는 유의 수준 0.05보다 크기 때문에, 귀무 가설을 기각할 수 없습니다.

4) 가설 검정 해석

- p-value가 0.05보다 크므로, 귀무 가설을 기각하지 않습니다. 이는 생활용품 매출 증가율과 강수량 사이에 통계적으로 유의미한 상관관계가 없다는 것을 의미합니다.
- 상관 계수도 0.13으로 매우 약한 관계를 나타내므로, 강수량이 생활용품 매출 증가율에 실질적인 영향을 미친다고 보기는 어렵습니다.

5) 산점도

산점도를 통해 생활용품 매출 증가율과 강수량 간의 관계를 시각화합니다. 점들이 특정한 패턴 없이 흩어져 있어, 두 변수 사이의 관계가 명확하지 않음을 시사합니다.

강수량이 생활용품 매출에 미치는 영향은 거의 없으며, 다른 요인들이 생활용품 매출에 더 큰 영향을 미칠 가능성이 있습니다.

6) 요약 및 시사점

생활용품과 강수량 간의 관계는 통계적으로 유의미한 상관관계가 없으며, 강수량을 판매 전략에 크게 반영할 필요는 없을 것으로 보입니다.

챗GPT와 같은 도구를 활용하면 데이터 분석과 가설 검정을 빠르게 수행할 수 있으며, 복잡한 통계 개념을 쉽게 이해할 수 있습니다.

신선식품과 기온과의 상관관계를 분석하고 산점도를 그려줘

강수량과 매출 증감률 관계 분석해 줘

각 품목별 매출 증감률의 트렌드 분석해 줘

신선식품의 매출 증감률과 기온, 그리고 강수량과의 상관분석에 대한

가설검정을 해 줘

생활용품과 강수량과의 상관분석을 하고 산점도를 그리고 상관계수를

표시해 줘

생활용품과 강수량과의 상관분석에 대한 가설검정을 해 줘

정리하기

이번 장에서는 상관관계와 인과 관계의 차이를 이해하는 것부터 시작해, 데이터 분석 과정에서 중요한 개념을 설명했습니다. 산점도를 통해 두 변수 간의 관계를 시각적으로 확인하고, 상관 계수를 계산해서 관계의 강도를 파악했습니다. 예시로 기온, 강수량, 매출 데이터 분석을 수행해, 기온이 신선식품 매출에 유의한 영향을 미친다는 점과 강수량은 큰 영향이 없다는 결론을 도출했습니다. 가설 검정을 통해 통계적 유의성을 검토했고, 생활용품 매출과 강수량의 관계가 의미 없음을 확인했습니다. 챗GPT와 같은 도구를 사용해 데이터 전처리부터 분석, 시각화, 가설 검정까지 효율적으로 수행할 수 있습니다.

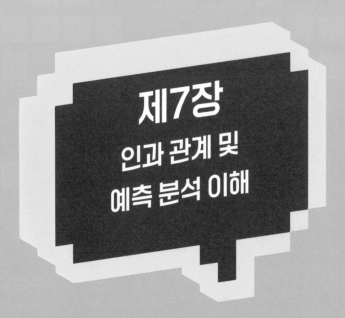

제7장

인과 관계 및
예측 분석 이해

생각해 볼 문제

1 어떤 종류의 광고비(TV, 구글, 소셜미디어 등)가 판매량에 더 많은 영향을 미쳤을까?

2 광고 캠페인의 효과를 분석하여 최적의 광고 예산을 결정하고 싶다.

3 마케팅 캠페인의 성과를 예측하고 캠페인 전략을 최적화하고 싶다.

4 고객 이탈을 사전에 예측하고 이를 방지하기 위한 전략을 수립하고 싶다.

01 회귀분석 이해

1 회귀분석

회귀분석

- 회귀분석(Regression Analysis)의 가장 넓은 의미는 독립 변수(x)로 종속 변수(y)를 예측하는 것

- 독립 변수와 종속 변수
  - ▷ 독립 변수 : 변수의 변화 원인이 모형 밖에 있는 변수
  - ▷ 종속 변수 : 변수의 변화 원인이 모형 안에 있을 변수
  - ▷ 예) 식사량이 많아지면 체중도 증가하고, 식사량이 감소하면 체중도 감소면 체중은 식사량에 종속되었다고 할 수 있다. 그래서 식사량은 독립 변수, 체중은 종속 변수가 된다.

- 혼입 변수(confounding variable) : 모형에 포함되지 않았지만 종속 변수에 영향을 미치는 변수

- 선형 회귀분석 : 독립 변수와 종속 변수 사이에 직선적인 형태의 관계가 있다고 가정할 때, 직선적인 형태란 독립 변수가 일정하게 증가하면, 종속 변수도 그에 비례해서 증가하거나 또는 감소하는 형태

- 회귀분석의 결과로 알 수 있는 것
  - 결정계수(R-squared, 모형 적합도 혹은 설명력) : 모형이 데이터에 얼마나 잘 맞는가?
  - 회귀계수(regression coefficient, 영향력) : 독립 변수의 변화가 종속 변수를 얼마나 변화시키는가?

회귀분석(Regression Analysis)은 데이터 분석에서 매우 중요한 기법으로, 독립 변수(X)를 활용해 종속 변수(Y)를 예측하는 모델입니다. 쉽게 말해, 원인(독립 변수)과 결과(종속 변수)의 관계를 분석하여, 한 변수의 변화가 다른 변수에 어떤 영향을 미치는지를 설명하는 과정입니다.

1) 독립 변수와 종속 변수

- 독립 변수 : 변화의 원인이 모델 밖에 존재하는 변수입니다. 예를 들어, 식사량이 독립 변수 일 수 있습니다.
- 종속 변수 : 변화의 원인이 모델 내에 존재하는 변수로, 독립 변수에 의존하여 변화합니다. 위의 예시에서는 체중이 종속 변수가 됩니다.

예를 들어, 식사량이 많아지면 체중이 증가하고, 식사량이 줄어들면 체중이 감소하는 경우를 들 수 있습니다. 이때, 식사량이 체중에 영향을 준다고 판단하기 위해 통계 분석을 통해 검정하는 것이 중요합니다.

2) 혼입 변수

혼입 변수(Confounding Variable)는 모델에 직접 포함되지 않았지만, 종속 변수에 영향을 미치는 변수입니다. 교란 변수라고도 합니다. 예를 들어, 식사량 외에도 수면시간이 체중에 영향을 줄 수 있습니다. 혼입 변수를 통제하지 않으면 분석 결과가 왜곡될 수 있습니다. 따라서 분석 시 혼입 변수를 잘 관리하는 것이 중요합니다.

② 선형 회귀분석

선형 회귀(Linear Regression)는 독립 변수와 종속 변수 간의 관계가 직선 형태라고 가정하는 분석 방법입니다. 즉, 독립 변수가 일정하게 증가할 때, 종속 변수도 비례하여 증가하거나 감소한다고 보는 것입니다. 이 관계를 통해 독립 변수의 변화가 종속 변수에 미치는 영향을 수학적으로 모델링할 수 있습니다.

③ 회귀분석의 결과로 알 수 있는 것

- 결정계수(R-squared, R^2) : 모형이 데이터에 얼마나 잘 맞는지를 설명하는 지표입니다. 결정계수는 0에서 1 사이의 값을 가지며, 1에 가까울수록 모형의 설명력이 높습니다. 예를 들어, 결정계수가 0.7이면 해당 모형이 70%의 설명력을 가진다는 의미입니다.
- 회귀계수(Regression Coefficient) : 독립 변수가 종속 변수에 미치는 영향력을 나타냅니다. 이 값이 클수록 독립 변수의 변화가 종속 변수에 큰 영향을 미친다는 것을 의미합니다. 예를 들어, 식사량의 변화가 체중에 얼마나 큰 영향을 미치는지를 회귀계수를 통해 알 수 있습니다.

회귀분석은 데이터 내 변수 간의 관계를 이해하고, 독립 변수를 통해 종속 변수를 예측하는 데 사용됩니다. 분석 시 혼입 변수의 영향을 잘 관리해야 합니다. 결정계수와 회귀계수를 통해 모형의 적합도와 변수의 영향력을 평가합니다.

02 회귀분석 방법과 회귀 모델

회귀분석

◉ 상관관계의 연관성과 인과모형의 인과성을 종합한 개념

◉ 단순 회귀분석 : 계량적 종속 변수와 하나의 독립 변수 간의 인과적 관련성 분석

◉ 다중 회귀분석 : 계량적 종속 변수와 둘 이상의 독립 변수 간의 인과적 관련성 분석

❖ 단순 회귀모델

▷ $Y = \beta_0 + \beta_1 X_1 + \varepsilon$

▷ Y : 종속 변수 혹은 판단 변수

▷ X : 독립 변수 혹은 예측 변수

▷ β_0 : 상수

▷ β_1 : 선의 기울기(회귀계수)

▷ ε : 잔차

❖ 다중 회귀모델

$Y = \beta_0 + \beta_1 X_1 + \beta_2 X_2 + \beta_3 X_3 + ... + \beta_k X_k + \varepsilon$

위의 식에서 β_1을 회귀계수라고 한다.

독립 변수 X가 1 증가할 때마다 종속 변수 Y는 β_1만큼 증가한다.

위의 식에서 독립 변수 $X = 0$이면 $Y = \beta_0$ 가 된다. 이를 절편(intercept)이라고 한다.

회귀분석은 변수들 간의 상관관계와 인과관계를 분석하는 통계 기법입니다. 이 분석 기법은 크게 단순 회귀분석(Simple Regression Analysis)과 다중 회귀분석(Multiple Regression Analysis)으로 나눌 수 있습니다. 각각의 모델은 독립 변수와 종속 변수의 수에 따라 다릅니다.

1 단순 회귀분석

단 하나의 독립 변수와 종속 변수 간의 관계를 분석합니다.

$$Y = \beta_0 + \beta_1 X_1 + \varepsilon$$

- Y : 종속 변수 또는 결과 변수입니다.
- X_1 : 독립 변수 또는 예측 변수입니다.
- β_0 (절편) : X가 0일 때 Y의 값입니다. 즉, 독립 변수의 영향 없이 기본적으로 종속 변수가 갖는 값입니다.
- β_1 (회귀계수) : 독립 변수 X_1이 1만큼 증가할 때 종속 변수 Y가 얼마나 증가하는지를 나타내는 계수입니다.
- ε (잔차) : 모델이 설명하지 못하는 부분으로, 실제값과 예측값 간의 차이를 의미합니다.

단순 회귀모델에서는 하나의 원인(독립 변수)이 결과(종속 변수)에 어떻게 영향을 미치는지를 확인할 수 있습니다. 예를 들어, 광고비(X_1)가 매출(Y)에 미치는 영향을 분석할 때 사용됩니다. 광고비가 1단위 증가하면 매출이 β_1만큼 증가할 것으로 예측합니다.

둘 이상의 독립 변수와 종속 변수 간의 관계를 분석합니다.

$$Y = \beta_0 + \beta_1X_1 + \beta_2X_2 + \beta_3X_3 + \ldots + \beta_kX_k + \varepsilon$$

- β_0(절편) : X_1, X_2, $\cdots$, X_k가 모두 0일 때 Y의 값입니다.
- β_1, β_2, $\cdots$, β_k(회귀계수들) : 각 독립 변수가 종속 변수에 미치는 영향력입니다.
  예를 들어, β_1은 X_1이 1만큼 증가할 때 Y가 얼마나 증가하는지를 나타냅니다.
- X_1, X_2, $\cdots$, X_k : 여러 개의 독립 변수입니다.

다중 회귀모델은 종속 변수에 영향을 미치는 여러 요인을 동시에 분석할 수 있습니다. 예를 들어, 매출(Y)에 영향을 미치는 요인으로 광고비(X_1), 신제품 출시(X_2), 고객만족도(X_3) 등을 고려할 수 있습니다. 각각의 독립 변수가 매출에 어떤 영향을 미치는지를 동시에 분석할 수 있습니다.

3 회귀모델의 의미

- 회귀계수(β_1, β_2, ..., β_k) : 독립 변수가 종속 변수에 미치는 영향력입니다. 독립 변수가 1 단위 증가할 때 종속 변수가 얼마나 변하는지를 설명합니다.
- 절편(β_0) : 독립 변수가 모두 0일 때 종속 변수가 기본적으로 갖는 값입니다. 쉽게 말해, 아무런 변화나 외부 영향이 없을 때 종속 변수의 시작점이라고 볼 수 있습니다.

4 예제를 통한 직관적 이해

1) 단순 회귀모델

광고비가 매출에 미치는 영향을 분석하는 경우, 광고비가 0일 때의 매출이 절편(β_0)이고, 광고비가 증가함에 따라 매출이 얼마나 증가하는지는 회귀계수(β_1)로 설명됩니다.

2) 다중 회귀모델

매출에 영향을 미치는 여러 요소가 있을 때, 각각의 요소가 매출에 미치는 영향력을 다중 회귀분석을 통해 분석할 수 있습니다. 광고비, 신제품 출시, 고객만족도 등 여러 변수를 한꺼번에 고려하여 보다 정확한 분석이 가능합니다.

회귀분석을 통해 우리는 단순히 두 변수 간의 관계뿐 아니라 여러 변수들의 복합적인 관계도 분석할 수 있어, 데이터에 기반한 예측과 의사결정을 보다 효율적으로 할 수 있습니다.

03 사례연구 : 매장 면적과 매출 총이익 간의 인과 관계

[사례] 매장 면적과 매출 총이익 간의 인과 관계

- 문제 : 어느 매장의 특성상 각 브랜드 별 매장의 규모가 중요하다. 각 브랜드 별 매장의 면적과 매출총이익에는 상관이 있을까? 아울러 매장 면적이 매출총이익에 영향을 미칠까?

  ▷ 엑셀에서 데이터/데이터분석/회귀분석

▼ 회귀분석 결과

회귀분석 통계량	
다중 상관계수	0.7936
결정 계수	0.6298
조정된 결정계수	0.6243
표준 오차	0.1672
관측수	70.0000

분산 분석

	자유도	제곱합	제곱 평균	F 비	유의한 F
회귀	1.0000	3.2318	3.2318	115.6657	0.0000
잔차	68.0000	1.9000	0.0279		
계	69.0000	5.1318			

	계수	표준 오차	t 통계량	P-값	하위 95%	상위 95%	하위 95.0%	상위 95.0%
Y 절편	-0.1202	0.0202	-5.9604	0.0000	-0.1604	-0.0799	-0.1604	-0.0799
X 1	0.2756	0.0256	10.7548	0.0000	0.2245	0.3268	0.2245	0.3268

▼ 매장 면적당 매출총이익 포트폴리오

예를 들어, 특정 브랜드의 매장 면적이 매출총이익에 어떤 영향을 미치는지를 분석해 보겠습니다. 매장 면적이 클수록 매출총이익도 커질까? 이 질문에 답하기 위해, 매장별 데이터(면적 및 매출총이익)를 수집하고 회귀분석을 실시했습니다. 분석 대상 매장은 국내 어느 공항의 면세품 매장으로 80여 개의 입점 브랜드가 있습니다.

특정 브랜드의 매장은 면적에 따라 다양한 매출총이익을 기록합니다. 따라서, 각 브랜드의 매장 면적이 매출총이익에 미치는 영향을 알아보고자 했습니다.

매장 면적(X)이 커질수록 매출총이익(Y)도 증가할 것이라는 대립 가설을 세우고 이를 검증했습니다.

② 회귀분석 결과 해석

1) 결정계수 (R^2)

- 결정계수 (R^2) 값 : 0.629
- 이 값은 회귀 모형의 적합도를 나타내며, 약 62.9%의 설명력을 갖고 있습니다. 즉, 매장 면적이라는 독립 변수가 매출총이익을 설명하는 데 있어 약 62.9%의 설명력을 가진다는 의미입니다. 나머지 37.1%는 다른 변수들에 의해 설명될 수 있습니다.
- 설명력이 비교적 높은 편이므로, 매장 면적이 매출총이익에 유의미한 영향을 미친다고 판단할 수 있습니다.

2) 유의확률 (p-value)

- p-값 : 0.000
- 유의수준 0.05보다 훨씬 작은 값입니다. 따라서 통계적으로 매우 유의미하다고 볼 수 있으며, 대립 가설을 채택합니다. 즉, 매장 면적이 매출총이익에 영향을 미친다는 가설이 유효합니다.

3) 절편(β₀)

- 절편(β₀) : −0.1202
- X(매장 면적)가 0일 때, Y(매출총이익)는 −0.1202가 됩니다. 현실적으로 해석할 때, 이 값은 기본적인 영향 요소를 나타내지만, 실질적인 비즈니스 맥락에서 큰 의미는 없습니다.

4) 회귀계수(β₁)

- 회귀계수(β₁) : 0.2756
- 매장 면적(X)이 1 단위 증가할 때마다 매출총이익(Y)이 0.2756만큼 증가합니다. 즉, 면적이 클수록 매출총이익이 증가하는 양의 관계를 보여줍니다.

5) 산점도와 회귀선

- 산점도 : 데이터가 대체로 회귀선을 중심으로 퍼져 있으며, 면적이 큰 매장이 매출총이익도 높은 경향이 있습니다. 회귀선의 기울기(0.2756)가 양수이므로, 면적과 매출총이익 사이에 긍정적인 상관관계가 있다고 해석할 수 있습니다.
- $R^2 = 0.629$: 이 회귀선이 약 63%의 설명력을 갖고 있어, 면적이 증가할 때 매출총이익도 증가하는 경향을 시각적으로 확인할 수 있습니다.

3 의사결정 활용

- 효율적인 매장 운영 : 매장 면적이 작고 매출이 낮은 브랜드는 효율성이 떨어진다고 판단할 수 있습니다. 이러한 매장들을 철수시키거나, 공간 활용을 재고할 수 있습니다.
- 확장 전략 : 매장 면적이 크고 매출이 높은 브랜드를 더욱 확장하거나, 추가적인 공간을 제공하는 전략을 고려할 수 있습니다.

4 결론 및 시사점

회귀분석을 통해 매장 면적과 매출총이익 간에 양의 관계가 있음을 확인했습니다. 결정계수가 높고, 통계적으로 유의미한 결과를 얻었으므로, 매장 면적이 매출에 상당한 영향을 미친다는 점을 명확히 알 수 있습니다. 이러한 분석은 보다 전략적인 매장 운영 및 공간 활용에 대한 인사이트를 제공합니다.

1 탐색적 데이터 분석

[실습] 챗GPT를 이용한 회귀분석

문제 : 어떤 종류의 광고비(TV, 구글, 소셜미디어 등)가 판매량에 더 많은 영향을 미쳤을까?

Advertising_Data.csv
이 데이터를 탐색해 줘
광고비와 제품 판매량 간의 그래프 그려줘.
상관계수를 계산해 줘

[실습용 데이터 설명]

Product Advertising Data

Advertising Costs and Sales Data : Analyzing Marketing
Effectiveness

· 다양한 플랫폼별 광고비(TV, 빌보드 등)

· 'Product_Sold'는 판매된 해당 단위 수

각 광고비 항목과 제품 판매량 간의 상관계수는 다음과 같습니다.

· TV 광고비와 제품 판매량 : 0.374
· Billboards 광고비와 제품 판매량 : 0.481
· Google_Ads 광고비와 제품 판매량 : 0.204
· Social_Media 광고비와 제품 판매량 : 0.401
· Influencer_Marketing 광고비와 제품 판매량 : 0.141
· Affiliate_Marketing 광고비와 제품 판매량 : 0.612

상관계수가 1에 가까울수록 두 변수 간의 관계가 강하다는 것을
의미합니다. 이 결과로 볼 때, 제휴 마케팅(Affiliate Marketing)
광고비가 제품 판매량과 가장 강한 상관관계를 가지는 것으로 나
타났습니다.

어떤 광고비(예 : TV, 구글, 소셜미디어 등)가 제품 판매량에 더 큰 영향을 미
치는지를 분석해 보겠습니다. 이를 위해 Kaggle에서 제공하는 Advertising_
Data.csv파일을 사용하여 광고비와 제품 판매량 간의 관계를 탐색해 보겠습
니다.

1) 분석 데이터 개요

- 데이터 구성 : 여러 광고 채널(예:TV 광고, 빌보드 광고, Google Ads, 소셜미디어 광고 등)에 지출된 비용과 각 광고의 효과를 측정한 제품 판매량이 포함된 데이터입니다.(www.kaggle.com)
- 종속 변수 : Product_Sold(제품 판매량)
- 독립 변수 : 광고비 항목들(TV 광고비, 빌보드 광고비 등)

2) 데이터 탐색 및 산점도 분석

광고비와 판매량 간의 산점도를 그려보았습니다.

- TV 광고비 : 판매량과 비교적 약한 양의 상관관계를 보이며, 데이터가 다소 퍼져 있습니다.
- 빌보드 광고비 : 판매량과 비교적 강한 양의 상관관계를 보입니다.
- Google Ads : 판매량과의 상관관계가 거의 없는 것으로 나타났습니다.
- 소셜미디어 광고비 : 판매량과 약한 양의 상관관계를 보입니다.
- 제휴 마케팅 : 판매량과 가장 강한 양의 상관관계를 나타냅니다.

이러한 시각적 분석만으로는 광고비와 판매량 간의 관계가 명확하지 않기 때문에, 상관계수를 계산하여 구체적인 수치를 확인해야 합니다.

3) 상관계수 계산

상관계수는 두 변수 간의 선형 관계의 강도를 나타냅니다. 값이 1에 가까울수록 강한 양의 상관관계, −1에 가까울수록 강한 음의 상관관계, 0에 가까울수록 상관관계가 거의 없음을 의미합니다.

다음은 판매량과 각 광고비에 대한 상관계수입니다.

- TV 광고비 : 0.374(약한 양의 상관관계)
- 빌보드 광고비 : 0.481(중간 정도의 양의 상관관계)
- Google Ads : 0.204(매우 약한 양의 상관관계)
- 소셜미디어 광고비 : 0.401(약한 양의 상관관계)
- Influencer Marketing : 0.141(매우 약한 양의 상관관계)
- Affiliate Marketing : 0.612(강한 양의 상관관계)

분석 결과를 정리하면,
- 가장 강한 상관관계 : 제휴 마케팅(Affiliate Marketing)과 제품 판매량의 상관계수는 0.612로, 다른 광고 채널에 비해 가장 높은 상관관계를 보였습니다.
- 중간 정도의 상관관계 : 빌보드 광고비와 판매량의 상관계수는 0.481로, 제휴 마케팅 다음으로 높은 상관관계를 보였습니다.
- 매우 약한 상관관계 : 인플루언서 마케팅(Influencer Marketing)은 판매량과의 상관계수가 0.141로, 거의 영향이 없는 것으로 나타났습니다.

4) 해석 및 적용

제휴 마케팅이 제품 판매에 가장 큰 영향을 미친다는 점을 발견했으며, 이를 통해 마케팅 전략을 구체화할 수 있습니다. 따라서 제휴 마케팅에 대한 투자를 늘리면 더 높은 판매 효과를 기대할 수 있습니다(전략적 제안).

빌보드 광고도 비교적 효과적인 마케팅 채널로 나타났습니다. 인플루언서 마케팅은 효과가 미미하므로, 효율성을 고려해 광고비를 조정할 필요가 있습니다.

○ 문제 : 어떤 종류의 광고비(TV, 구글, 소셜미디어 등)가 판매량에 더 많은 영향을 미쳤을까?

❓ Advertising_Data.csv
다른 상관관계 분석을 해줄 수 있나요?
히트맵으로 상관관계를 시각화해 줘

⚙ 다른 상관관계를 분석하기 위해 전체 상관행렬을 확인하거나,
특정 변수 간의 상관관계를 시각화할 수 있습니다.
전체 상관행렬을 먼저 보여드리겠습니다.
전체 상관행렬을 보여드린 후, 특정 상관관계를 시각화하고 싶다
면 말씀해 주세요.
전체 상관행렬을 계산해 보겠습니다.

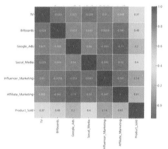

위 히트맵은 각 변수 간의 상관관계를 시각적으로 보여줍니다. 색
상이 진할수록 상관관계가 강함을 나타냅니다. 히트맵을 통해 어
떤 광고비 항목이 제품 판매량과 더 강한 상관관계를 가지는지 쉽
게 확인할 수 있습니다.

어떤 광고비(예 : TV, 구글, 소셜미디어 등)가 제품 판매량에 더 많은 영향을
미치는지를 탐색하는 과정에서 상관관계 분석과 히트맵(Heatmap)을 활용할
수 있습니다. 데이터를 구체적으로 탐색하고, 변수 간의 관계를 직관적으로
이해하기 위해 히트맵을 생성했습니다.

1) 상관행렬

각 변수 간의 상관계수를 계산하여 행렬 형태로 나타냈습니다. 이를 통해
모든 변수 간의 관계를 수치상으로 확인할 수 있었습니다.

상관계수를 해석하면 다음과 같습니다.

· TV 광고비와 판매량 : 상관계수는 0.374로, 약한 양의 상관관계를 나타냅니다.

- 빌보드 광고비와 판매량 : 상관계수는 0.481로, 중간 정도의 양의 상관관계를 보입니다.
- Google Ads와 판매량 : 상관계수는 0.204로, 매우 약한 양의 상관관계를 나타냅니다.
- 소셜미디어 광고비와 판매량 : 상관계수는 0.401로, 약한 양의 상관관계를 나타냅니다.
- 인플루언서 마케팅과 판매량 : 상관계수는 0.141로, 상관관계가 거의 없습니다.
- 제휴 마케팅과 판매량 : 상관계수는 0.612로, 강한 양의 상관관계를 나타냅니다.

2) 히트맵 시각화

히트맵은 상관계수를 시각적으로 표현하는 방법입니다. 색상으로 상관관계의 강도를 나타내며, 진한 색상일수록 상관관계가 강함을 의미합니다.

히트맵을 통해 쉽게 관찰할 수 있는데 정리하면 다음과 같습니다.

제휴 마케팅과 제품 판매량 간의 상관계수가 가장 높아(0.612), 판매에 큰 영향을 미친다는 점이 시각적으로도 확인되었습니다.

Google Ads는 판매량과의 상관계수가 낮아, 마케팅 효율성이 떨어지는 것으로 보입니다.

히트맵에서 대각선을 따라 나타나는 값은 자기 상관(자기 자신과의 상관관계)으로, 항상 1입니다. 따라서 대각선을 제외한 부분을 분석하면 됩니다.

3) 의미와 해석

제휴 마케팅이 다른 광고비 항목에 비해 제품 판매에 가장 큰 영향을 미치는 것으로 나타났습니다. 이는 마케팅 전략을 수립할 때 제휴 마케팅에 더 많은 자원을 투자하는 것이 효과적일 수 있음을 시사합니다.

Google Ads와 같은 항목은 효율이 낮으므로, 광고비의 배분을 재고할 필요가 있습니다.

상관 분석은 변수 간의 관계를 이해하는 데 유용하지만, 인과 관계를 확인하는 것은 아닙니다. 따라서 추가적인 분석이 필요할 수 있습니다.

4) 실제 데이터 활용 팁

분석을 시작할 때, 데이터의 성격(수치형 데이터 여부 등)을 잘 이해하는 것이 중요합니다. 회귀분석과 상관 분석은 모두 수치형 데이터를 요구합니다.

히트맵은 다양한 변수 간의 관계를 한눈에 파악하는 데 매우 유용한 도구입니다. 특히, 데이터가 많을 때 중요한 관계를 직관적으로 확인할 수 있습니다.

상관 분석과 히트맵을 활용하면 데이터 기반의 마케팅 전략을 수립하는 데 필요한 인사이트를 얻을 수 있었습니다. 이를 활용해 보다 효율적인 광고비 지출 전략을 계획할 수 있습니다.

❸ 다중 회귀분석 및 가설 검정

[실습] 챗GPT를 이용한 회귀분석

◎ 문제 : 어떤 종류의 광고비(TV, 구글, 소셜미디어 등)가 판매량에 더 많은 영향을 미쳤을까?

❷ Advertising_Data.csv
판매량에 영향을 미치는 다중회귀분석을 실시하고 가설검정을 실시하고 그 의미를 해석해 줘
각 독립 변수의 회귀계수, 표준 오차, t–값, p–값 및 신뢰 구간을 테이블로 보여줘

🅖 다중 회귀분석 결과를 해석해 보겠습니다. 모델 요약은 다음과 같습니다.

• 종속 변수(목표 변수) : 'ProductBold'

• 독립 변수 : 'TV' 'Billboards', 'Google_Ads', 'social_Media',
'Influencer_Marketing', 'Affiliate Marketing'

• R–제곱값(R-squared) : 1,000(모델이 데이터의 100%를 실행함)

• 조정된 R–제곱(Adjusted R-squared) : 1,000

• F–통계량(F-statistic) : 134706

　　　　　　　　(매우 높은 모델이 유의미함을 나타냄)

• Prob(F-statistic) : 0.000

　　　　　　　　(F–통계량의 p–값, 모델이 유의미함을 나타냄)

각 독립 변수의 회귀계수 표준오차, p값 및 신뢰구간은 다음과 같습니다.

가설검정 해석

• 귀무 가설(HO) : 각 독립 변수의 계수는 0이다(즉, 해당 독립
　　　　　　변수는 종속 변수에 영향을 미치지 않는다).

• 대립 가설(H₁) : 각 독립 변수의 계수는 00이 아니다
　　　　　　　　　(즉, 해당 독립 변수는 종속 변수에 영향을 미친
　　　　　　　　　다).

각 변수의 p–값(P⟩t)이 0.05보다 작기 때문에, 귀무 가설을 기각
할 수 있습니다. 이는 모든 독립 변수가 제품 판매량에 유의미한
영향을 미친다는 것을 의미합니다.

특히, Affiliate_Marketing(제휴 마케팅)이 가장 큰 영향을 미치며,
회귀 계수가 3.9989로 나타났습니다. 이는 제휴 마케팅에 1단위
의 비용을 추가할 때마다 제품 판매량이 약 4단위 증가함을 의
미합니다.

이 분석을 통해 각 광고비 항목이 제품 판매량에 미치는 영향을
파악할 수 있었으며, 이를 바탕으로 광고비 할당 전략을 최적화할
수 있습니다. 추가 분석이나 다른 질문이 있으면 말씀해 주세요.

	변수	계수 (coef)	표준 오차 (std err)	t–값 (t)	p–값 (P⟩t)	95% 신뢰
1	const	상수항 (const)	0.088695234743227 05	2.72256443553536 53	0.0325778275757519 4796	0.97403334323438 669	-5.28956824
2	TV	TV 광고비	2.00111048063071 54	0.00209166244447 44789	956.70873694552 79	0.0	1.996993892
3	Billboards	Billboards 광고비	2.99803679096653 294	0.00217967738727 42734	1375.4865644009 912	0.0	2.993749797
4	Google_Ads	Google_Ads 광고비	1.49974349039812 535	0.00212779032289 05638	704.83612064944 33	0.0	1.495555511
5	Social_Media	Social_Media 광고비	2.5002210872063 73	0.00219546469862 08808	1138.71899789117 4	0.0	2.495700 3
6	Influencer_Marketing	Influencer_Marketing	1.19984440679230 953	0.00208711533145 56006	574.87107418763 5	0.0	1.19573637 1
7	Affiliate_Marketing	Affiliate_Marketing	3.99891560919683 69	0.00216866904871 49833	1827.08160572943 97	0.0	3.994606 99

　광고비 항목들이 제품 판매량에 미치는 영향을 분석하기 위해 다중 회귀
분석과 가설 검정을 수행해 보겠습니다. 여러 광고비 항목을 독립 변수로 설
정하고, 제품 판매량을 종속 변수로 사용하여 모델을 구성했습니다.

1) 분석 개요

TV 광고, 빌보드 광고, Google Ads, 소셜미디어, 인플루언서 마케팅, 제휴 마케팅 등 여러 광고비 항목이 제품 판매량에 미치는 영향을 동시에 분석하고 통계적으로 유의미한지를 파악하고자 합니다.

먼저 가설 설정을 합니다.

- 귀무 가설(H₀) : 각 독립 변수의 회귀 계수는 0이다. 즉, 해당 독립 변수는 종속 변수(제품 판매량)에 유의미한 영향을 미치지 않는다.
- 대립 가설(H₁) : 각 독립 변수의 회귀 계수는 0이 아니다. 즉, 해당 독립 변수는 종속 변수에 유의미한 영향을 미친다.

2) 용어 정리

- 회귀 계수(Coefficient) : 각 독립 변수가 제품 판매량에 미치는 영향의 크기입니다.
- 표준 오차(Standard Error) : 회귀 계수의 표본 오차를 나타내며, 계수 추정의 불확실성을 측정합니다.
- t-값(t-Statistic) : 회귀 계수의 유의성을 검정하기 위한 값입니다.
- p-값(p-Value) : 회귀 계수가 0이라는 귀무 가설을 기각할 수 있는지를 판단합니다. p-값이 0.05보다 작으면 통계적으로 유의미하다고 판단합니다.
- 신뢰 구간(Confidence Interval) : 회귀 계수가 포함될 수 있는 값의 범위를 95%의 신뢰 수준에서 제시합니다.

3) 모델 적합도

- 모델 적합도(R-squared) : 1.000
- 이 값은 모델이 데이터를 100% 설명할 수 있다는 것을 의미합니다. 하지만 너무 높은 적합도는 과적합(Overfitting)을 의심해 볼 필요가 있습니다.

3) p-값

- 모든 독립 변수의 p-값 : 0.0
- p-값 : 모든 독립 변수의 p-값이 0.05보다 작아, 각 독립 변수가 제품 판매량에 유의미한 영향을 미친다는 것을 나타냅니다.

4) 회귀 계수 분석

- TV 광고비 : 회귀 계수는 2.011로, TV 광고비가 1단위 증가할 때 제품 판매량이 약 2.011단위 증가합니다.
- 빌보드 광고비 : 회귀 계수는 2.9989로, 빌보드 광고비가 1단위 증가할 때 제품 판매량이 약 3단위 증가합니다.
- Google Ads : 회귀 계수는 1.499로, Google 광고비가 1단위 증가할 때 제품 판매량이 약 1.5단위 증가합니다.
- 소셜미디어 광고비 : 회귀 계수는 2.500으로, 소셜미디어 광고비가 1단위 증가할 때 제품 판매량이 약 2.5단위 증가합니다.
- 인플루언서 마케팅 : 회귀 계수는 1.998로, 인플루언서 마케팅 비용이 1단위 증가할 때 제품 판매량이 약 2단위 증가합니다.
- 제휴 마케팅(Affiliate Marketing) : 회귀 계수는 3.999로, 제휴 마케팅 비용이 1단위 증가할 때 제품 판매량이 약 4단위 증가합니다. 가장 높은 회귀 계수로, 제품 판매량에 가장 큰 영향을 미칩니다.

5) 결론 및 의미

- 가설 검증 결과 : 모든 독립 변수가 통계적으로 유의미하므로, 광고비 항목들이 제품 판매량에 영향을 미친다는 결론을 내릴 수 있습니다.
- 제휴 마케팅은 회귀 계수가 가장 높아, 제품 판매에 가장 큰 영향을 미칩니다. 따라서 마케팅 전략을 세울 때 제휴 마케팅에 집중하는 것이 효과적일 수 있습니다.
- R-squared 값이 1.000으로 나타난 점은 실제 비즈니스 환경에서는 매우 드문 경우이므로, 데이터 과적합 가능성을 고려해 추가 분석이 필요합니다.

6) 추가 고려 사항

- 모형 평가 : R-squared가 1.000인 경우, 모델이 과적합 되었을 가능성이 높습니다. 과적합은 모델이 학습 데이터에는 완벽하게 맞지만, 새로운 데이터에 대한 예측력이 떨어지는 문제입니다. 이를 방지하기 위해 데이터의 분할(훈련용 데이터와 검증용 데이터) 또는 교차 검증 기법을 사용할 수 있습니다.
- 비즈니스 의사결정 : 분석 결과를 바탕으로 광고비의 효율적인 배분을 고려할 수 있습니다. 예를 들어, 제휴 마케팅에 더 많은 예산을 배정하는 것이 효과적일 수 있습니다.

이렇게 다중 회귀분석을 통해 각 광고비 항목이 제품 판매량에 미치는 영향을 분석하고, 보다 전략적인 마케팅 결정을 내릴 수 있습니다.

05 챗GPT를 이용한 판매 예측 모델

[실습] 챗GPT를 이용한 회귀분석

◎ 문제 : 어떤 종류의 광고비(TV, 구글, 소셜미디어 등)가 판매량에 더 많은 영향을 미쳤을까?

❓ Advertising_Data.csv
회귀식을 알려주고 그래프로 보여줘

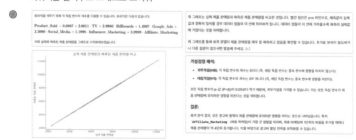

다중 회귀분석을 통해 어떤 광고비(예 : TV, 구글, 소셜미디어 등)가 제품 판매량에 더 많은 영향을 미치는지를 분석하고, 회귀식을 도출한 후 예측 모델을 구성해 보겠습니다.

■ 회귀분석과 회귀 모델

1) 회귀식 도출

챗GPT를 통해 각 독립 변수의 회귀 계수를 이용하여 회귀식을 생성했습니다.

Product_Sold=0.0887+2.0011·TV+2.9980·Billboards+1.4997·Google_Ads+2.5000·Social_Media+1.1998·Influencer_Marketing+3.9989·Affiliate_Marketing

- 상수(Intercept) : 0.0887
- TV 광고비 : 2.0011
- 빌보드 광고비 : 2.9980
- Google Ads : 1.4997
- 소셜미디어 광고비 : 2.5000
- 인플루언서 마케팅 : 1.1998
- 제휴 마케팅 : 3.9989

2) 회귀식 해석

- TV 광고비 : TV 광고비가 1단위 증가할 때 제품 판매량이 2.0011단위 증가합니다.
- 빌보드 광고비 : 빌보드 광고비가 1단위 증가할 때 제품 판매량이 2.9980단위 증가합니다.
- Google Ads : Google Ads 비용이 1단위 증가할 때 제품 판매량이 1.4997단위 증가합니다.
- 소셜미디어 광고비 : 소셜미디어 광고비가 1단위 증가할 때 제품 판매량이 2.5000단위 증가합니다.

- 인플루언서 마케팅 : 인플루언서 마케팅 비용이 1단위 증가할 때 제품 판매량이 1.1998단위 증가합니다.
- 제휴 마케팅 : 제휴 마케팅 비용이 1단위 증가할 때 제품 판매량이 3.9989단위 증가합니다. 가장 큰 영향력을 갖는 변수입니다.

2 가설 검정 해석

- 귀무 가설(H₀) : 각 독립 변수의 회귀 계수는 0이다. 즉, 해당 독립 변수는 종속 변수(제품 판매량)에 유의미한 영향을 미치지 않는다.
- 대립 가설(H₁) : 각 독립 변수의 회귀 계수는 0이 아니다. 즉, 해당 독립 변수는 종속 변수에 유의미한 영향을 미친다.
- 결과 : 모든 독립 변수의 p-값이 0.05보다 작기 때문에 귀무 가설을 기각합니다. 이는 모든 독립 변수가 제품 판매량에 유의미한 영향을 미친다는 것을 의미합니다.

3 회귀 모델 및 시각화

- 그래프 해석 : 실제 제품 판매량과 예측된 제품 판매량을 비교한 그래프를 생성했습니다.
- 빨간 점선은 라인으로, 예측값이 실제값과 일치할 때 데이터점들이 이 선 위에 위치하게 됩니다.
- 그래프에서 데이터점들이 이 선에 가까울수록, 예측값이 실제값에 근접한다는 것을 의미합니다.
- 결과적으로, 회귀 모델이 제품 판매량을 매우 잘 예측함을 확인할 수 있습니다. 다만, 추가적인 분석이 필요할 수도 있습니다.

4 결론 및 비즈니스 인사이트

1) 결론

회귀분석 결과, 모든 광고비 항목이 제품 판매량에 유의미한 영향을 미치는 것으로 나타났습니다. 특히 제휴 마케팅이 제품 판매량에 가장 큰 영향을 미쳤습니다.

2) 비즈니스 전략

제휴 마케팅에 1단위의 비용을 추가할 때 제품 판매량이 4단위 증가하는 것으로 나타났으므로, 마케팅 전략에서 제휴 마케팅에 집중하는 것이 효과적일 수 있습니다.

3) 최적화 방안

효율적인 광고비 배분을 위해, 분석 결과를 바탕으로 광고비를 조정하여 판매량을 극대화할 수 있습니다.

이와 같은 회귀분석을 통해 마케팅 전략을 데이터 기반으로 수립할 수 있으며, 향후 분석에서 새로운 변수나 데이터 세트를 추가해 더욱 정교한 예측 모델을 개발할 수 있습니다.

[Advertising_Data.csv] 업로드

이 데이터를 탐색해 줘

광고비와 제품 판매량 간의 그래프 그려줘

상관계수를 계산해 줘

📎 😬 🌐   ⬆

다른 상관관계 분석을 해줄 수 있나요?

히트맵으로 상관관계를 시각화해 줘

📎 😬 🌐   ⬆

판매량에 영향을 미치는 다중회귀분석을 실시하고 가설검정을 실시하고

그 의미를 해석해 줘

각 독립 변수의 회귀 계수, 표준 오차, t-값, p-값 및 신뢰 구간을

테이블로 보여줘

회귀식을 알려주고 그래프로 보여줘

📎 😬 🌐   ⬆

06 판매량 예측 모델 구축

● 문제 : 어떤 종류의 광고비(TV, 구글, 소셜미디어 등)가 판매량에 더 많은 영향을 미쳤을까?

다중 회귀분석을 통해 판매량 예측 모델을 만들고, 새로운 광고비 데이터를 입력하여 제품 판매량을 예측하는 과정을 진행해 보겠습니다.

1 판매량 예측 모델 구축

앞서 도출한 회귀식을 사용하여 제품 판매량을 예측합니다.

Product_Sold=0.0887+2.0011·TV+2.9980·Billboards+1.4997·Google_Ads+2.5000·Social_Media+1.1998·Influencer_Marketing+3.9989·Affiliate_Marketing

1) 새로운 데이터 입력 및 예측

예를 들어, 광고비 항목에 다음과 같은 예산을 배정해 보았습니다.

- TV 광고비 : 300
- 빌보드 광고비 : 400
- Google Ads 광고비 : 500
- 소셜미디어 광고비 : 200
- 인플루언서 마케팅 광고비 : 100
- 제휴 마케팅 광고비 : 600

2) 예측 및 결과 해석

주어진 값을 회귀식에 대입하여 예측된 제품 판매량을 계산합니다.

Product_Sold=0.0887+2.0011×300+2.9980×400+1.4997×500+2.5000×200+1.1998×100+3.9989×600

- 계산 결과 : 5568.85 단위
- 예측된 판매량 : 새로운 광고비 데이터로 예측된 제품 판매량은 5568.85 단위입니다.

이 결과는 예측 모델이 광고비 지출 수준에 따라 얼마나 많은 판매량을 기대할 수 있는지를 보여줍니다. 이는 마케팅 예산을 계획할 때 중요한 인사이트를 제공합니다.

2 가설 검정 해석

- 귀무 가설(H₀) : 각 독립 변수의 회귀 계수는 0이다. 즉, 해당 독립 변수는 종속 변수(제품 판매량)에 유의미한 영향을 미치지 않는다.
- 대립 가설(H₁) : 각 독립 변수의 회귀 계수는 0이 아니다. 즉, 해당 독립 변수는 종속 변수에 유의미한 영향을 미친다.

모든 독립 변수의 p-값이 0.05보다 작아, 귀무 가설을 기각합니다. 이는 각 광고비 항목이 제품 판매량에 유의미한 영향을 미친다는 것을 의미합니다.

3 비즈니스 인사이트 및 적용

- 마케팅 전략 : 예측된 판매량을 바탕으로, 광고비를 어떻게 배분할지 전략을 세울 수 있습니다. 특히 제휴 마케팅이 가장 큰 영향을 미치는 변수이므로, 이 항목에 집중적인 투자를 고려할 수 있습니다.
- 효과적인 예산 관리 : 이 모델을 사용하면 광고비 지출이 제품 판매에 미치는 영향을 예측할 수 있어, 마케팅 예산을 더 효율적으로 관리할 수 있습니다.

4 모델의 한계 및 추가 분석

- 모델 개선 : R-squared 값이 너무 높아 과적합일 가능성이 있으므로, 더 많은 데이터나 추가 변수로 모델을 개선할 필요가 있습니다.
- 추가 실험 : 다른 변수나 광고비 시나리오를 테스트해 보면서 모델의 예측력을 평가할 수 있습니다.

07 예측 모델 성능 평가

[실습] 챗GPT를 이용한 회귀분석

○ 문제 : 어떤 종류의 광고비(TV, 구글, 소셜미디어 등)가 판매량에 더 많은 영향을 미쳤을까?

❷ Advertising_Data.csv
모델의 성능을 평가해 줘

다중 회귀분석 모델의 성능을 평가하기 위해 대표적인 지표를 사용하여 분석해 보겠습니다. 성능 평가를 통해 모델이 얼마나 정확하게 예측하는지 확인할 수 있습니다.

■ 모델 성능 평가 지표

1) R-제곱값 (R-squared)

- 모델이 데이터의 변동성을 얼마나 설명하는지를 나타내는 지표입니다.
- R-제곱값 : 0.99996(99.996%)
- 매우 높은 설명력으로, 모델이 데이터의 변동성을 거의 완벽하게 설명하고 있다는 의미입니다.

2) 평균 절대 오차 (Mean Absolute Error, MAE)

- 예측값과 실제값 간의 절대 오차의 평균입니다.
- MAE : 7.09
- 예측값이 실제값과 평균적으로 7.09 단위 차이가 난다는 것을 의미합니다.

3) 평균 제곱 오차 (Mean Squared Error, MSE)

- 예측값과 실제값의 제곱 오차의 평균으로, 큰 오차에 대해 더 큰 페널티를 부여합니다.
- MSE : 75.37
- 예측값과 실제값의 제곱 오차의 평균이 75.37 단위입니다.

4) 루트 평균 제곱 오차 (Root Mean Squared Error, RMSE)

- MSE의 제곱근으로, 예측값과 실제값의 평균적인 차이를 나타냅니다.
- RMSE : 8.68
- 예측값과 실제값 간의 평균적인 차이가 8.68 단위라는 것을 의미합니다.

❷ 결론 및 해석

R-제곱값이 0.99996으로 매우 높아, 모델이 데이터의 변동성을 거의 완벽하게 설명할 수 있다는 점이 눈에 띕니다. 이는 모델의 설명력이 뛰어나다는 것을 의미합니다.

MAE, MSE, RMSE 값이 모두 낮아, 예측값이 실제값에 매우 가까운 것을 나타냅니다.

이 모델은 제품 판매량을 매우 정확하게 예측할 수 있는 강력한 모델입니다. 그러나 R-제곱값이 지나치게 높기 때문에, 모델이 과적합(Overfitting)되지 않았는지 확인해 볼 필요가 있습니다.

❸ 모델 사용 여부 및 추가 고려 사항

현재 모델은 매우 높은 설명력과 낮은 오차 값을 가지므로 예측 목적으로 사용하기 적합합니다. 다만, 모델의 과적합 가능성을 고려해 추가적인 테스트 및 검증이 필요할 수 있습니다.

추가 분석으로 다음과 같은 점을 고려할 수 있습니다.

- 데이터 분할(훈련 데이터와 테스트 데이터) 및 교차 검증을 통해 모델의 일반화 성능을 평가해 보는 것이 좋습니다.
- 새로운 데이터나 변수를 추가해 모델의 성능을 개선하거나 보완할 수도 있습니다.

❹ 비즈니스 적용

이와 같은 모델을 사용하면 마케팅 예산 배분 및 제품 판매 예측을 효과적으로 할 수 있습니다. 특히, 예측 정확도가 높으므로 마케팅 전략을 더욱 정교하게 수립할 수 있습니다.

[실습] 챗GPT를 이용한 회귀분석

○ 문제 : 어떤 종류의 광고비(TV, 구글, 소셜미디어 등)가 판매량에 더 많은 영향을 미쳤을까?

❓ Advertising_Data.csv
예측 모델에 맞춰 각 항목에 값을 대입할 수 있도록 엑셀에서 사용할 수 있게 만들어줘

예측 모델을 엑셀에서 사용할 수 있도록 수식을 포함한 파일을 생성했습니다. 아래 링크를 통해 파일을 다운로드 할 수 있습니다:

예측 모델 엑셀 파일 다운로드

엑셀 파일에서 각 항목에 값을 입력하고, 제공된 수식을 사용하여 제품 판매량을 예측할 수 있습니다. 추가로 도움이 필요하시면 말씀해주세요. [...]

 ▷ 엑셀에서 편집

prediction_model.xlsx

sales_prediction_model.xlsx

챗GPT를 사용하여 예측 모델을 생성하고, 엑셀에서 해당 모델을 활용하여 다양한 광고비 시나리오를 시뮬레이션할 수 있도록 설정해 보겠습니다. 예측 모델을 엑셀 파일에 구현하여 사용자 편의성을 높이고, 광고비 조정에 따른 판매량 변화 분석을 용이하게 할 수 있습니다.

1 예측 모델 생성

이전에 도출한 회귀식을 바탕으로 엑셀에서 쉽게 사용할 수 있는 예측 모델을 만들어 보겠습니다.

$$Product\_Sold = 0.0887 + 2.0011 \cdot TV + 2.9980 \cdot Billboards + 1.4997 \cdot Google\_Ads + 2.5000 \cdot Social\_Media + 1.1998 \cdot Influencer\_Marketing + 3.9989 \cdot Affiliate\_Marketing$$

2 엑셀에서 예측 모델 구현

① 엑셀 파일 구성

- 설명 : 상수 및 각 광고비 항목에 대한 회귀 계수를 설명합니다.
- 값 : 사용자가 입력하는 광고비 항목입니다. 여기서 값을 변경하면 예측 판매량이 자동으로 계산됩니다.
- 예측 판매량 : 회귀식을 기반으로 입력된 광고비에 따른 예측 판매량이 계산됩니다.

② 엑셀 편집 및 수식 작성

- 엑셀에 회귀식을 작성하고, 광고비 항목에 대한 값을 입력해 예측 결과를 확인할 수 있습니다.
- 절대 참조 : 상수와 회귀 계수는 고정된 값이므로, 엑셀에서 절대 참조를 사용하여 수식을 작성했습니다. 이는 사용자가 광고비 항목을 변경할 때 자동으로 예측 판매량을 재계산할 수 있도록 합니다.

엑셀에서 편집을 완성한 예측 모델 파일입니다.

설명	값	옵션1	옵션2	옵션3	옵션0
상수항	0.0887				
TV 광고비	2.0011	300	300	400	0
Billboards 광고비	2.998	400	400	500	0
Google_Ads 광고비	1.4997	500	300	0	0
Social_Media 광고비	2.5	200	400	400	0
Influencer_Marketing 광고비	1.1998	100	100	0	0
Affiliate_Marketing 광고비	3.9989	600	600	1300	0
예측 판매량		5568.8	5768.8	8498.1	0.1
광고비 예산 총액		2100	2100	2600	0

sales_prediction_model.xlsx

3 시뮬레이션 활용

사용자가 각 광고비 항목을 자유롭게 조정해 보며, 예산을 어떻게 배분할지 시뮬레이션할 수 있습니다. 예를 들어, Google Ads 광고비를 줄이고, 소셜 미디어 광고비를 늘려보면 예측 판매량이 어떻게 달라지는지 확인할 수 있습니다.

- 예산 최적화 : 마케팅 예산을 효율적으로 사용할 수 있도록, 광고비를 어떻게 배분해야 할지를 시뮬레이션할 수 있습니다.
- 판매 목표 설정 : 목표 판매량을 설정한 후, 이를 달성하기 위해 각 광고비 항목을 어떻게 조정해야 하는지 분석할 수 있습니다.
- 효과적인 전략 수립 : 제휴 마케팅의 효과가 높다면, 해당 항목에 집중적으로 투자하는 등 전략적인 결정을 내릴 수 있습니다.
- 예산 제약 조건 : 총예산이 제한된 상황에서, 가장 효과적인 광고비 배분을 탐색할 수 있습니다.

이렇게 엑셀 파일로 비전문가도 쉽게 광고비 조정에 따른 판매량 변화를 시뮬레이션할 수 있습니다. 광고비 항목의 값을 변경할 때마다 실시간으로 예측 판매량이 계산되어, 빠른 의사결정에 도움이 됩니다. 다양한 광고비 시나리오를 테스트하면서, 어떤 항목이 판매량에 가장 큰 영향을 미치는지 시각적으로 확인할 수 있습니다.

챗GPT로 회귀분석을 통해 예측 모델을 생성하고, 이를 엑셀에 적용하여 사용자들이 직접 시뮬레이션할 수 있도록 설정해 보았습니다. 이 방법을 통해 마케팅 예산을 더 효율적으로 관리하고, 데이터 기반의 의사결정을 내릴 수 있습니다.

4 챗GPT에 요청한 프롬프트

[Advertising_Data.csv] 업로드
판매량 예측 모델을 만들어줘
예측 모델의 식을 보여줘
모델의 성능을 평가해 줘
예측 모델에 맞춰 각 항목에 값을 대입할 수 있도록 엑셀에서 사용할 수 있게
만들어줘

정리하기

회귀분석은 독립 변수가 종속 변수에 미치는 영향을 수량화하고 예측하는 통계 기법입니다. 여기서 다중 회귀분석은 여러 독립 변수(예 : TV 광고비, 빌보드 광고비 등)를 사용해 하나의 종속 변수(제품 판매량)를 예측하는 모델입니다. 회귀식은 상수(절편)와 각 독립 변수의 회귀 계수로 구성되며, 회귀 계수는 독립 변수가 1단위 증가할 때 종속 변수가 얼마나 변하는지를 나타냅니다. 챗GPT를 활용하여 다중 회귀분석 기반의 예측 모델을 생성하고, 이를 엑셀에 적용해 광고비 조정 시나리오에 따른 판매량 변화를 분석했습니다. 판매량 예측 모델을 엑셀에서 구현하여 사용자가 광고비를 입력하면 실시간으로 예측 판매량을 계산할 수 있습니다. 시뮬레이션을 통해 효율적인 예산 배분 및 목표 판매량 달성을 위한 전략 수립이 가능합니다. 회귀분석은 데이터 기반 의사결정에 중요한 도구로 사용됩니다.

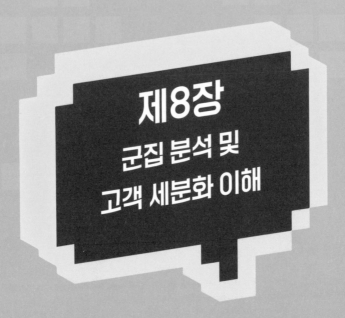

제8장
군집 분석 및
고객 세분화 이해

생각해 볼 문제

1. 고객의 구매 패턴, 인구통계학적 정보, 관심사를 기반으로 고객을 여러 그룹으로 나누고 싶다.

2. 전체 시장을 비슷한 특성을 가진 하위 시장으로 나누고 싶다.

3. 유사한 구매 패턴을 가진 고객 그룹을 식별하고 싶다.

4. 이탈 가능성이 높은 고객 그룹을 식별하고 싶다.

5. 특정 고객 그룹에 적합한 프로모션이나 할인 이벤트를 기획하고 싶다.

6. 특정 지역이나 인구 그룹을 대상으로 한 새로운 제품 출시 및 진입 전략을 수립하고 싶다.

7. 고객 피드백과 사용 패턴을 분석하여 특정 그룹의 요구에 맞춘 새로운 제품을 개발하고 싶다.

01 군집 분석 이해

1 군집 분석

군집 분석

- ⊙ 군집분석(Clustering Analysis) : 비슷한 특성을 가진 데이터를 그룹으로 묶어주는 방법
- ⊙ 군집분석의 목표는 데이터의 구조를 이해하고, 각 군집이 가진 특성을 통해 의미 있는 통찰을 얻는 것
- ⊙ 군집분석의 원리
  - ▷ 관측된 자료가 얼마나 비슷한 값을 갖는지를 거리로 환산하여 거리가 가까운 대상들을 동일한 집단으로 분류
  - ▷ 자료의 거리를 계산하여 유사한 집단으로 분류

1) 군집 분석의 정의

군집 분석(Clustering Analysis)은 비슷한 특성을 가진 데이터들을 그룹으로 묶어주는 방법입니다. 이 분석 기법은 다양한 데이터 세트를 구조적으로 이해하고, 각 군집의 특성을 통해 의미 있는 통찰을 얻고자 할 때 유용하게 사용됩니다. 예를 들어 고객 세분화, 유전자 분석, 이미지 분류 등 여러 분야에서 활용됩니다.

2) 군집 분석의 목적

군집 분석의 목적은 데이터의 구조를 더 잘 이해하는 것입니다. 데이터의 내재된 패턴을 파악하고, 특정 군집들이 어떤 공통 특성을 가지는지 분석하여 유의미한 정보를 도출할 수 있습니다. 이는 기업이 고객 맞춤형 서비스를 설계하거나 과학 연구에서 데이터의 관계를 설명하는 데 기여할 수 있습니다.

3) 군집 분석의 원리

군집 분석의 핵심 원리는 다음과 같습니다.

① 거리 기반 유사성 측정

- 관측된 자료가 얼마나 비슷한지를 거리로 환산합니다. 이때, 데이터 포인트 간의 거리 계산은 주로 유클리드 거리(Euclidean Distance) 또는 코사인 유사도(Cosine Similarity) 같은 수학적 방법을 사용합니다.
- 가까운 거리의 대상들이 동일한 군집에 속하도록 그룹화합니다. 이로써 데이터의 내재된 유사성을 바탕으로 군집을 형성합니다.

② 유사한 집단으로의 분류

- 거리 계산을 통해 가까운 데이터 포인트들을 하나의 군집으로 묶습니다. 예를 들어, 고객 데이터에서 구매 성향이 비슷한 사람들을 같은 군집에 포함시킴으로써 비슷한 행동 패턴을 식별할 수 있습니다.
- 군집화 과정은 데이터를 자연스럽게 구분하고, 각 군집의 특성을 통해 데이터의 중요한 측면을 도출할 수 있게 합니다.

4) 군집 분석의 주요 응용

- 마케팅 : 고객을 구매 성향에 따라 분류하여 맞춤형 마케팅 전략을 수립합니다.
- 생물정보학 : 유전자 데이터를 군집화하여 유사한 유전자군을 연구합니다.
- 이미지 처리 : 이미지 내 비슷한 픽셀값을 군집화하여 객체 인식을 수행합니다.

군집 분석은 복잡한 데이터 세트를 단순화하여 이해하기 쉽게 만드는 강력한 분석 도구입니다. 데이터 사이의 거리와 유사성을 바탕으로 분류하여 유의미한 집단을 도출함으로써 데이터 기반 의사결정에 중요한 역할을 합니다. 군집 분석은 데이터 과학과 통계학에서 핵심적인 기술로, 그 응용 범위는 매우 넓습니다.

2 군집 분석의 절차

군집 분석의 절차

1. 데이터 준비 : 분석할 데이터를 수집하고, 전처리 과정을 통해 정리
2. 특성 선택 : 군집화를 위해 중요한 변수를 선택
3. 스케일링 : 데이터의 스케일을 맞추어 분석의 정확성을 높임
4. 군집화 알고리즘 적용 : 적절한 군집화 알고리즘을 선택하고 데이터를 군집화
5. 결과 평가 : 군집의 수와 품질을 평가하여 적절성을 판단
6. 해석 및 활용 : 군집 결과를 해석하고, 이를 기반으로 의사결정을 지원

군집 분석을 수행할 때는 일련의 체계적인 단계를 따릅니다. 이 과정을 통해 데이터의 구조적 특성을 파악하고, 의미 있는 군집을 도출할 수 있습니다. 군집 분석 절차는 다음과 같습니다.

① 데이터 준비

- 분석할 데이터를 수집하고, 적절히 전처리합니다. 이 단계에서는 데이터의 품질이 군집 분석 결과에 미치는 영향이 크므로, 결측치 처리, 이상치 제거, 데이터 정리 등이 필수적입니다.

- 데이터를 준비할 때, 분석하고자 하는 문제에 관련된 중요한 변수를 포함하도록 해야 합니다. 예를 들어, 고객 세분화라면 구매 이력, 방문 빈도, 나이 등 핵심 특성을 포함해야 합니다.

② 특성 선택

- 군집화를 수행하기 위해 중요한 변수를 선택합니다. 모든 변수가 유용한 것은 아니므로, 데이터의 의미를 잘 반영할 수 있는 변수를 선정하는 것이 중요합니다.

- 이 과정에서 변수 선택은 군집의 품질에 직접적으로 영향을 미칩니다. 불필요한 변수를 포함하면 군집의 의미가 흐려질 수 있습니다.

③ 스케일링(Scaling)

- 데이터의 스케일을 맞추어 분석의 정확성을 높이는 과정입니다. 변수 간의 단위 차이가 큰 경우, 표준화(standardization) 또는 정규화(normalization)를 통해 모든 변수가 동등하게 고려되도록 합니다.

- 예를 들어, 어떤 데이터 세트에서 하나의 변수는 "키(단위 : cm)"이고 다른 변수는 "월 소득(단위 : 원)"일 때, 두 변수의 단위가 다르기 때문에 직접 비교하거나 분석하기 어려울 수 있습니다. 이때 데이터를 스케일링하여 분석의 효율성과 정확성을 높일 수 있습니다.

- 정규화는 데이터 값을 0과 1 사이로 변환하는 방법입니다. 주로 최소-최대 스케일링(min-max scaling)이라고도 부릅니다. 데이터의 최솟값을 0, 최댓값을 1로 변환하여 상대적인 크기를 맞춥니다.

- 표준화는 데이터 값을 평균이 0이고 표준편차가 1이 되도록 변환하는 방법입니다. 이를 통해 값의 분포가 정규 분포에 가깝게 변하며, 서로 다른 변수 간의 비교가 용이해집니다.

- 스케일링은 주로 머신러닝 모델링에서 중요한 역할을 합니다. 모델에 따라서는 변수들이 같은 범위에 있을 때 더 잘 작동하기 때문입니다.
- 특히 거리 기반 군집 분석 기법(예 : K-평균 클러스터링)에서 매우 중요합니다. 변수 간의 거리 차이가 클 경우, 스케일링을 하지 않으면 특정 변수가 지나치게 큰 영향을 미칠 수 있습니다.

④ 군집화 알고리즘 적용
- 적절한 군집화 알고리즘을 선택하여 데이터를 군집화합니다. 가장 많이 사용되는 방법은 K-평균(K-Means) 클러스터링입니다. 이 방법은 데이터 포인트를 K개의 군집으로 분할하며, 각 군집의 중심과의 거리를 최소화하도록 합니다.
- 이 외에도 계층적 군집 분석(Hierarchical Clustering), DBSCAN, Gaussian Mixture Models 등 다양한 군집화 알고리즘이 존재하며, 데이터 특성에 따라 선택합니다.

⑤ 결과 평가
- 군집의 수와 품질을 평가하여 적절성을 판단합니다. 군집의 품질을 평가하기 위해 실루엣 계수(Silhouette Coefficient), SSE(Within-Cluster Sum of Squares) 등 다양한 지표를 사용할 수 있습니다.
- 군집의 수는 사전에 지정하거나, 엘보우(Elbow) 기법과 같은 방법을 통해 최적의 군집 수를 결정합니다. 이 과정에서 군집이 서로 얼마나 잘 분리되고, 내부적으로 얼마나 밀집되어 있는지를 평가합니다.

⑥ 해석 및 활용
- 군집 결과를 해석하고, 이를 기반으로 의사결정을 지원합니다. 예를 들어, 군집 결과를 통해 마케팅 전략을 세우거나, 특정 그룹에 대한 맞춤형 서비스를 제공할 수 있습니다.
- 군집 분석 결과는 비즈니스 인사이트 도출에 직접적으로 기여하며, 전략적 의사결정의 근거가 될 수 있습니다.

군집 분석 절차는 데이터를 체계적으로 분석하고, 각 단계에서 최적의 방법을 적용하는 것이 핵심입니다. 데이터를 준비하고, 중요한 변수를 선택하며, 적절한 스케일링을 통해 분석의 정확도를 높인 후, 알고리즘을 선택해 군집화하는 일련의 과정을 통해 신뢰할 수 있는 분석 결과를 얻을 수 있습니다. 마지막으로, 해석된 결과를 실제 상황에 어떻게 적용할지를 고려하는 것이 매우 중요합니다.

02 군집 분석의 주요 기법(알고리즘)

▣ 군집 분석의 주요 기법

군집 분석의 주요 기법(알고리즘)

- ◎ K-평균 군집화(K-means Clustering) : 미리 정해진 K개의 군집 중심을 설정하고, 데이터 포인트를 가장 가까운 중심으로 할당하여 군집을 형성하는 방법
- ◎ 계층적 군집화(Hierarchical Clustering) : 데이터 포인트를 계층적으로 묶어 나가는 방법으로, 덴드로그램(dendrogram)을 통해 군집의 계층 구조를 시각화할 수 있음
- ◎ DBSCAN(Density-Based Spatial Clustering of Applications with Noise) : 데이터 밀도를 기반으로 군집을 형성하고, 밀도가 낮은 영역은 노이즈로 간주하는 방법
- ◎ 가우시안 혼합 모델(Gaussian Mixture Model, GMM) : 데이터가 여러 개의 가우시안 분포로 구성되어 있다고 가정하고, 이를 통해 군집을 식별하는 방법

군집 분석의 주요 기법(알고리즘)에 대해 설명하겠습니다. 군집 분석에는 다양한 알고리즘이 존재하며, 각각의 방법이 데이터의 특성에 맞게 활용됩니다.

1) K-평균 군집화

K-평균 군집화(K-means Clustering)는 가장 대표적인 군집 분석 기법으로,

데이터 포인트들을 K개의 군집으로 나누는 방법입니다. 여기서 K는 미리 정해진 군집의 개수를 의미합니다.

K-평균 군집화는 고객 세분화, 패턴 인식, 문서 분류 등 다양한 영역에서 활용됩니다.

2) 계층적 군집화(Hierarchical Clustering)

데이터 포인트를 계층적으로 묶어가는 방식입니다. 결과를 시각화할 때 덴드로그램(Dendrogram)이라는 구조를 사용하여 군집 간의 계층 구조를 볼 수 있습니다.

계층적 군집화는 소규모 데이터 세트의 군집화, 유전자 분석 등에서 사용됩니다.

3) DBSCAN

DBSCAN(Density-Based Spatial Clustering of Applications with Noise)은 밀도 기반 군집화 알고리즘으로, 데이터 밀도를 기준으로 군집을 형성합니다. 밀도가 낮은 영역은 노이즈로 간주합니다. 고밀도 지역의 데이터 포인트들을 하나의 군집으로 묶고, 밀도가 낮은 포인트들은 군집에 포함되지 않고 노이즈로 처리합니다. 군집의 형태나 개수를 미리 지정할 필요가 없습니다.

DBSCAN는 공간 데이터 분석, 이상치 탐지 등에서 유용합니다.

4) 가우시안 혼합 모델

가우시안 혼합 모델(Gaussian Mixture Model, GMM)은 데이터를 여러 개의 가우시안 분포의 혼합으로 모델링하여 군집화합니다. 데이터가 하나의 분포로 잘 설명되지 않을 때, 여러 개의 가우시안 분포를 결합하여 설명할 수 있습니다.

가우시안 혼합 모델은 확률 기반의 데이터 분석, 패턴 인식 등에서 사용됩니다.

이러한 기법들을 이해하고 데이터 특성에 맞게 선택하는 것이 군집 분석의 핵심입니다. 이 중에서 K-평균 군집화 기법을 자세히 설명하고 이 기법으로 군집 분석을 수행해 보겠습니다.

2 K-평균 군집화

K-평균 군집화(K-means Clustering)

- ◎ K-평균 군집화(K-means Clustering)는 군집분석에서 가장 널리 사용되는 기법의 하나로, 데이터 포인트를 K개의 그룹으로 나누는 비지도 학습 알고리즘
- ◎ 이 알고리즘은 각 그룹 내의 데이터 포인트들이 군집 중심(centroid)과의 거리를 최소화하도록 하는 것이 목표
- ◎ K-평균 군집화는 K개의 군집 수를 미리 정해놓고, 주어진 데이터를 K개의 군집으로 나누는 방법. 각 군집은 하나의 중심(centroid)을 가지며, 군집 중심은 해당 군집 내 데이터 포인트의 평균값으로 계산

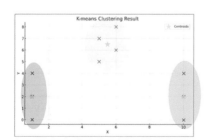

▷ 각 데이터 포인트는 3개의 군집으로 나뉘어 서로 다른 색상으로 표시
▷ 노란색 별표는 각 군집의 중심(centroid)을 나타냄
▷ 데이터가 3개의 군집으로 잘 분리되었음

K-평균 군집화에 대해 설명하겠습니다. K-평균 군집화는 군집 분석에서 가장 널리 사용되고 이해하기 쉬운 기법의 하나입니다.

1) K-평균 군집화

K-평균 군집화는 데이터 포인트를 미리 정한 K개의 군집으로 나누는 비지도 학습 알고리즘입니다. 비지도 학습이란, 정답이나 레이블이 제공되지 않은 데이터 세트를 학습하고 분석하는 방법을 의미합니다. 지도 학습(Supervised Learning)과 달리, 비지도 학습(Unsupervised Learning)에서는 데이터에 대한 정답(라벨)이 없습니다. 따라서 데이터 자체의 특성과 분포를 바탕으로 군집을 형성합니다.

작동 원리는 다음과 같습니다.

① 초기 설정

- 군집의 개수 K를 미리 지정합니다. K는 데이터가 몇 개의 군집으로 나뉘어야 하는지를 나타냅니다.
- 알고리즘은 K개의 중심점(centroid)을 무작위로 초기 설정합니다.

② 군집 할당

- 각 데이터 포인트는 가장 가까운 중심점(centroid)에 할당됩니다. 이를 통해 K개의 그룹이 형성됩니다.
- 가까운 거리는 보통 유클리드 거리(Euclidean Distance)로 계산합니다. 데이터 포인트와 중심점 사이의 거리가 최소가 되도록 할당합니다.

③ 중심점 업데이트

- 각 군집의 중심점을 새롭게 계산합니다. 군집 내 모든 데이터 포인트의 평균 위치를 새로운 중심점으로 설정합니다.
- 중심점을 업데이트한 후, 모든 데이터 포인트를 다시 가장 가까운 중심점에 할당합니다.

④ 반복

- 중심점의 변화가 더 이상 발생하지 않거나 변동이 미미할 때까지 이 과정을 반복합니다. 최종적으로 K개의 최적 군집이 생성됩니다.
- 반복 과정을 통해 각 군집 내 데이터 포인트와 중심점 간의 거리를 최소화하는 것이 목표입니다.

2) K의 선택

- 군집 수 K의 결정 : K를 결정하는 것은 데이터 분석의 중요한 부분입니다. K의 값을 모르는 경우, 여러 개의 K값을 시뮬레이션하면서 최적의 K를 선택합니다.
- 엘보우 기법(Elbow Method) : K를 결정하는 데 가장 많이 사용하는 방법 중 하나입니다. 군집 내 제곱합(SSE)이 급격히 감소하는 지점에서 K를 선택합니다. 이 지점이 엘보우(팔꿈치)처럼 보이기 때문에 엘보우 기법이라고 불립니다.

엘보우 기법(Elbow Method)

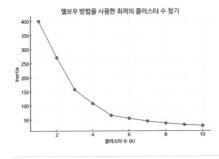

▷ 엘보우 방법을 통해 얻은 그래프를 분석한 결과, 3 또는 5개의 클러스터가 적절해 보입니다. 일반적으로 5개의 클러스터를 사용하여 분석하는 것이 많이 추천되지만, 상황에 따라 3개의 클러스터를 선택하는 것도 좋습니다.

예시한 그래프를 살펴보겠습니다.

- 각 데이터 포인트는 서로 다른 색상으로 표시된 3개의 군집으로 나뉩니다.
- 별표는 각 군집의 중심점(centroid)을 나타냅니다.
- 데이터가 3개의 군집으로 잘 분리된 모습을 확인할 수 있습니다. 중심점은 각 군집의 중심에 위치하며, 데이터는 해당 중심점 주변에 밀집되어 있습니다.

4) 장점과 단점

K-평균 군집화의 장점은 간단하고 빠르며, 대규모 데이터 세트에서도 효과적으로 작동합니다. 계산 속도가 빠르기 때문에 실시간 처리에도 적합합니다.

K-평균 군집화의 단점은 군집 수 K를 미리 설정해야 하며, 최적의 K를 찾기 위해 여러 번 실험이 필요합니다. 군집의 모양이 구형일 때 가장 효과적이며, 복잡한 데이터 분포에서는 제한적일 수 있습니다. 이상치(outlier)에 민감합니다. 이상치는 군집의 중심점 계산에 큰 영향을 미칠 수 있습니다.

K-평균 군집화는 데이터 포인트를 K개의 그룹으로 나누고, 각 그룹 내의 데이터 포인트들이 군집의 중심점과의 거리를 최소화하도록 조정하는 방법입니다. 이 과정은 반복적이며, 중심점의 변화가 멈출 때까지 진행됩니다. K-평균 군집화는 단순하지만 강력한 알고리즘으로, 다양한 데이터 분석에 사용됩니다.

03 고객 세분화와 타깃 마케팅

고객 세분화와 타깃 마케팅

- 고객 세분화(customer segmentation)는 고객 데이터를 기반으로 어떤 특성을 가진 세분 집단, 즉 세그먼트로 분류하는 것을 말함
- 정교한 데이터 분석을 통해 고객의 니즈를 충족시킬 수 있음
- 고객 세분화를 위한 분석 방법으로 고객생애가치(LTV, Lifetime Value) 분석과 RFM(Recency, Frequency, Monetary) 분석 등
- 초 세분화에 의한 마이크로 타깃팅(1 : 1, 1 : 0.1)

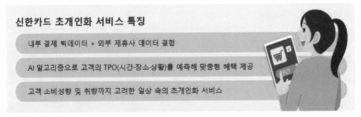

신한카드 초개인화 서비스 특징

- 내부 결제 빅데이터 + 외부 제휴사 데이터 결합
- AI 알고리즘으로 고객의 TPO(시간·장소·상황)를 예측해 맞춤형 혜택 제공
- 고객 소비성향 및 취향까지 고려한 일상 속의 초개인화 서비스

"아마존은 고객을 분류하는 대신 1명의 고객을 '10분의 1명'의 단위로 구분해 각 개인의 변화하는 관심사까지 반영할 수 있다." _아마존의 수석 데이터 과학자

군집 분석의 결과를 마케팅에 활용하는 대표적인 방법인 고객 세분화와 타깃 마케팅에 대해 설명하겠습니다.

1 고객 세분화와 타깃 마케팅

고객 세분화(Customer Segmentation)는 고객 데이터를 기반으로 특정 특성을 공유하는 세분 집단으로 나누는 것을 의미합니다. 이 과정을 통해 고객의 행동 패턴을 이해하고, 각 세분 집단의 니즈를 충족시킬 수 있는 맞춤형 마케팅 전략을 수립할 수 있습니다.

타깃 마케팅(Target Marketing)은 세분화된 고객 그룹에 맞는 맞춤형 마케팅 캠페인을 설계하여 각 집단에 효과적으로 메시지를 전달하는 방법입니다.

2 세분화 방법

고객 세분화를 위해 정교한 데이터 분석을 사용합니다. 이를 통해 고객의 행동이나 선호도를 기반으로 의미 있는 그룹을 형성할 수 있습니다.

1) 고객생애가치 분석

고객생애가치(Lifetime Value, LTV) 분석은 고객이 기업과의 관계를 유지하는 동안 발생하는 전체 가치를 분석합니다. 이를 통해 고객을 그룹으로 나누어 특정 집단에 집중적인 마케팅을 진행할 수 있습니다.

2) RFM 분석

- Recency(R) : 고객이 최근에 구매한 시점을 평가합니다. 더 최근에 구매한 고객일수록 마케팅 반응이 좋을 가능성이 높습니다.
- Frequency(F) : 고객이 얼마나 자주 구매하는지를 나타냅니다. 구매 빈도가 높은 고객일수록 충성도가 높을 수 있습니다.
- Monetary(M) : 고객이 얼마나 많은 금액을 소비했는지를 측정합니다. 더 높은 금액을 지출한 고객이 기업에 더 큰 가치를 제공할 수 있습니다.

• RFM 분석은 최근, 빈도, 금액의 세 가지 요소를 점수화하여 VIP 고객을 식별하고 마케팅 전략을 최적화하는 데 사용됩니다.

③ 초 세분화

현대 마케팅은 점점 더 초 세분화(Micro-Segmentation)로 발전하고 있습니다. 초 세분화는 고객을 1 : 1에 가까운 수준으로 세분화하는 마케팅 전략입니다.

아마존은 고객을 "1명씩 나누어 세분화하는 대신, 10분의 1명 단위로 구분해 각 개인의 변화하는 관심사까지 반영할 수 있다"는 전략을 사용하고 있습니다. 이처럼 세분화가 정교해질수록 개인 맞춤형 마케팅이 가능해집니다.

④ 신한카드의 초 개인화 서비스 사례

신한카드는 고객의 결제 데이터를 외부 제휴사 데이터(예 : 이동통신사 GPS 데이터)와 결합합니다. 이를 통해 고객이 어느 위치에서, 어떤 제품을, 얼마나 자주 소비하는지를 파악할 수 있습니다.

AI 알고리즘 기반의 맞춤형 혜택을 제공합니다. TPO(Times, Place, Occasion), 즉 시간, 장소, 상황에 맞춰 고객에게 맞춤형 혜택을 제공합니다.

예를 들어, 고객이 특정 상점 근처를 지나갈 때, 그 상점에만 유효한 할인 쿠폰을 문자로 발송합니다. 이는 고객에게 실시간으로 혜택을 제공하여 구매를 유도하는 효과적인 마케팅 방식입니다.

5 고객 세분화의 발전

모든 고객을 대상으로 하는 일반적인 마케팅 전략에서 시작하여, 점차 타깃 마케팅으로 발전했습니다.

이제는 1 : 1 마케팅을 넘어 "1 : 0.1" 수준의 초 개인화 맞춤형 마케팅을 추구합니다. 이 방법은 기술 발전과 IT 인프라의 발전 덕분에 실현 가능해졌습니다.

이러한 초 개인화 마케팅은 비용 효율성과 높은 생산성을 보장할 수 있습니다. 그러나 모든 업종에 적합하지는 않으며, 각 기업이 자신의 비즈니스 모델에 맞게 선택적으로 활용해야 합니다.

고객 세분화는 데이터에 기반한 정교한 마케팅 전략을 가능하게 합니다. 고객의 행동과 가치를 이해함으로써 맞춤형 서비스를 제공할 수 있으며, 이는 고객 만족도를 높이고, 기업의 수익을 증대시킬 수 있습니다.

04 고객 분석 모형 및 세분화 분석 프로세스

1 고객 세분화 분석 프로세스

고객 분석 모형 및 세분화 분석 프로세스

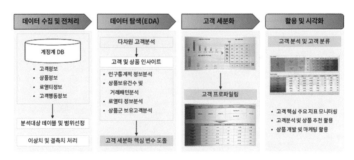

* Source : 실전 금융 산업 빅데이터 분석, 김유신 등, 비제이퍼블릭, 2023 p44

고객 분석 모형 및 세분화 분석 프로세스를 설명하겠습니다. 이 프로세스
는 데이터를 기반으로 고객을 이해하고, 세분화하여 효과적인 마케팅 전략
을 세우기 위한 일련의 분석 절차입니다.

1) 데이터 수집 및 전처리

고객 분석에 필요한 데이터는 주로 계정계 DB에서 가져옵니다. 예를 들어 금융권의 경우, 고객 정보, 상품 정보, 로열티 정보, 고객 행동 정보 등이 포함됩니다.

- 데이터 전처리 : 분석 대상 테이블을 선정하고 데이터의 범위를 설정합니다.
- 이상치 및 결측치 처리 : 데이터의 정확성과 신뢰성을 높이기 위해 이상치와 결측치를 탐지하고 수정합니다. 이 작업은 분석 결과의 품질에 큰 영향을 미칩니다.

2) 데이터 탐색

데이터를 다차원적으로 탐색하여 전반적인 패턴과 구조를 이해하는 과정입니다.

- 인구 통계적 정보 분석 : 고객의 나이, 성별, 지역 등 기본 정보를 분석합니다.
- 상품 보유 수 및 거래 패턴 분석 : 고객이 보유한 상품의 종류와 거래 빈도를 파악합니다.
- 로열티 정보 분석 : 고객의 충성도와 관련된 데이터를 분석합니다.
- 상품군 보유 고객 분석 : 특정 상품을 보유한 고객군의 특성을 분석합니다.

이 과정에서 고객 세분화를 위한 핵심 변수를 도출합니다. 핵심 변수는 세분화 작업에 있어 매우 중요한 요소로, 고객의 행동과 특성을 설명하는 데 사용됩니다.

3) 고객 세분화

- 고객 세분화 작업 : 도출된 핵심 변수를 기반으로 고객을 세분화합니다. 이때, 군집 분석과 같은 방법을 사용하여 비슷한 특성을 가진 고객들을 같은 그룹으로 묶습니다.

- 고객 프로파일링 : 세분화된 각 집단의 특성을 정의하는 과정입니다. 이를 통해 각 집단의 중심점(centroid)이 어떤 특성을 가지는지 파악할 수 있습니다.
- 예를 들어, 특정 그룹이 고소득층으로 구성되어 있고, 또 다른 그룹이 자주 구매를 하지만 소액 지출을 선호한다면, 이러한 프로파일링을 통해 맞춤형 전략을 세울 수 있습니다.

4) 활용 방안

- 고객 분석 및 고객 분류 : 세분화된 결과를 시각화하고 분석하여, 경영진이나 마케팅팀이 쉽게 이해하고 활용할 수 있도록 합니다.
- 고객 핵심 지표 모니터링 : 주요 지표를 지속적으로 추적하여 고객 행동의 변화를 파악합니다.
- 고객 분석 및 상품 추천 : 분석 결과를 바탕으로 고객에게 맞춤형 상품을 추천하거나 마케팅 캠페인을 설계합니다.
- 상품 개발 및 마케팅 전략 : 세분화된 집단의 니즈를 충족시키기 위한 새로운 상품을 개발하거나, 프로모션 전략을 수립합니다.

5) 금융권 데이터 분석 예시

금융 서비스에서는 계정 정보를 활용하여 고객의 소비 패턴과 자산 상태를 분석할 수 있습니다. 이를 통해 맞춤형 금융 상품을 제안하거나, 특정 고객 그룹을 대상으로 한 로열티 프로그램을 설계할 수 있습니다.

데이터를 정리하고 탐색한 후, 세분화를 통해 고객 프로파일을 형성합니다. 마지막으로, 이 분석 결과를 기반으로 전략을 실행하여 고객의 니즈를 충족시킵니다.

고객 분석 모형 및 세분화 분석은 정교한 데이터 활용과 분석 방법론을 통해 고객을 깊이 이해하고, 효과적인 마케팅 전략을 구현하는 데 필수적인 과정입니다.

② 사례연구 : 슈퍼마켓 몰 고객 세분화

고객 분석 모형 및 세분화 분석 프로세스

○ 문제 : 슈퍼마켓 몰의 고객 멤버십 카드를 통해 고객 ID, 나이, 성별, 연간 소득 및 지출 점수와 같은 고객에 대한 기본 데이터를 가지고 있다. 지출 점수는 고객 행동 및 구매 데이터와 같은 정의된 매개변수를 기반으로 고객에게 할당하는 것이다.

○ 쇼핑몰 고객 [대상 고객]을 파악하여 마케팅팀에 전달해야 한다. 어떻게 문제를 해결해야 할까?

▷ 분석 방법 : k-means clustering
▷ 분석 도구 : Orange 3

고객 분석 모형 및 세분화 분석 프로세스를 예제를 통해 설명하겠습니다. 이번 예제는 슈퍼마켓 몰의 고객 데이터를 활용하여, 고객을 세분화하고 마케팅팀에 전달하는 과정을 다룹니다.

1) 문제 정의

슈퍼마켓 몰은 고객 멤버십 카드를 통해 고객의 ID, 나이, 성별, 연간 소득, 지출 점수 등 다양한 정보를 수집합니다. 여기서 지출 점수는 고객의 구매 행동과 관련된 점수입니다. 이러한 데이터를 기반으로 고객을 여러 그룹으로 세분화하여, 마케팅팀이 각 그룹에 맞춤형 프로모션을 설계할 수 있도록 지원합니다.

2) 분석 방법

- K-평균 군집화 : 고객을 여러 그룹으로 나누기 위해 K-평균 군집화 알고리즘을 사용합니다. 이 방법은 비슷한 특성을 가진 고객들을 하나의 그룹으로 묶어주는 역할을 합니다.
- 분석 도구 : Orange 3라는 오픈 소스 데이터 마이닝 도구를 사용합니다. Orange 3는 드래그 앤드 드롭 방식의 시각적 인터페이스를 제공하여, 데이터 분석 과정을 쉽게 구성하고 실행할 수 있습니다.

3) 분석 프로세스

① 데이터 준비

- 고객 ID, 나이, 성별, 연간 소득, 지출 점수 등 필수 변수를 포함하는 데이터를 Orange 3에 불러옵니다.
- 데이터의 기본 구조를 확인하고 전처리합니다.

② 모형 구성

- Orange 3에서 K-평균 군집화 위젯을 사용합니다. 위젯을 드래그 앤 드롭하여 데이터와 연결합니다.
- X축과 Y축에 원하는 변수를 할당해 군집화 결과를 시각적으로 볼 수 있도록 설정합니다.
- X축과 Y축은 연간 소득, 지출 점수 등 분석 목적에 맞게 선택할 수 있습니다.

③ 군집화 실행 및 시뮬레이션

- K값(군집 수)은 미리 알 수 없으므로, K를 2부터 10까지 설정하여 여러 번 시뮬레이션합니다.
- Orange 3는 자동으로 각 K값에 대한 군집 결과를 평가하고, 최적의 군집 수를 추천합니다. 예를 들어, 최적의 K값이 5라면, 데이터를 5개의 군집으로 나눕니다.
- 결과는 산점도 플롯(Scatter Plot)으로 시각화되며, 각 군집은 서로 다른 색상으로 구분됩니다.

④ 고객 프로파일링

- 군집화된 결과를 테이블 형태로 확인합니다. 각 군집의 평균 연령, 연간 소득, 지출 점수 등 핵심 특성을 요약합니다.
- 예를 들어, 첫 번째 군집은 평균 나이가 45세, 두 번째 군집은 32세, 다섯 번째 군집은 28세일 수 있습니다. 이를 통해 각 군집의 특성을 쉽게 파악할 수 있습니다.

⑤ 결과 해석 및 활용

- 분석 결과를 마케팅팀에 전달하여, 각 군집에 맞는 마케팅 전략을 수립할 수 있도록 합니다.
- 예를 들어, 연간 소득이 높고 지출 점수가 높은 고객 그룹에는 프리미엄 상품 프로모션을, 젊고 지출 점수가 낮은 그룹에는 할인 혜택을 제공하는 전략을 제안할 수 있습니다.

Orange 3는 데이터 분석 경험이 많지 않은 사람도 쉽게 사용할 수 있는 강력한 도구입니다. K-평균 군집화와 같은 기법을 통해 고객 세분화를 수행하고, 마케팅팀에 필요한 인사이트를 제공할 수 있습니다. 다만, 통계적 기반이 어느 정도 있어야 데이터 마이닝 도구를 쉽게 이용할 수 있습니다. 이런 기초가 없는 사람은 이와 같은 분석을 자동화한 챗GPT를 이용하면 유사한 결과를 얻을 수 있습니다.

05 챗GPT를 이용한 군집 분석

---

1 문제 정의 및 데이터 수집

[실습] 챗GPT를 이용한 군집 분석

◎ 문제 : 슈퍼마켓 몰의 고객 멤버십 카드를 통해 고객 ID, 나이, 성별, 연간 소득 및 지출 점수와 같은 고객에 대한 기본 데이터를 가지고 있다. 지출 점수는 고객 행동 및 구매 데이터와 같은 정의된 매개변수를 기반으로 고객에게 할당하는 것이다. 어떻게 세분 집단으로 분류할 수 있을까?

❷ Mall_Customers.csv
   이 데이터를 탐색해 줘
   이 데이터로 어떤 분석을 하면 좋을지 질문해 줘

[실습용 데이터 설명]
Mall Customer Segmentation Data
Market Basket Analysis
• 슈퍼마켓 몰의 멤버십 카드 고객 데이터
• 고객 ID, 나이, 성별, 연간 소득 및 지출 점수

이 데이터를 가지고 다양한 분석을 할 수 있습니다. 다음은 몇 가지 제안입니다.

1. 고객 세분화(Clustering) :
   • 연령, 연간 소득, 소비 점수를 기반으로 고객을 그룹화하여 각 그룹의 특성을 이해할 수 있습니다.
2. 성별에 따른 소비 패턴 분석 :
   • 성별에 따른 연령, 연간 소득, 소비 점수의 차이를 분석하여 남성과 여성 고객의 소비 패턴을 비교할 수 있습니다.
3. 연령대별 소비 성향 분석 :
   • 특정 연령대(예 : 20대, 30대 등)에 따라 소비 점수와 연간 소득의 변화를 분석할 수 있습니다.
4. 소득과 소비 점수의 상관관계 분석 :
   • 연간 소득과 소비 점수 사이의 상관관계를 분석하여 소득이 소비 습관에 미치는 영향을 이해할 수 있습니다.
5. 고객 충성도 분석 :
   • 소비 점수를 기반으로 높은 점수를 가진 고객을 파악하고 이들의 특성을 분석하여 고객 충성도를 높일 수 있는 전략을 수립할 수 있습니다.

앞의 사례와 동일한 슈퍼마켓 몰의 고객 데이터를 활용하여 군집 분석을 수행하기 위해 먼저 필요한 데이터를 수집하고 탐색해 보겠습니다.

1) 문제 정의

슈퍼마켓 몰은 고객의 멤버십 카드를 통해 고객 ID, 나이, 성별, 연간 소득, 지출 점수 등 고객에 대한 데이터를 수집합니다. 이 데이터를 기반으로 고객을 여러 세분 집단으로 나누어 각 집단에 맞는 마케팅 전략을 수립할 수 있습니다. 목표는 정의된 변수들을 활용하여 효과적으로 고객을 분류하는 것입니다.

2) 데이터 수집

캐글 사이트(www.kaggle.com)에서 Mall Customer Segmentation Data를 다운로드 할 수 있습니다. [Mall_Customers.csv] 파일은 고객 데이터를 포함한 CSV 파일로, 각 행에는 개별 고객의 정보가 저장되어 있습니다.

- 고객 ID : 각 고객을 식별하는 고유 번호
- 성별 : 고객의 성별(남성/여성)
- 나이 : 고객의 나이(18세부터 70세까지)
- 연간 소득 : 고객의 연간 소득 수준(금액 단위)
- 지출 점수 : 고객의 소비 행동을 점수화한 값(1부터 100까지)

3) 분석 방법

- K-평균 군집화 : 고객을 여러 그룹으로 나누는 데 사용하는 군집 분석 알고리즘입니다. 이 알고리즘은 각 군집의 중심점(centroid)과의 거리를 최소화하여 데이터를 효과적으로 분류합니다.

- 탐색적 데이터 분석(EDA) : 데이터를 시각화하고 기본적인 통계치를 계산하여 데이터의 구조를 이해합니다.

4) 실습 절차

① 데이터 탐색(EDA)

- 데이터를 처음 분석할 때는 탐색적 데이터 분석을 수행하여 데이터의 특성과 분포를 파악합니다.
- 예를 들어, 성별 비율을 확인하고, 나이와 연간 소득의 분포를 분석하며, 지출 점수의 평균값을 확인합니다.

② 분석 계획 세우기

- 챗GPT나 다른 AI 도구에 "이 데이터를 탐색해 줘"라는 요청을 합니다. AI는 데이터를 분석하는 여러 방법을 제안해 줄 수 있습니다.
- 예제 제안
  ▷ 고객 세분화(Clustering) : 나이, 연간 소득, 지출 점수를 기준으로 고객을 그룹화하고 각 그룹의 특성을 이해합니다.
  ▷ 성별에 따른 소비 패턴 분석 : 성별에 따라 소비 행동의 차이를 분석합니다.
  ▷ 연령대별 소비 성향 분석 : 연령대에 따른 소비 패턴을 파악합니다.
  ▷ 소득과 지출 점수의 상관관계 분석 : 연간 소득과 소비 점수 간의 상관관계를 확인합니다.
  ▷ 고객 충성도 분석 : 지출 점수를 기반으로 고객의 충성도를 평가합니다.

③ 군집 분석 수행

- K-평균 군집화 : K값을 2에서 10까지 설정해 가며, 각 경우에 대해 데이터를 분류하고 가장 적절한 K값을 선택합니다.
- 군집화 결과는 시각화 도구를 통해 시각적으로 확인할 수 있습니다. 산점도 플롯을 사용하여 각 군집을 서로 다른 색상으로 표시하고, 군집의 중심점을 시각화합니다.

④ **결과 해석**

- 각 군집의 특성을 분석합니다. 예를 들어, 군집 1은 평균 나이가 45세이고 고소
득층일 수 있으며, 군집 2는 젊고 소비 점수가 높은 그룹일 수 있습니다.
- 분석 결과를 마케팅팀에 전달하여, 각 고객 그룹에 맞춤형 마케팅 전략을 수립
할 수 있도록 지원합니다.

5) 챗GPT 활용

챗GPT는 데이터 분석 과정에서 매우 유용한 도구입니다. 분석 계획을 세울 때나 특정 분석을 수행할 때, 챗GPT에 "어떤 분석을 하면 좋을지?" 질문할 수 있습니다.

예를 들어, "이 데이터를 탐색해 줘" 혹은 "이 데이터를 기반으로 어떤 군집 분석이 적합한지 알려줘" 같은 요청을 통해 실질적인 분석 방향을 제안받을 수 있습니다.

챗GPT와 같은 AI 도구를 활용하면 데이터 분석의 초보자도 쉽게 접근할 수 있습니다. AI는 분석 과정에서 필요한 도움을 제공하고, 데이터를 효과적으로 이해할 수 있는 방향을 제시합니다.

② 챗GPT로 군집 분석 및 시각화하기

[실습] 챗GPT를 이용한 군집 분석

◎ 문제 : 슈퍼마켓 몰의 고객 멤버십 카드를 통해 고객 ID, 나이, 성별, 연간 소득 및 지출 점수와 같은 고객에 대한 기본 데이터를 가지고 있다. 지출 점수는 고객 행동 및 구매 데이터와 같은 정의된 매개변수를 기반으로 고객에게 할당하는 것이다. 어떻게 세분 집단으로 분류할 수 있을까?

❓ Mall_Customers.csv
고객 세분화 클러스트링해 줘

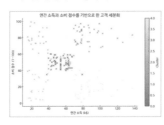

고객 세분화 클러스터링을 완료했습니다. 엘보우 방법을 사용하여 최적의 클러스터 수를 5로 설정한 후, 연령, 연간 소득, 소비 점수를 기반으로 고객을 5개의 클러스터로 분류했습니다.

결과는 연간 소득과 소비 점수를 기준으로 시각화하여 표시하였습니다. 클러스터별로 고객의 특성을 파악하는 데 도움이 될 것입니다.

챗GPT를 활용한 군집 분석 및 시각화를 수행해 보겠습니다. 슈퍼마켓 몰 고객 데이터를 활용하여 K-평균 군집화 알고리즘을 통해 고객을 세분화하는 과정을 다룹니다.

1) 결과 시각화

- 연간 소득과 소비 점수를 기준으로 산점도 플롯(Scatter Plot)을 작성합니다.
- X축은 연간 소득, Y축은 소비 점수를 나타내며, 각 점은 고객을 의미합니다. 다섯 개의 군집은 서로 다른 색상으로 표시됩니다.
- 각 색깔로 구분된 군집을 통해 고객 그룹 간의 차이점을 시각적으로 파악할 수 있습니다.

- 군집 1 : 연간 소득이 낮고 지출 점수가 낮은 그룹. 일반적으로 가격에 민감할 수 있으며, 할인을 강조한 마케팅이 효과적일 수 있습니다.
- 군집 2 : 연간 소득이 높고 지출 점수가 높은 그룹. 프리미엄 제품이나 고급 서비스를 선호할 가능성이 큽니다.
- 군집 3 : 연간 소득이 중간 수준이지만 지출 점수가 높은 그룹. 충동구매를 자주 하며, 특별 프로모션에 민감할 수 있습니다.
- 군집 4 : 연간 소득이 낮지만 지출 점수가 높은 그룹. 소득 대비 소비 성향이 강하며, 특가 마케팅 전략이 효과적일 수 있습니다.
- 군집 5 : 연간 소득이 높지만 지출 점수가 낮은 그룹. 신중하게 구매 결정을 내리는 경향이 있으며, 신뢰성 높은 브랜드나 투자 가치가 높은 제품에 관심이 많을 수 있습니다.

4) 결론 및 활용

K-평균 군집화를 통해 도출된 고객 세분화는 마케팅 전략 수립에 중요한 인사이트를 제공합니다. 각 군집의 특성을 기반으로 맞춤형 프로모션을 설계하여 고객 만족도를 높이고, 비즈니스 성과를 극대화할 수 있습니다.

챗GPT와 같은 AI 도구는 데이터 분석에 익숙하지 않은 사용자에게도 군집 분석을 쉽게 수행할 수 있도록 돕는 강력한 도구입니다. 이와 같은 분석 과정을 통해 고객을 더 깊이 이해하고, 데이터에 기반한 전략적 의사 결정을 내릴 수 있습니다.

③ 클러스터의 특성 파악

[실습] 챗GPT를 이용한 군집 분석

○ 문제 : 슈퍼마켓 몰의 고객 멤버십 카드를 통해 고객 ID, 나이, 성별, 연간 소득 및 지출 점수와 같은 고객에 대한 기본 데이터를 가지고 있다. 지출 점수는 고객 행동 및 구매 데이터와 같은 정의된 매개변수를 기반으로 고객에게 할당하는 것이다. 어떻게 세분 집단으로 분류할 수 있을까?

❷ Mall_Customers.csv
클러스터별 고객 특성 분석해 줘

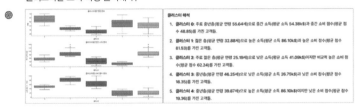

챗GPT를 활용한 군집 분석으로 고객을 다섯 개의 클러스터로 나누고, 각 클러스터의 특성을 파악합니다.

1) 클러스터별 특성 분석

① 연령 분포

- 클러스터 0 : 주로 중년층(평균 연령 55.64세)
- 클러스터 1 : 젊은 층(평균 연령 32.88세)
- 클러스터 2 : 주요 젊은 층(평균 연령 25.19세)
- 클러스터 3 : 중년층(평균 연령 46.25세)
- 클러스터 4 : 중년층(평균 연령 39.87세)

각 클러스터는 연령대에 따라 명확하게 구분됩니다. 연령이 높은 그룹 또는 젊은 그룹은 활발한 소비 패턴을 보일 수 있습니다.

② 연간 소득 분포

- 클러스터 0 : 중간 소득(평균 소득 $54.38k)
- 클러스터 1 : 높은 소득(평균 소득 $86.10k)
- 클러스터 2 : 낮은 소득(평균 소득 $41.09k)
- 클러스터 3 : 낮은 소득(평균 소득 $26.75k)
- 클러스터 4 : 높은 소득(평균 소득 $86.10k)

여기서 주목할 점은, 소득이 높다고 해서 소비 점수가 반드시 높은 것은 아니며, 소비 성향은 다른 요소들에 의해 영향을 받을 수 있습니다.

③ 소비 점수 분포

- 클러스터 0 : 중간 소비 점수(평균 점수 48.85)
- 클러스터 1 : 높은 소비 점수(평균 점수 81.53)
- 클러스터 2 : 비교적 높은 소비 점수(평균 점수 62.24)
- 클러스터 3 : 낮은 소비 점수(평균 점수 18.35)
- 클러스터 4 : 낮은 소비 점수(평균 점수 19.36)

소비 점수는 고객의 소비 성향을 나타내며, 마케팅 전략을 세울 때 중요한 변수입니다.

2) 해석 및 전략

- 클러스터 0 : 중년층에 속하며, 중간 소득과 소비 점수를 가진 고객 그룹입니다. 이 그룹은 중립적인 소비 성향을 보이며, 보통의 혜택과 할인 행사에 반응할 가능성이 있습니다.
- 클러스터 1 : 젊은 연령대에 속하며, 높은 소득과 높은 소비 점수를 가진 우량 고객입니다. 이 그룹은 프리미엄 상품이나 고급 서비스에 관심이 많을 수 있으며, 맞춤형 VIP 혜택을 제공하면 효과적입니다.

- 클러스터 2 : 젊고 낮은 소득을 가졌지만, 비교적 높은 소비 점수를 가진 고객들입니다. 이 그룹은 경제적인 혜택을 강조한 마케팅 전략에 잘 반응할 수 있습니다.
- 클러스터 3 : 중년층에 속하며, 낮은 소득과 소비 점수를 가진 고객들입니다. 가격에 매우 민감할 수 있으며, 할인이나 저렴한 상품을 강조하는 마케팅이 효과적일 수 있습니다.
- 클러스터 4 : 중년층에 속하며, 높은 소득을 가졌지만 소비 점수가 낮은 그룹입니다. 이들은 보수적인 소비 성향을 보일 수 있으며, 신뢰성 높은 브랜드나 장기적인 가치가 있는 제품에 관심을 가질 수 있습니다.

챗GPT를 활용한 군집 분석은 고객 데이터를 효과적으로 분류하고, 각 클러스터의 특성을 시각적으로 분석할 수 있도록 돕습니다.

4 챗GPT에 요청한 프롬프트

[Mall_Customers.csv] 업로드

이 데이터를 탐색해 줘

이 데이터로 어떤 분석을 하면 좋을지 질문해 줘

고객 세분화 클러스터링해 줘

클러스터별 고객 특성 분석해 줘

[실습] 챗GPT를 이용한 군집 분석

◎ 문제 : 슈퍼마켓 몰의 고객 멤버십 카드를 통해 고객 ID, 나이, 성별, 연간 소득 및 지출 점수와 같은 고객에 대한 기본 데이터를 가지고 있다. 지출 점수는 고객 행동 및 구매 데이터와 같은 정의된 매개변수를 기반으로 고객에게 할당하는 것이다. 어떻게 세분 집단으로 분류할 수 있을까?

❓ Mall_Customers.csv
클러스터별 특징을 테이블로 나타내 줘
클러스터별 특징을 나타낸 테이블에 고객 수와 성별 분포도 함께 나타내 줘

클러스터	연령(평균)	연령(최소)	연령(최대)	연간소득(k$)(평균)	연간소득(k$)(최소)	연간소득(k$)(최대)	소비점수(1-100)(평균)	소비점수(1-100)(최소)	소비점수(1-100)(최대)	고객수	여성고객수	남성고객수
0	55.64	40	70	54.38	38	79	48.85	35	60	47	27	20
1	32.88	27	40	86.1	69	137	81.53	58	97	40	22	18
2	25.19	18	38	41.09	15	67	62.24	39	99	54	32	22
3	46.25	20	67	26.75	16	39	18.35	3	36	20	12	8
4	39.87	19	59	86.1	64	137	19.36	1	42	39	19	20

챗GPT를 활용한 군집 고객을 세분화하고 각 클러스터의 특성을 분석하여 마케팅 전략 방안을 도출하기 위한 고객 프로파일링을 수행해 보겠습니다.

1 고객 프로파일링

각 클러스터는 연령, 연간 소득, 소비 점수 등을 기준으로 구분됩니다. 챗 GPT는 클러스터별로 세부적인 분석을 수행하고, 그 결과를 시각화해 줍니다. 그리고 챗GPT에 각 클러스터의 특성이 요약된 테이블을 요청할 수 있습니다.

고객 프로파일링(Customer Profiling)은 고객의 다양한 특성을 분석하여 고객을 여러 그룹으로 분류하는 작업입니다. 이를 통해 고객의 행동, 선호도, 라이프스타일 등을 보다 잘 이해하고, 마케팅 전략을 최적화할 수 있습니다. 우리는 고객 ID, 나이, 성별, 연간 소득, 지출 점수 등 고객에 대한 데이터를 바탕으로 고객 프로파일링을 할 수 있습니다.

이런 과정을 통해 최종적으로 획득한 고객 프로파일링(클러스터,연령, 연간 소득, 소비 점수, 고객 수 등) 결과를 정리하면 다음과 같습니다.

클러스터	연령(평균)	연령(최소)	연령(최대)	연간 소득 (k$)(평균)	연간 소득 (k$)(최소)	연간 소득 (k$)(최대)	소비 점수 (1-100)(평균)	소비 점수 (1-100)(최소)	소비 점수 (1-100)(최대)	고객 수	여성 수	남성 수
0	55.64	40	70	54.38	38	79	48.85	35	60	47	27	20
1	32.88	27	40	86.1	69	137	81.53	58	97	40	22	18
2	25.19	18	38	41.09	15	67	62.24	39	99	54	32	22
3	46.25	20	67	26.75	16	39	18.35	3	36	20	12	8
4	39.87	19	59	86.1	64	137	19.36	1	42	39	19	20

2 클러스터 해석

1) 클러스터 0

· 연령 : 평균 55.64세

· 소득 : 중간 소득($54.38k)

· 소비 점수 : 중간 수준(48.85)

· 고객 수 : 47명(여성 27명, 남성 20명)

· 특징 : 중년층의 중간 소득자 그룹으로, 보통의 소비 성향을 보입니다.

2) 클러스터 1

- 연령 : 평균 32.88세

- 소득 : 높은 소득($86.1k)

- 소비 점수 : 매우 높음(81.53)

- 고객 수 : 40명(여성 22명, 남성 18명)

- 특징 : 젊고 부유하며 소비 성향이 강한 우량 고객 그룹입니다. 프리미엄 마케팅이
  효과적일 수 있습니다.

3) 클러스터 2

- 연령 : 평균 25.19세

- 소득 : 낮은 소득($41.09k)

- 소비 점수 : 비교적 높음(62.24)

- 고객 수 : 54명(여성 32명, 남성 22명)

- 특징 : 젊은 층으로, 낮은 소득에 비해 소비 성향이 높습니다. 할인 행사나 경제적인
  혜택이 효과적일 수 있습니다.

4) 클러스터 3

- 연령 : 평균 46.25세

- 소득 : 낮은 소득($26.75k)

- 소비 점수 : 매우 낮음(18.35)

- 고객 수 : 20명(여성 12명, 남성 8명)

- 특징 : 중년층으로, 소비 성향이 매우 낮습니다. 가격에 민감한 고객일 가능성이 높
  습니다.

5) 클러스터 4

- 연령 : 평균 39.87세
- 소득 : 높은 소득($86.1k)
- 소비 점수 : 낮음(19.36)
- 고객 수 : 39명(여성 19명, 남성 20명)
- 특징 : 중년층의 고소득자지만 보수적인 소비 성향을 보입니다. 신뢰성을 강조한 마케팅이 효과적일 수 있습니다.

❸ 결론 및 활용

챗GPT를 활용한 군집 분석은 간단하고 빠르게 고객 데이터를 세분화할 수 있게 합니다. 분석 결과는 마케팅 전략을 세우는 데 있어 중요한 인사이트를 제공합니다. 각 클러스터의 특성을 기반으로 맞춤형 마케팅을 실행함으로써 고객 만족도를 높이고 매출을 증대시킬 수 있습니다.

예를 들어, 클러스터 1은 프리미엄 마케팅에 집중하고, 클러스터 2는 가격 중심의 마케팅 전략을 펼치는 것이 효과적일 수 있습니다.

❹ 챗GPT에 요청한 프롬프트

클러스터별 특징을 테이블로 나타내 줘

클러스터별 특징을 나타낸 테이블에 고객 수와 성별 분포도 함께 나타내 줘

📎 ⏏ 🌐

정리하기

군집 분석은 비슷한 특성을 가진 데이터들을 그룹으로 묶어주는 비지도 학습 기법으로, 데이터의 구조를 이해하고 의미 있는 통찰을 얻는 데 사용됩니다. K–평균 군집화는 가장 널리 사용되는 군집 분석 방법으로, 데이터를 K개의 그룹으로 나누고 각 군집의 중심점과의 거리를 최소화하는 것을 목표로 합니다. 이때 엘보우 기법을 사용해 최적의 군집 수(K)를 결정합니다. 군집화는 고객 세분화를 통해 맞춤형 마케팅 전략을 세우는 데 필수적이며, 데이터를 기반으로 고객의 행동과 특성을 이해할 수 있게 합니다. 예를 들어, 슈퍼마켓 몰 고객 데이터를 기반으로 K–평균 군집화를 활용해 고객을 다섯 개의 클러스터로 세분화하고 분석하는 과정을 다뤘습니다. 챗GPT를 활용해 최적의 클러스터 수를 결정했고, 고객 프로파일링을 수행했습니다. 이러한 분석은 맞춤형 마케팅 전략 수립에 활용될 수 있으며, 젊은 층에는 프리미엄 마케팅, 소득이 낮은 고객에는 할인 전략이 효과적일 수 있다는 것을 찾았습니다.

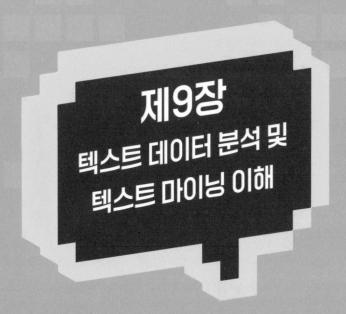

제9장
텍스트 데이터 분석 및
텍스트 마이닝 이해

① 고객 리뷰, 설문조사 응답, 소셜 미디어 댓글 등에서 고객의 의견과 감정을 파악하여 제품 및 서비스 개선에 활용하고 싶다.

② 뉴스 기사, 블로그 포스트, 소셜 미디어 트렌드를 분석하여 시장의 최신 동향과 변화를 파악하고 싶다.

③ 소셜 미디어와 리뷰 사이트에서 브랜드에 대한 언급을 모니터링하여 브랜드의 평판을 관리하고 위기 상황에 신속하게 대응하고 싶다.

④ 경쟁사의 마케팅 전략, 제품 리뷰 등을 분석하여 경쟁사와의 차별화를 모색하고 싶다.

⑤ 우리가 제공하는 서비스의 좋은 점과 나쁜 점을 비교해 보고 우리 서비스의 개선 방향을 찾고 싶다.

텍스트 데이터 분석

- 텍스트 데이터 분석(Text Data Analysis) : 텍스트 형태로 된 데이터를 수집하고, 이를 처리하고, 유의미한 정보를 추출하는 과정
- 주요 목적
  - ▷ 텍스트 데이터를 활용하여 인사이트를 도출하고 의사 결정을 지원
- 단계
  - ▷ 감정 분석, 주제 모델링, 텍스트 분류, 클러스터링 등 다양한 분석 기법을 사용하여 텍스트 데이터에서 유의미한 패턴을 찾음
  - ▷ 데이터 수집 : 웹 크롤링, API, 파일 등 다양한 소스에서 텍스트 데이터를 수집
  - ▷ 데이터 전처리 : 텍스트 정제, 불용어 제거, 토큰화 등
  - ▷ 데이터 변환 : TF–IDF, 단어 임베딩 등 기법을 사용하여 텍스트 데이터를 수치화
  - ▷ 탐색적 데이터 분석 : 데이터의 기초 통계와 패턴 탐색
  - ▷ 모델링 : 감정 분석, 주제 모델링, 텍스트 분류 등 다양한 모델을 사용하여 분석
  - ▷ 평가 : 모델의 성능을 평가
  - ▷ 시각화 : 분석 결과를 시각화하여 이해를 높임
  - ▷ 배포 및 활용 : 분석 결과를 대시보드 형태로 배포

1 텍스트 데이터 분석

텍스트 데이터 분석(Text Data Analysis)은 텍스트 형태로 존재하는 데이터를 수집하고 처리하여, 그 안에서 의미 있는 정보를 추출하는 과정입니다.

이는 데이터 과학 및 자연어 처리(NLP) 분야에서 매우 중요한 위치를 차지하며, 여러 산업에 걸쳐 유용한 인사이트를 제공합니다.

텍스트 데이터를 효과적으로 분석하여 조직이나 개인이 더 나은 의사 결정을 내릴 수 있도록 지원합니다. 감정 분석, 주제 모델링, 텍스트 분류, 클러스터링 등의 다양한 기법을 사용해 의미 있는 패턴을 발견합니다.

2 분석 기법 적용

- 감정 분석(Sentiment Analysis) : 텍스트에서 감정을 추출하여 긍정적, 부정적, 중립적 감정을 판별합니다. 감성 분석 또는 긍·부정 분석이라고도 합니다.
- 주제 모델링(Topic Modeling) : 문서 집합에서 주요 주제를 자동으로 추출합니다.
- 텍스트 분류(Text Classification) : 텍스트를 미리 정의된 카테고리로 분류합니다.
- 클러스터링(Clustering) : 유사한 텍스트 데이터를 그룹화합니다.

3 텍스트 데이터 분석 단계

1) 데이터 수집

다양한 소스로부터 텍스트 데이터를 수집합니다. 주요 소스는 다음과 같습니다.

- 웹 크롤링(Web Crawling) : 웹 페이지를 탐색하고 원하는 데이터를 자동으로 수집하는 기술
- API(Application Programming Interface) : 특정 서비스에서 데이터를 제공받기 위해 API를 활용

- **파일 데이터** : 문서 파일(예:Word, Excel, 한글 등)에서 고객 피드백이나 기록된 내용을 추출

2) 데이터 전처리(Preprocessing)

텍스트 데이터를 분석에 적합하게 정리하는 단계입니다. 여기에는 다음과 같은 작업이 포함됩니다.

- **텍스트 정제**(Cleaning) : 불필요한 문자나 기호를 제거
- **불용어 제거**(Stopword Removal) : 분석에 의미가 없는 단어를 필터링
- **토큰화**(Tokenization) : 텍스트를 단어 단위로 분리

3) 데이터 변환(Transformation)

텍스트 데이터를 기계 학습 모델에 적합하게 변환합니다.

- **TF-IDF**(Term Frequency-Inverse Document Frequency) : 단어의 중요도를 평가하는 방법
- **단어 임베딩**(Word Embedding) : 단어를 벡터 형식으로 표현하여 기계가 이해할 수 있도록 함

4) 탐색적 데이터 분석(Exploratory Data Analysis)

데이터의 기초 통계량과 패턴을 탐색하여 분석 방향을 설정합니다.

- **기술 통계**(Descriptive Statistics) : 텍스트 데이터의 기본적인 특성 이해

5) 모델링(Modeling)

텍스트 분석 기법을 활용하여 예측 및 분류 모델을 구축합니다.

- **감정 분석 모델** : 텍스트의 감정 상태를 예측
- **주제 모델링 기법** : 문서 내 주제를 파악

・분류 및 군집화 모델 : 데이터를 특정 범주에 분류하거나 그룹화

6) 모델 평가(Evaluation)

모델의 성능을 다양한 평가 지표(예 : 정확도, 정밀도, 재현율 등)를 사용하여 측정합니다. 평가 결과에 따라 모델의 개선 방향을 탐색합니다.

7) 시각화(Visualization)

분석 결과를 시각적으로 표현하여 이해를 높입니다. 일반적으로 그래프나 대시보드를 사용합니다.

8) 배포 및 활용(Deployment and Utilization)

분석 결과를 실제 비즈니스 환경에서 적용합니다. 결과를 대시보드나 보고서 형태로 공유하여 조직 내 의사결정에 기여합니다.

텍스트 데이터 분석은 텍스트 데이터에서 잠재적인 가치를 발견하고 의사결정을 지원하는 중요한 기술입니다. 성공적인 분석을 위해서는 적절한 데이터 수집, 전처리, 변환, 모델링, 평가, 그리고 시각화의 체계적인 접근이 필요합니다. 이를 통해 기업은 고객 피드백 분석, 소셜 미디어 모니터링, 문서 자동 분류 등의 다양한 응용 분야에서 실질적인 가치를 창출할 수 있습니다.

02 형태소 분석

형태소 분석

- 형태소 분석(Morphological Analysis) : 형태소 분석은 텍스트를 최소 의미 단위인 형태소(morpheme)로 분해하는 과정. 텍스트 데이터 분석의 한 부분
- 주요 목적 :
  - ▷ 언어의 구조와 의미를 이해
  - ▷ 자연어 처리(NLP)의 기초 단계로서 텍스트를 구조화
- 단계 :
  - ▷ 토큰화(Tokenization) : 텍스트를 단어 또는 문장 단위로 분리
  - ▷ 형태소 분석 : 각 단어를 형태소 단위로 분해하고, 각 형태소에 품사 태그를 부착
  - ▷ 예 : "고양이가 집에 있다" → "고양이/NNG + 가/JKS + 집/NNG + 에/JKB + 있다/VV"
  - ▷ 어간 추출(Stemming) : 단어의 기본 형태를 추출
  - ▷ 표제어 추출(Lemmatization) : 단어의 표제어를 추출하여 통일된 형태로 변환
- 사용 사례 :
  - ▷ 텍스트 정제 및 전처리
  - ▷ 언어 모델링의 기초 단계로 사용
  - ▷ 감정 분석, 주제 모델링 등 NLP 작업의 전처리 단계로 활용

---

1 형태소 분석 이해

형태소 분석(Morphological Analysis)은 텍스트 데이터를 최소 의미 단위인

형태소(morpheme)로 분해하는 과정을 의미합니다. 이는 텍스트 데이터 분석의 중요한 부분으로, 특히 자연어 처리(NLP)와 언어학에서 핵심적으로 다뤄집니다. 형태소 분석은 언어의 구조와 의미를 더 깊이 이해하기 위한 기초 단계이며, 언어의 다양한 구문과 단어 형태를 해석하는 데 매우 중요한 역할을 합니다.

2 단계별 형태소 분석 과정

1) 토큰화(Tokenization)

텍스트를 단어 또는 문장 단위로 분리하는 작업입니다. 이는 NLP 모델이 텍스트를 처리할 수 있도록 하는 첫 단계로, 단어 또는 구절을 나누어 분석의 기본 단위를 형성합니다.

예를 들어, 문장 "고양이가 집에 있다"를 단어 단위로 나누면 "고양이", "가", "집", "에", "있다"로 분리합니다.

2) 형태소 분석(Morphological Analysis)

분리된 각 단어를 형태소 단위로 세분화하고, 각 형태소에 품사 태그를 부착합니다. 형태소는 의미를 가진 최소 단위로, 명사(NNG), 조사(JKS), 동사(VV) 등으로 구분됩니다.

- 예를 들어, "고양이가 집에 있다" → "고양이/NNG + 가/JKS + 집/NNG + 에/JKB + 있다/VV"

3) 어간 추출 (Stemming)

단어의 기본 형태(어간)를 추출하여 분석합니다. 이는 단어의 변형된 형태를 하나의 표준 형태로 정리하는 작업입니다.

- 예를 들어, "playing", "played" → "play"

4) 표제어 추출 (Lemmatization) :

단어의 표제어를 추출하여 문법적 맥락에 맞는 형태로 변환합니다. 어간 추출과 유사하지만, 더 정교하며 문법적 정보를 활용하여 처리합니다.

- 예를 들어, "am", "is", "are" → "be"

3 사용 사례

1) 텍스트 정제 및 전처리

텍스트 데이터를 정제하여 분석에 적합하게 만드는 과정입니다. 이를 통해 노이즈를 제거하고 의미 있는 데이터를 추출합니다.

2) 언어 모델링의 기초 단계

언어 모델을 구축하기 위한 필수 과정으로, 텍스트 데이터의 구조적 이해를 돕습니다. 특히 자연어 처리 작업을 준비하는 데 사용됩니다.

3) 감정 분석, 주제 모델링 등 NLP 작업의 전처리 단계

형태소 분석은 감정 분석(Sentiment Analysis)이나 주제 모델링(Topic Modeling)과 같은 고급 NLP 작업에서 데이터를 전처리하는 데 필수적입니다.

형태소 분석은 텍스트 데이터를 다루는 모든 작업의 기초이며, 언어의 복잡한 구조를 체계적으로 이해할 수 있도록 돕습니다. 특히, 자연어 처리(NLP)에서 형태소 분석은 언어의 문법적 특성을 학습하고 모델을 구축하는 데 필수적인 과정입니다. 이를 통해 우리는 텍스트 데이터를 더 깊이 이해하고, 의미 있는 정보를 효과적으로 추출할 수 있습니다.

03 검색 트렌드 분석

검색 트렌드 분석

- 검색 트렌드 분석(Search Trend Analysis)은 검색 쿼리 데이터를 조사하여 일정 기간 동안 사람들이 검색하는 내용의 패턴, 추세 및 변동을 식별하는 프로세스
- 예시. DMZ에 대한 5년간 구글 트렌드 분석

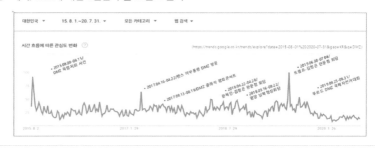

1 검색 트렌드 분석 이해

검색 트렌드 분석(Search Trend Analysis)은 사람들이 인터넷에서 검색하는 키워드를 기반으로 일정 기간의 패턴, 추세 및 변동을 식별하는 과정을 말합니다. 이는 웹 검색 데이터를 분석하여 다양한 현상이나 사회적 관심의 변

화를 이해하고 예측하는 데 중요한 도구로 활용됩니다. 구글 트렌드(Google Trends)와 같은 플랫폼을 사용하여 이를 간단하고 효과적으로 수행할 수 있습니다.

② 사례연구 : DMZ에 대한 5년간의 구글 트렌드 분석

DMZ(비무장지대)에 대한 검색 트렌드를 2015년 8월부터 2020년 7월까지 분석했습니다.

분석 결과, 특정 시점에 검색량이 급증하는 구간이 발견되었습니다. 이러한 검색량 증가 현상은 대개 주요 이벤트나 사건에 의해 촉발됩니다.

예를 들어, 2015년 8월에 DMZ에서 발생한 사건으로 인해 검색량이 증가했으며, 2018년 남북 정상회담과 같은 중요한 외교 이벤트에서도 검색량이 급증했습니다.

③ 데이터 분석 방법

- 데이터 수집 : 구글 트렌드에서 "DMZ"라는 키워드의 검색 데이터를 추출합니다. 분석 기간을 설정하여 검색량 변화를 시간 축에 따라 확인할 수 있습니다.
- 시간 흐름에 따른 분석 : 구글 트렌드의 그래프를 통해 특정 기간의 관심도 변화를 시각화합니다. 이를 통해 관심이 증가한 구간을 파악하고, 그 원인을 추적합니다.
- 추가적 조사 및 해석 : 검색량의 변화가 왜 발생했는지 이해하기 위해 언론 기사나 다른 자료를 참조합니다. 예를 들어, 특정 이벤트가 검색 트렌드에 어떤 영향을 미쳤는지를 파악하여 더 깊은 인사이트를 제공합니다.

4 검색 트렌드 분석의 응용

- 시장조사 및 마케팅 : 소비자 관심사의 변화를 추적하여 새로운 비즈니스 기회를 포착할 수 있습니다. 마케팅 전략을 세울 때 유용한 데이터로 활용됩니다.
- 사회적 트렌드 분석 : 사회적 관심사나 이슈가 어떻게 변하는지를 이해하는 데 도움이 됩니다. 정책 결정이나 언론 분석에도 활용할 수 있습니다.
- 이벤트 예측 및 준비 : 특정 주제에 대한 관심이 급증할 가능성을 예측하여 관련 이벤트나 활동을 준비할 수 있습니다.

검색 트렌드 분석은 단순한 데이터 수집을 넘어 특정 시점에 발생한 이벤트의 영향을 이해하고, 미래의 트렌드를 예측하는 데 강력한 도구입니다. 구글 트렌드와 같은 플랫폼을 통해 데이터의 시각화 및 분석을 간단하게 수행할 수 있으며, 이를 통해 더욱 깊이 있는 인사이트를 제공할 수 있습니다.

04 감성^(긍정·부정) 분석

감성(긍 · 부정) 분석

- ◎ 감성 분석(Sentiment Analysis)은 텍스트에 표현된 의견이나 감정을 식별하고 분류하는 자연어 처리(Natural Language Processing, NLP)의 하위 분야
  - ▷ 비즈니스 인텔리전스 : 제품 및 서비스에 대한 고객 의견을 이해
  - ▷ 소셜 미디어 모니터링 : 소셜 플랫폼에서 다양한 주제에 대한 대중의 감성을 분석
  - ▷ 시장조사 : 제품이나 캠페인에 대한 소비자 반응을 평가
  - ▷ 정치 분석 : 정치 이벤트나 후보에 대한 대중의 의견과 반응을 평가
- ◎ 예시. 로컬푸드에 대한 썸트렌드 감성분석

◼ 감성(긍·부정) 분석 이해

감성 분석(Sentiment Analysis, 혹은 감정 분석)은 텍스트에 표현된 의견이나 감정을 자동으로 식별하고 분류하는 자연어 처리(NLP)의 하위 분야입니다. 이는 특정 문서나 텍스트 데이터에 담긴 긍정적, 부정적, 또는 중립적인 감정을 감지하여 분석하는 과정을 포함합니다. 감성 분석은 데이터 속에서 의미 있는 감정을 추출하고 그로부터 인사이트를 얻는 데 널리 활용됩니다.

◻ 감성 분석의 응용 분야

- 비즈니스 인텔리전스 : 제품 및 서비스에 대한 고객의 의견을 이해하고, 이를 통해 고객의 만족도나 불만족도를 분석하여 서비스 개선에 활용합니다.
- 소셜 미디어 모니터링 : 소셜 플랫폼에서 다양한 주제에 대한 대중의 감정을 분석하여, 브랜드 평판 관리나 고객 참여도 측정에 유용합니다.
- 시장조사 : 새로운 제품이나 마케팅 캠페인에 대한 소비자 반응을 평가하고, 시장 트렌드 및 고객의 기대치를 파악합니다.
- 정치 분석 : 정치적 이벤트나 후보에 대한 대중의 의견과 반응을 분석합니다. 이를 통해 여론조사 대신 감성 분석을 활용해 효과적으로 정치적 여론을 이해할 수 있습니다.

3 감성 분석의 주요 개념

1) 긍정, 부정, 중립 사전

- 감성 분석은 주로 감정이 담긴 단어들을 긍정적 또는 부정적으로 분류하는 데 기초합니다. 예를 들어, "좋다", "행복하다"는 긍정적인 단어로 분류되고, "싫다", "불편하다"는 부정적인 단어로 분류됩니다.
- 감성 분석 엔진은 이러한 사전(Dictionary)을 활용하여 텍스트에서 감정을 자동으로 분류합니다.

2) 자연어 처리 기반 분석

감성 분석은 자연어 처리(NLP) 기술을 활용하여 단어의 의미를 파악하고, 문맥에 맞는 감정을 식별합니다. 기계학습 모델은 방대한 양의 텍스트 데이터를 학습해 감정 표현을 정확하게 분류할 수 있습니다.

4 사례 연구 : 로컬푸드에 대한 썸트렌드 감성 분석

분석 도구인 썸트렌드(some.co.kr)는 바이브컴퍼니(옛 다음소프트)가 제공하는 감성 분석 플랫폼입니다. 이 도구는 특정 키워드에 대한 긍정, 부정, 중립 반응을 분석해 시각화합니다.

분석 결과를 예시하면 다음과 같습니다.

- "로컬푸드"에 대한 분석 결과를 보면, 긍정적인 단어로는 "좋다", "건강하다" 등이 있으며, 긍정 감정이 68%로 나타났습니다.
- 부정적인 의견은 빨간색으로 표시되며 상대적으로 낮은 비율을 차지합니다.
- 중립적인 단어는 "구입하다" 등으로 분류됩니다. 이러한 분석은 긍정과 부정 감정의 비율을 한눈에 보여주며, 트렌드나 고객 반응을 이해하는 데 큰 도움을 줍니다.

분석 도구인 썸트렌드의 특징은 다음과 같습니다.

- 사용자 친화적인 인터페이스 : 썸트렌드는 감정 분석 결과를 시각적으로 쉽게 확인할 수 있습니다. 사용자는 소셜 미디어, 블로그, 뉴스 등 다양한 데이터 소스에서 추출된 감정 정보를 확인할 수 있습니다.
- 무료 및 유료 버전 : 무료로 제공되는 버전은 제한적인 기능을 제공하며, 비즈니스 목적의 고급 기능은 유료로 사용할 수 있습니다.

감성 분석은 빅데이터 시대에 필수적인 기술로, 고객의 심리적 반응을 분석하고 제품 개발, 마케팅 전략, 정치 캠페인 등에 효과적으로 활용할 수 있습니다. 자연어 처리 기술을 활용해 긍정적 및 부정적 감정을 분석함으로써 더 나은 의사결정을 지원하며, 썸트렌드와 같은 분석 도구는 이를 간편하게 구현할 수 있게 도와줍니다.

05 연관어 분석

연관어 분석

- 연관어 분석(Related Word Analysis)은 특정 키워드 또는 주제와 일반적으로 연관되거나 관련된 단어 또는 구문을 식별하고 분석하는 프로세스
  - ▷ NLP(자연어 처리) 및 SEO(검색 엔진 최적화)의 일부로 종종 수행
  - ▷ 주제의 맥락과 폭을 이해하고, 콘텐츠 관련성을 높이고, 검색 엔진 성능을 향상시키는 데 중요
- 연관어 분석의 응용 분야
  - ▷ NLP, SEO, 콘텐츠 마케팅, 사용자 경험 디자인 등
  - ▷ 콘텐츠와 디지털 전략의 관련성과 효율성을 높이는 데 도움
- 예시. DMZ 키워드에 대한 빅카인즈 연관어 분석

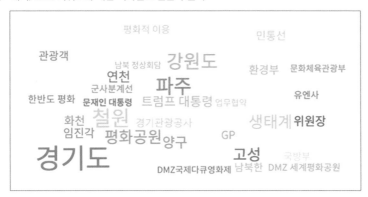

1 연관어 분석 이해

연관어 분석(Related Word Analysis)은 특정 키워드 또는 주제와 관련된 단어나 구문을 식별하고 분석하여, 그 키워드가 어떤 맥락에서 어떻게 사용되는지를 이해하는 과정입니다. 이 분석은 텍스트 데이터에서 키워드 간의 관계를 시각화하거나 연관성을 파악하는 데 도움을 줍니다. 특히, 자연어 처리(NLP) 및 검색 엔진 최적화(SEO)에서 중요한 역할을 합니다.

2 연관어 분석의 응용 분야

- 자연어 처리(NLP) : 텍스트 데이터를 더 잘 이해하기 위해 단어 간의 관계를 분석하고, 보다 정확한 텍스트 마이닝을 수행할 수 있습니다.
- SEO(검색 엔진 최적화) : 검색 엔진에 더 잘 노출되기 위해 연관 키워드를 콘텐츠에 적절히 포함합니다. 이는 웹사이트 트래픽을 증가시키는 데 효과적입니다.
- 콘텐츠 마케팅 및 사용자 경험 디자인 : 사용자가 원하는 콘텐츠를 제공하기 위해 연관 키워드를 분석하고, 이를 기반으로 맞춤형 콘텐츠를 생성합니다.

3 사례 연구 : DMZ 키워드에 대한 빅카인즈 연관어 분석

분석 도구인 빅카인즈(Big Kinds)는 한국언론진흥재단이 운영하는 뉴스 데이터베이스 플랫폼입니다. 여기서 뉴스 기사에서 특정 키워드를 입력해 연관 키워드를 분석할 수 있습니다.

분석 결과를 예시하면 다음과 같습니다.

- DMZ라는 키워드를 중심으로 연관된 단어들이 "경기도", "강원도", "파주", "생태계", "평화공원" 등으로 나타났습니다.

- 이러한 연관 키워드는 DMZ와 관련된 주제들을 시각적으로 보여주며, DMZ에 대한 논의가 주로 어떤 맥락에서 이루어지는지를 알려줍니다.
- "강원도"나 "파주" 같은 지명, "생태계"와 "평화공원" 같은 환경 관련 키워드들이 자주 언급됨을 볼 수 있습니다.

분석 도구인 빅카인즈 플랫폼의 특징은 다음과 같습니다.

- 연관어 시각화 : 연관된 단어들을 클라우드 형태로 시각화하여 쉽게 이해할 수 있도록 도와줍니다.
- 광범위한 뉴스 데이터 : 대한민국의 주요 뉴스 기사를 아카이브 형태로 저장해, 방대한 양의 데이터를 기반으로 분석을 제공합니다.

연관어 분석은 특정 키워드의 맥락을 이해하고 관련된 콘텐츠 전략을 수립하는 데 필수적입니다. 빅카인즈와 같은 플랫폼은 이런 분석을 손쉽게 수행할 수 있게 해주며, 이를 통해 보다 정교한 자연어 처리 작업과 효율적인 디지털 마케팅을 구현할 수 있습니다. 연관어 분석을 활용하면 특정 주제에 대한 대중의 관심을 효과적으로 파악하고, 관련된 콘텐츠를 더욱 전략적으로 기획할 수 있습니다.

06 워드 클라우드 분석

워드 클라우드 분석

◎ 워드 클라우드 : 수많은 글자들 중에서 어떤 단어가 얼마나 많이 사용됐는지 한눈에 볼 수 있게 만들어 주는 프로그램

◎ 워드 클라우드 맵(Word Cloud Map) : 데이터 시각화 기법 중 하나로, 하나의 텍스트에 출현하는 단어를 빈도에 비례하는 크기로 그래프화함

◎ 예시. 수자원에 대한 워드 클라우드 분석(파워 BI)

◼ 워드 클라우드 분석 이해

워드 클라우드 맵(Word Cloud Map)은 텍스트 데이터의 단어 빈도를 시각적으로 표현하는 유용한 도구입니다. 많은 양의 텍스트에서 어떤 단어가 얼마나 많이 사용되었는지를 직관적으로 보여주는 시각화 기법으로, 단어가 많이 등장할수록 그 단어의 크기가 커지도록 표현됩니다. 이 방법은 텍스트 데이터를 한눈에 분석할 수 있는 매우 효과적인 방법으로, 데이터 탐색이나 요약에 자주 사용됩니다.

◪ 사례 연구 : 수자원에 대한 워드 클라우드 분석(파워 BI)

파워 BI(Power BI)를 사용하여 수자원과 관련된 단어들을 시각화했습니다.

워드 클라우드 맵에서 "관리", "지역", "환경" 등의 단어가 매우 크게 표시되었습니다. 이는 해당 단어들이 텍스트에서 자주 언급되었다는 것을 의미합니다.

예를 들어, "관리"라는 단어가 특히 많이 언급되었다는 사실을 알 수 있으며, 이는 수자원과 관련된 대화나 문서에서 관리 이슈가 중요한 주제임을 나타냅니다.

◳ 워드 클라우드의 활용

- 텍스트 분석 : 텍스트 데이터의 주요 키워드를 빠르게 파악하여, 데이터 탐색과 초기 분석에 유용합니다.
- 콘텐츠 분석 : 특정 주제에 대한 대중의 관심사를 이해하거나 주요 논점을 확인할 때 효과적입니다.
- 마케팅 및 브랜딩 : 고객 피드백이나 소셜 미디어 데이터를 분석해 자주 언급되는 브랜드 키워드를 파악하고, 마케팅 전략을 수립할 수 있습니다.

4 워드 클라우드의 장점

- 직관성 : 복잡한 텍스트 데이터를 시각적으로 요약하여 쉽게 이해할 수 있도록 합니다.
- 효율성 : 중요한 단어나 주제를 빠르게 식별할 수 있어 데이터 분석의 첫 단계로 유용합니다.

워드 클라우드는 텍스트 데이터를 분석할 때 자주 사용되는 강력한 도구입니다. 파워 BI와 같은 시각화 도구를 활용하면, 중요한 단어와 그 빈도를 한눈에 파악할 수 있어 데이터 분석에 매우 효율적입니다.

지금까지 설명한 형태소 분석, 토픽 모델링, 감정 분석, 워드 클라우드 분석 등 텍스트 데이터 분석에 챗GPT를 이용하면 보다 편리하게 분석할 수 있습니다. 이를 통해 데이터에서 핵심 주제를 빠르게 이해하고, 추가 분석의 방향을 설정하는 데 도움을 받을 수 있습니다.

07 챗GPT를 이용한 텍스트 데이터 전처리

1 텍스트 데이터 수집

[실습] 챗GPT를 이용한 텍스트 데이터 전처리

◉ 문제 : 국내 주요 호텔의 좋은 점과 나쁜 점을 비교해 보고 우리 호텔(호텔 신라스테이 구로)의 개선 방향을 찾아라.

❓ booking.com_hotel_review.csv
이 데이터를 탐색해 줘

[실습용 데이터 설명]

Booking.com hotel review(36,669개)

Republic of Korea hotel review

- hotel_name
- hotel_review

	hotel_name	hotel_review	cleaned_review
1	0 호텔 힐튼부산	훌륭한 점 환락한분위기 데비율 서비스 모두 훌륭합니다 아쉬웠던 점	환락하다 분위기 대하 서비스 훌륭하다 직원 부족하다 차원하다 직서 실요
2	1 호텔 힐튼부산	훌륭한 점 친절했고 개운했으며 바다가 보이는 독조맛가 좋았습니다 3	친절하다 개운하다 바다 보이다 독조 막하다
3	2 호텔 힐튼부산	훌륭한 점 밝았니 너무 화였어요. 아쉬웠던 점 사워일에 이물처근이	밝갈니 사워일 너무 초식 먹다 사망 일료용 창갑 사럼 미다 정확하다 친성

데이터 프레임은 총 36,669개의 행과 4개의 열로 구성되어 있습니다. 각 열의 정보는 다음과 같습니다:

1. `Unnamed: 0`: 인덱스 값 (정수형)

2. `hotel_name`: 호텔 이름 (문자열)

3. `hotel_review`: 원본 리뷰 (문자열)

4. `cleaned_review`: 정제된 리뷰 (문자열)

데이터의 첫 5개 행을 보면 호텔 리뷰와 정제된 리뷰가 포함되어 있는 것을 확인할 수 있습니다. 예를 들어, 첫 번째 행은 "호텔 힐튼부산"의 리뷰가 포함되어 있으며, 원본 리뷰와 정제된 리뷰가 {~-}

국내 주요 호텔에 대한 리뷰 데이터를 활용해 긍정적 피드백과 부정적 피드백을 비교하여 개선 방향을 탐색해 보겠습니다. 챗GPT와 같은 언어 모델을 사용해 리뷰를 분석하고, 주요 패턴을 찾아 호텔 서비스의 개선 포인트를 도출할 수 있습니다.

1) 문제 정의

국내 주요 호텔의 고객 리뷰 데이터를 분석하여 긍정적인 요소와 부정적인 요소를 비교합니다. 이 정보를 바탕으로 우리 호텔(예 : 호텔 신라스테이 구로)의 개선점을 도출합니다.

2) 데이터 수집 및 설명

- 데이터 출처 : Booking.com의 호텔 리뷰 데이터 세트
- 데이터 구성 : 총 36,669개의 리뷰 데이터로, 4개의 주요 칼럼이 있습니다.
  ▷ Unnamed : 0 : 인덱스값(정수형)
  ▷ hotel_name : 호텔 이름(문자열)
  ▷ hotel_review : 고객 리뷰(원본 텍스트)
  ▷ cleaned_review : 정제된 리뷰(불필요한 데이터 전처리된 텍스트)
- 데이터 예시
  ▷ 호텔 이름 : 호텔 힐튼 부산
  ▷ 호텔 리뷰 : 좋았던 점 ▶ 해안가의 뷰가 인상적이었고 야외 시설도 모두 훌륭했습니다.
  　　　　　　아쉬운 점 ▶ 방음이 안 되어 소음이 심함.

이 데이터는 고객의 긍정적 및 부정적 의견을 포함하고 있으며, 고객이 호텔에서 경험한 사항들을 구체적으로 설명하고 있습니다.

3) 데이터 전처리 개요

- 리뷰 데이터 탐색 : 데이터 세트에 있는 각 리뷰를 분석해 긍정적인 의견과 부정적인 의견을 추출합니다.
- 긍·부정 키워드 분리 : "좋았던 점"과 "아쉬운 점"을 기준으로 텍스트를 나누어 긍정과 부정을 각각 분류합니다.
- 데이터 정제 : 정제되지 않은 리뷰에서 불필요한 문자나 특수기호를 제거합니다. 깨끗한 텍스트 데이터는 감성 분석에 유리합니다.

3) 분석 방법

- 감성 분석 : 긍정적 리뷰와 부정적 리뷰를 각각 집계하여 주요 키워드를 추출합니다. 텍스트 데이터를 분석해 자주 언급되는 불만 요소(예 : 방음 문제, 서비스 속도 등)와 칭찬 요소(예 : 뷰, 위치 등)를 파악합니다.
- 개선 방향 도출 : 부정적인 리뷰에서 자주 언급되는 문제점을 중심으로 개선 방향을 제안합니다. 긍정적인 요소는 더욱 강화할 수 있도록 전략을 마련합니다.

데이터 기반의 텍스트 분석은 고객의 만족도를 높이고, 서비스 개선을 위한 실질적인 방안을 수립하는 데 사용될 수 있습니다. 챗GPT를 활용한 자연어 처리 기술은 고객 의견 분석과 비즈니스 인사이트 도출에 강력한 도구가 될 것입니다.

[실습] 챗GPT를 이용한 텍스트 데이터 전처리

◉ 문제 : 국내 주요 호텔의 좋은 점과 나쁜 점을 비교해 보고 우리 호텔(호텔 신라스테이 구
로)의 개선 방향을 찾아라.

💬 booking.com_hotel_review.csv
cleaned_review 칼럼을 제거해 줘
리뷰 내용 중 '좋았던 점' 텍스트를 제거해 줘
리뷰에서 '아쉬웠던 점' 제거해 줘
다운로드 링크를 제공해 줘
호텔 이름 빈도 그래프를 그려줘

cleaned_hotel_reviews.csv

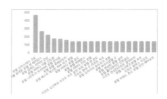

1) 챗GPT로 텍스트 데이터 전처리

챗GPT를 이용해 호텔 리뷰 데이터를 효율적으로 전처리하고 분석하는 과
정을 설명합니다. 이 데이터에는 원본 리뷰 텍스트 이외에 분류를 위한 텍스
트가 있기 때문에 이 텍스트에 대한 정제가 필요합니다.

국내 주요 호텔에 대한 긍정적인 점과 부정적인 점을 제거하여 핵심 리뷰
데이터를 분석합니다. 이후, 우리 호텔(호텔 신라스테이 구로)의 리뷰와 다른 경
쟁 호텔의 리뷰를 비교하여 개선 방향을 제시합니다.

2) 전처리 과정

① 데이터 필터링 및 정제

- 클린드 리뷰 칼럼 제거 : 데이터 세트에 포함된 불필요한 'cleaned_review' 칼럼을 제거합니다. 이는 이전에 전처리된 리뷰로, 분석 대상에서 제외합니다.
- 긍정적 및 부정적 텍스트 제거 : 리뷰에서 "좋았던 점"과 "아쉬웠던 점"을 명시적으로 제거하여, 원본 리뷰 텍스트만 남깁니다. 이 작업을 통해 리뷰 데이터를 더욱 간단하게 만듭니다.

② 결과 데이터

- 최종 데이터는 cleaned_hotel_reviews.csv라는 이름으로 정리되었으며, 인덱스 칼럼, 호텔 이름, 그리고 원본 리뷰가 포함됩니다.
- 이 데이터는 긍정적, 부정적 리뷰 부분이 제거된 상태입니다.

3) 데이터 분석 및 시각화

- 호텔 이름의 빈도 분석 : 호텔 이름이 얼마나 자주 언급되는지를 분석해, 리뷰에서 가장 많이 언급된 호텔을 파악합니다. "신라 스테이 구로" 호텔이 가장 많이 언급되었으며, 그 외에도 여러 경쟁 호텔이 있습니다.
- 그래프 설명 : 호텔 이름 빈도 그래프를 통해, 특정 호텔이 고객의 관심을 얼마나 많이 받고 있는지를 시각적으로 확인할 수 있습니다. 이를 통해 경쟁 호텔과의 상대적인 언급 빈도를 비교할 수 있습니다.

4) 기대 효과 및 응용

- 경쟁사 비교 : 신라 스테이 구로 호텔의 리뷰를 다른 호텔들과 비교해 강점과 개선점을 찾을 수 있습니다.
- 서비스 개선 : 부정적 리뷰에서 자주 언급되는 문제를 식별하고 개선 전략을 수립할 수 있습니다.
- 마케팅 전략 : 긍정적 피드백을 기반으로 마케팅 메시지를 강화할 수 있습니다.

데이터 전처리는 텍스트 데이터 분석에서 불필요한 정보를 제거하고, 핵심 정보를 시각적으로 파악하는 방법입니다. 챗GPT와 같은 도구를 사용해 리뷰 데이터를 빠르게 처리하고 유용한 인사이트를 도출할 수 있습니다.

③ 챗GPT로 감정 분석하기

[실습] 챗GPT를 이용한 텍스트 데이터 전처리

◎ 문제 : 국내 주요 호텔의 좋은 점과 나쁜 점을 비교해 보고 우리 호텔(호텔 신라스테이 구로)의 개선 방향을 찾아라.

1) 감정 분석 및 한글 처리 문제

챗GPT를 사용하여 호텔 리뷰 데이터를 감정 분석하고, 리뷰 데이터를 영어로 번역하여 분석의 효율성을 높이는 방법을 설명합니다. 한글 텍스트 데이터의 한계와 자연어 처리(NLP) 기술을 활용한 해결 방법을 다루고 있습니다.

• cleaned_hotel_reviews.csv 데이터를 업로드하여 리뷰의 텍스트 데이터를 분석합니다. 분석을 위해 다양한 NLP 라이브러리와 도구를 활용할 수 있습니다. 다만 챗GPT에는 한글 처리 문제로 한계가 있습니다.

- 한국어 텍스트를 분석하기 위해 일반적으로 konlpy와 같은 한국어 전용 NLP 라이브러리가 필요합니다. 하지만 챗GPT의 가상환경에서는 konlpy 모듈을 사용할 수 없기 때문에, 기본적인 영어 기반의 감정 분석 라이브러리만 사용할 수 있었습니다.

2) 대안 및 감정 분석 수행 :

- 한국어 텍스트는 영어 기반의 NLP 도구에서 직접적인 감정 분석이 어렵기 때문에, 리뷰 데이터를 영어로 번역한 후 감정 분석을 수행할 수 있습니다.
- TextBlob 사용 : 영어로 번역된 데이터를 사용하여 TextBlob 라이브러리를 통해 긍정적, 부정적, 중립적 감정을 분석할 수 있습니다.
- 제한 사항 : 이 환경에서는 직접적인 번역 API(예:Google Cloud Translation API)를 사용할 수 없습니다. 실제 번역 작업은 외부 API 서비스를 이용해야 합니다.

3) 영어 번역 및 감정 분석

- 한국어 리뷰 데이터를 영어로 번역한 후, 감정 분석을 수행합니다. 번역된 데이터는 감정 분석의 정확도를 높이는 데 기여하며, 감정의 경향성을 파악하는 데 효과적입니다.
- 번역 작업은 실제 환경에서 Google Cloud Translation API 또는 유사한 서비스를 활용하는 것이 좋습니다.
- 가장 쉬운 영어 번역 방법은 MS 워드에서 기계번역을 하는 것입니다.

④ 엑셀 및 워드를 이용하여 영문으로 기계번역

[실습] 엑셀 및 워드를 이용하여 한글 텍스트를 영문으로 기계번역

○ 문제 : 국내 주요 호텔의 좋은 점과 나쁜 점을 비교해 보고 우리 호텔(호텔 신라스테이 구로)의 개선 방향을 찾아라.

▷ 엑셀 : 열기>호텔리뷰 데이터 불러오기>번역할 텍스트 범위 설정 후 복사(Ctrl+C)>

▷ 워드 : 붙여넣기(대상스타일 사용)>검토>번역(문서로)>번역문서 : 모두 선택 후 복사(Ctrl+C)

▷ 엑셀 : 붙여넣기(주변 서식에 맞추기)

hotel review english.xlsx

1) 워드를 이용한 한글 기계 번역

한글로 된 호텔 리뷰 데이터를 엑셀과 워드(Word)를 사용하여 영어로 번역하는 과정을 설명합니다. 이 방법은 온라인 도구나 API를 사용할 수 없는 환경에서 데이터를 번역할 때 유용합니다. 특히, 번역 후에는 데이터를 더 효과적으로 분석할 수 있습니다.

2) 번역 과정

• 엑셀에서 데이터 불러오기 : 엑셀에서 cleaned_hotel_reviews.csv 파일을 불러옵니다. 번역할 텍스트 범위를 설정하고, 전체 리뷰 데이터를 선택한 후 복사(Ctrl + C)합니다.

• 워드에서 텍스트 번역 : 워드 문서를 열고, 복사한 텍스트를 붙여 넣습니다.

• 번역 방법 : 워드의 번역 기능을 활용합니다. 검토 > 번역 > 문서로 번역을 선택합니다. 번역된 문서가 나타나면, 전체 텍스트를 다시 복사합니다.

- 엑셀로 돌아가서 번역된 텍스트 붙여넣기 : 엑셀에 복귀하여 번역된 텍스트를 원본 데이터의 옆에 붙여 넣습니다.
- 서식 맞추기 : 엑셀의 주변 서식에 맞게 번역된 텍스트를 정리합니다.

3) 결과

- 결과 파일 : hotel review english.xlsx에 한글 리뷰와 영어로 번역된 리뷰가 나란히 저장됩니다.
- 활용 : 번역된 데이터를 기반으로 감정 분석이나 단어 빈도 분석을 더 쉽게 수행할 수 있습니다.

이 방법은 엑셀과 워드를 이용해 비교적 간단하게 데이터 번역을 수행할 수 있습니다. 기계 번역을 활용하면 데이터 분석에서 언어 장벽을 극복할 수 있으며, 이를 통해 글로벌 수준의 텍스트 분석이 가능해집니다. 이 접근법은 제한된 환경에서도 활용할 수 있는 실용적인 데이터 분석 기술입니다. 다만, 워드의 번역 기능은 인터넷 연결이 필요하며, 정확도가 전문 번역 서비스에 비해 다소 떨어질 수 있습니다. 대량의 데이터 처리를 위한 자동화가 어렵다는 단점이 있습니다.

[booking.com_hotel_review.csv] 업로드

이 데이터를 탐색해 줘

cleaned_review 칼럼을 제거해 줘

리뷰 내용 중 '좋았던 점' 텍스트를 제거해 줘

리뷰에서 '아쉬웠던 점' 제거해 줘

다운로드 링크를 제공해 줘

호텔 이름 빈도 그래프를 그려줘

이 데이터를 텍스트 데이터 분석해 줘

리뷰의 감정 분석을 해 줘

08 챗GPT를 이용한 텍스트 클러스터링 및 개선 방안 도출

1 챗GPT를 이용한 리뷰 분석하기

[실습] 챗GPT를 이용한 텍스트 데이터 분석

○ 문제 : 국내 주요 호텔의 좋은 점과 나쁜 점을 비교해 보고 우리 호텔(호텔 신라스테이 구로)의 개선 방향을 찾아라.

❓ hotel review english.xlsx
이 파일에 대해 텍스트 데이터 분석을 해 줘
추가적인 감정 분석을 해 줘
리뷰 길이 분석 해 줘

감정 분석 결과를 바탕으로 추가적인 분석이 필요하시면 말씀해 주세요. 예를 들어, 특정 호텔에 대한 리뷰 감정 분석 또는 리뷰 텍스트의 특정 단어 분석 등을 진행할 수 있습니다.

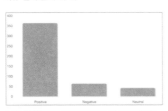

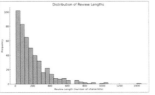

리뷰 길이의 분포를 히스토그램으로 시각화한 결과, 대부분의 리뷰가 100자에서 300자 사이에 집중되어 있음을 알 수 있습니다.

1) 영문 텍스트 데이터 분석

챗GPT를 활용하여 호텔 리뷰 데이터를 분석하고, 감정 분석 및 리뷰 길이 분석을 수행합니다. 번역된 영문 리뷰 데이터를 통해 감정의 분포를 파악하고, 리뷰 길이에 따른 특성을 분석할 수 있습니다.

2) 데이터 분석 과정

① 텍스트 데이터 감정 분석

리뷰 데이터를 긍정(Positive), 부정(Negative), 중립(Neutral)으로 분류합니다.

- 긍정적인 리뷰 : 가장 많이 나타나며, 고객들이 호텔에서 좋은 경험을 한 경우입니다.
- 부정적인 리뷰 : 상대적으로 적지만, 서비스 불만이나 시설 문제 등이 언급될 가능성이 있습니다.
- 중립적인 리뷰 : 긍정도 부정도 아닌 정보성 또는 중립적인 평가가 포함됩니다.

② 리뷰 길이 분석 :

리뷰 길이의 분포를 분석하여 텍스트 데이터의 구조적 특성을 파악합니다.

- 리뷰 길이 분포는 주로 100자에서 300자 사이에 집중되어 있습니다. 이는 대부분의 리뷰가 간결하고, 핵심적인 내용만을 포함하는 경향이 있음을 보여줍니다.
- 히스토그램을 통해 리뷰 길이의 빈도를 시각적으로 확인할 수 있습니다. 짧은 리뷰는 요약적인 피드백을 제공하고, 긴 리뷰는 상세한 경험을 기술할 가능성이 큽니다.

- 그래프를 통해 각 감정 카테고리의 리뷰 수를 시각화합니다. 긍정적 리뷰가 가장 많고, 그 뒤를 부정적, 중립적 리뷰가 따릅니다.
- 리뷰 길이 분포 그래프는 리뷰가 대부분 100자에서 300자 사이에 집중되어 있음을 보여줍니다. 이는 리뷰 작성 패턴을 이해하는 데 도움이 됩니다.

3) 결론 및 개선 방안

- 긍정적 피드백 : 긍정적인 리뷰가 많다는 것은 서비스나 시설에서 높은 만족도를 제공했음을 의미합니다. 이러한 장점을 더욱 강화할 수 있는 마케팅 전략을 세울 수 있습니다.
- 부정적 피드백 : 부정적인 리뷰의 내용을 분석하여 자주 언급되는 문제를 개선하는 것이 중요합니다. 예를 들어, 특정 서비스 문제나 방음 문제 등이 자주 언급된다면, 이를 해결하는 방안을 마련해야 합니다.
- 리뷰 길이 : 짧고 간결한 리뷰가 많다는 점을 고려하여, 고객들이 쉽게 피드백을 남길 수 있는 시스템을 제공하는 것도 효과적입니다. 긴 리뷰의 경우 더 깊이 있는 피드백을 제공하므로, 이를 통해 고객 경험의 구체적인 개선점을 찾을 수 있습니다.

챗GPT를 비롯한 NLP 도구를 사용하면 리뷰 데이터를 효과적으로 분석하고 인사이트를 도출할 수 있습니다. 다만 한글 텍스트 데이터를 처리하는 데는 한계가 있기 때문에 영문으로 번역해서 분석하는 번거로움은 어쩔 수 없는 상황입니다. 이러한 한계는 빠른 시간 내에 개선될 것입니다.

② 감정분석

[실습] 챗GPT를 이용한 텍스트 데이터 분석

◎ 문제 : 국내 주요 호텔의 좋은 점과 나쁜 점을 비교해 보고 우리 호텔(호텔 신라스테이 구로)의 개선 방향을 찾아라.

❷ hotel review english.xlsx
감성분석 결과와 리뷰길이의 상관관계를 분석해 주고 가설검정을 해 줘
별도의 칼럼을 만들어 긍정과 부정을 구분해 주고 다운로드 링크를 줘

english_reviews_with_sentiment.csv

---

1) 감성 분석과 리뷰 길이의 상관관계 분석

챗GPT를 사용하여 호텔 리뷰 데이터의 감성 분석과 리뷰 길이 간의 상관관계를 탐구해 보겠습니다. 분석 과정에서 가설 검정을 수행하고, 긍정 및 부정 리뷰를 구분하여 별도의 칼럼으로 정리했습니다. 최종 데이터를 다운로드할 수 있도록 준비했으며, 이 과정을 통해 호텔 서비스 개선 방안을 도출할 수 있습니다.

2) 감성 분석과 리뷰 길이의 상관관계

① 상관계수 분석

- 피어슨 상관계수 : 0.1378
- 스피어만 상관계수 : 0.2156
- p-값 : 0.00000246

② 결과 해석

- 피어슨 및 스피어만 상관계수가 모두 양의 상관관계를 나타내지만, 값이 크지 않아 강한 상관관계는 아닙니다.
- p-값이 매우 작기 때문에(일반적으로 0.05보다 작은 값은 통계적으로 유의하다고 간주), 감정과 리뷰 길이 간에 약한 상관관계가 있음을 의미합니다. 그러나 실제 영향은 크지 않습니다.

3) 긍정과 부정 리뷰 구분

데이터를 긍정, 부정, 중립으로 분류하여 별도의 칼럼에 기록했습니다.

- 결과 데이터 파일 : english_reviews_with_sentiment.csv로 저장했습니다. 이 파일은 감정 분석 결과와 리뷰 길이를 함께 포함하며, 향후 데이터 분석에 활용할 수 있습니다.
- 긍정, 부정, 중립 리뷰의 분포를 확인한 결과, 긍정적인 리뷰가 상대적으로 많았습니다. 이는 호텔의 전반적인 서비스나 시설에 대해 높은 평가를 받고 있음을 시사합니다.

4) 추가 분석 가능성

① 단어 빈도 분석

- 긍정 리뷰와 부정 리뷰에서 자주 등장하는 단어를 추출하여, 고객들이 어떤 점에 만족하고 불만족한지 파악할 수 있습니다.
- 긍정적 단어(예 : "편안하다", "뷰가 좋다")와 부정적 단어(예 : "시끄럽다", "불편하다")를 분석하여 서비스 개선 방향을 도출할 수 있습니다.

② 특정 호텔 필터링

- 분석 결과를 호텔 신라스테이 구로에 집중하여, 해당 호텔의 긍정과 부정 리뷰를 심층적으로 분석했습니다. 긍정 리뷰가 더 많지만, 부정적인 피드백에서 자주 언급되는 문제점(예 : 방음 문제, 서비스 속도 등)을 파악하고 개선할 필요가 있습니다.

5) 결론 및 전략적 인사이트

- 강점 강화 : 긍정적인 리뷰에서 자주 언급되는 요소(예:위치, 서비스의 친절함 등) 를 마케팅 메시지에 활용해 고객의 관심을 끌 수 있습니다.
- 약점 개선 : 부정적인 리뷰에서 언급된 문제점을 해결함으로써 고객 만족도를 향상 시킬 수 있습니다.
- 리뷰 길이 분석 : 리뷰 길이와 감성의 상관관계는 약하지만, 긴 리뷰가 더 깊이 있 는 피드백을 제공하는 경향이 있습니다. 이를 활용해 고객의 상세한 의견을 더 주의 깊게 분석할 수 있습니다.

6) 다음 단계

- 데이터 다운로드 : 분석한 데이터를 english_reviews_with_sentiment.csv로 다운로 드할 수 있습니다.
- 추가 텍스트 분석 요청 : 필요시 추가 텍스트 분석을 요청하여 더 깊은 인사이트를 도출할 수 있습니다.

호텔 리뷰 데이터의 감성 분석과 상관관계 분석을 통해 서비스 개선 전략 을 수립하는 데 중요한 기초를 제공할 수 있습니다. 챗GPT를 활용해 고객 피드백을 효율적으로 분석하는 방법을 알아보았습니다.

[실습] 챗GPT를 이용한 텍스트 데이터 분석

○ 문제 : 국내 주요 호텔의 좋은 점과 나쁜 점을 비교해 보고 우리 호텔(호텔 신라스테이 구로)의 개선 방향을 찾아라.

❷ hotel review english.xlsx
텍스트 클러스터링 분석을 해 줘
클러스터를 기반으로 좋은점과 개선한 점을 각각 3개 찾아줘
전반적인 클러스터를 참고하여 서비스를 개선할 방안 3개를 찾아줘

Key Focus Area	Analysis Result	Improvement Plan
아침 식사 품질 및 다양성 개선	클러스터 0에서 'breakfast'가 자주 언급되며 긍정적이지만 개선할 여지가 있음	아침 식사의 품질을 높이고 다양한 메뉴 제공. 건강식 옵션 추가 및 지역 특산 요리 포함
객실 및 침구 관리	클러스터 1과 3에서 'room', 'bed', 'comfortable' 등의 키워드가 자주 언급됨	객실 청소와 침구 관리 강화. 정기적인 점검과 업그레이드를 통해 불편 사항 최소화
직원 교육 및 서비스 향상	클러스터 4에서 'staff', 'friendly', 'helpful' 등의 키워드가 자주 언급됨	직원들에게 정기적인 서비스 교육 제공. 고객 응대 능력 향상 및 동기 부여 프로그램 운영

1) 챗GPT를 이용한 개선 방안 도출

챗GPT와 K-means 클러스터링을 사용하여 호텔 리뷰 데이터를 분석하고, 주요 피드백을 기반으로 서비스 개선 방안을 도출하는 과정을 설명하겠습니다. 클러스터링을 통해 리뷰 데이터를 효과적으로 그룹화하고, 각 그룹의 키워드를 분석하여 개선점을 파악합니다.

2) 분석 방법

- 텍스트 클러스터링 : K-means 알고리즘을 사용해 리뷰 데이터를 클러스터링함으로써, 주요 피드백을 효율적으로 그룹화할 수 있습니다. 이를 통해 특정 이슈나 장점을 체계적으로 정리할 수 있습니다.
- 키워드 기반 분석 : 각 클러스터의 키워드를 분석하여, 호텔의 강점과 개선할 점을 명확히 파악할 수 있습니다.
- 서비스 개선 전략 수립 : 클러스터링 결과를 기반으로 호텔의 전략적 개선 방안을

구체화할 수 있습니다. 테이블 형식으로 정리하여 한눈에 이해할 수 있도록 구성할 수 있습니다.

3) 클러스터링을 통한 데이터 그룹화

- K-means 클러스터링 기법을 사용하여 리뷰 데이터를 다섯 개의 클러스터로 나누었습니다.
- 각 클러스터에는 특정 키워드들이 자주 등장하며, 이 키워드를 통해 각 클러스터의 특징을 정의할 수 있습니다.
- 클러스터별 주요 키워드
  - ▷ 클러스터 0 : good, breakfast, location, clean, station, price, stay
  - ▷ 클러스터 1 : room, good, hot, air, clean, nice, small
  - ▷ 클러스터 2 : value, money, breakfast, buffet, friendly
  - ▷ 클러스터 3 : bed, comfortable, clean, sleep, liked
  - ▷ 클러스터 4 : staff, friendly, helpful, service

4) 주요 분석 결과 및 개선 방안

최종적으로 획득한 텍스트 프로파일링 결과를 정리하면 다음과 같습니다.

Key Focus Area	Analysis Result	Improvement Plan
아침 식사 품질 및 다양성 개선	클러스터 0에서 'breakfast'가 자주 언급되며, 긍정적이지만 개선할 여지가 있음	아침 식사의 품질을 높이고 다양한 메뉴 제공. 건강식 옵션 추가 및 지역 특산 요리 포함
객실 및 침구 관리	클러스터 1과 3에서 'room', 'bed', 'comfortable' 등의 키워드가 자주 언급됨	객실 청소와 침구 관리 강화 정기적인 점검과 업그레이드를 통해 불편 사항 최소화
직원 교육 및 서비스 향상	클러스터 4에서 'staff', 'friendly', 'helpful' 등의 키워드가 자주 언급됨	직원들에게 정기적인 서비스 교육 제공. 고객 응대 능력 향상 및 동기 부여 프로그램 운영

① **아침 식사 품질 및 다양성 개선**

- 분석 결과 : 클러스터 0에서 breakfast가 자주 언급되며, 대체로 긍정적이지만 개선 여지가 있음
- 개선 방안 : 아침 식사의 품질을 높이고 다양한 메뉴를 제공. 건강식 옵션을 추가하고 지역 특산 요리를 포함

② **객실 및 침구 관리**

- 분석 결과 : 클러스터 1과 3에서 room, bed, comfortable 키워드가 자주 언급됨
- 개선 방안 : 객실 청소와 침구 관리를 강화. 정기적인 점검과 업그레이드를 통해 불편 사항 최소화

③ **직원 교육 및 서비스 향상**

- 분석 결과 : 클러스터 4에서 staff, friendly, helpful 키워드가 자주 언급됨
- 개선 방안 : 직원들에게 정기적인 서비스 교육 제공. 고객 응대 능력 향상 및 동기 부여 프로그램 운영

호텔 리뷰 데이터를 클러스터링하고 주요 피드백을 기반으로 서비스 개선 방안을 도출하는 방법을 알아보았습니다. 챗GPT를 활용하여 빠르게 유용한 인사이트를 얻을 수 있습니다. 클러스터링 분석은 대량의 텍스트 데이터를 효율적으로 요약하고, 데이터 기반 의사결정을 내리는 데 매우 효과적입니다.

4 워드 클라우드 분석

[실습] 챗GPT를 이용한 텍스트 데이터 분석

- 문제 : 국내 주요 호텔의 좋은 점과 나쁜 점을 비교해 보고 우리 호텔(호텔 신라스테이 구로)의 개선 방향을 찾아라.

  ❷ hotel review english.xlsx
  클러스터를 종합해서 워드클라우드맵을 작성해 줘

전체 클러스터를 종합하여 생성한 워드클라우드맵입니다. 이 맵에서는 모든 리뷰에서 자주 언급된 주요 키워드들이 시각적으로 강조되어 있습니다.

---

1) 워드 클라우드

챗GPT와 K-means 클러스터링을 사용하여 호텔 리뷰 데이터를 분석하고, 모든 클러스터를 종합해 워드 클라우드 맵을 작성할 수 있습니다. 주요 키워드의 빈도를 시각적으로 확인함으로써 호텔 서비스의 강점과 개선점을 쉽게 파악할 수 있습니다.

2) 클러스터링 기반 텍스트 분석

- 호텔 리뷰 데이터를 다섯 개의 주요 클러스터로 분류한 후, 각 클러스터의 키워드를 분석합니다.
- 각 클러스터는 특정한 테마나 피드백을 중심으로 형성되며, 고객들이 자주 언급한 주제를 나타냅니다.

3) 워드 클라우드 맵 작성

- 모든 클러스터의 키워드를 종합하여 워드 클라우드를 생성합니다.

- 주요 키워드 : good, staff, clean, room, breakfast 등이 두드러지게 나타났습니다.
- 이는 호텔에 대한 긍정적인 피드백이 많으며, 특히 직원의 친절함과 객실의 청결도가 자주 언급되었음을 보여줍니다.

4) 분석 결과 및 인사이트

② 강점

- 객실 청결도 : 'clean'이라는 단어가 자주 언급되며, 청결한 객실 환경이 호텔의 주요 강점임을 나타냅니다.
- 직원 서비스 : 'staff', 'friendly', 'helpful' 등 직원 관련 키워드가 자주 등장해, 친절한 서비스가 고객들에게 긍정적인 인상을 남기고 있음을 알 수 있습니다.
- 좋은 위치 : 'location'이 자주 언급되어 호텔의 위치가 고객들에게 편리하다고 평가받고 있습니다.

③ 개선점

- 아침 식사 : 'breakfast'가 자주 언급되며, 개선의 여지가 있는지 살펴볼 필요가 있습니다. 메뉴의 다양성이나 품질을 높이는 방안을 고려할 수 있습니다.
- 객실 크기 : 'small'이라는 키워드가 나타나, 객실 크기에 대한 불만이 있을 가능성을 시사합니다. 가능한 개선을 모색하거나, 객실 크기 정보를 사전에 안내하는 것이 유리할 수 있습니다.
- 가격 대비 가치 : 'value'와 'money'가 언급되어, 고객들이 가격 대비 만족감을 느낄 수 있도록 추가적인 혜택이나 프로모션을 제공하는 것도 고려해 볼만합니다.

5) 추가 분석 및 활용 방안

- 경쟁사 비교 : 경쟁 호텔의 리뷰 데이터와 비교 분석하여, 우리의 강점과 개선점이 어떻게 차별화되는지 확인할 수 있습니다.
- 언어 변환 및 텍스트 분석 : 한글 원문 데이터를 영어로 변환해 분석하는 방법을 활용했습니다. 이 과정에서 워드와 엑셀의 번역 기능이 유용하게 사용되었습니다.
- 추가적인 데이터 시각화 : 빈도 기반의 단어 분석 결과를 시각화해 보고서를 작성할 때 활용할 수 있습니다.

텍스트 클러스터링과 워드 클라우드 생성 등 텍스트 데이터 분석이 얼마나 유용한지를 확인했습니다. 호텔 리뷰 데이터를 효과적으로 분석해 강점과 개선점을 도출함으로써, 고객의 피드백을 기반으로 한 서비스 개선 전략을 마련할 수 있습니다. 챗GPT와 같은 AI 도구는 대량의 텍스트 데이터를 효율적으로 처리하고 인사이트를 제공하는 데 큰 도움을 줍니다.

[hotel review english.xlsx] 업로드

이 파일에 대해 텍스트 데이터 분석을 해 줘

추가적인 감정 분석을 해 줘

리뷰 길이 분석 해 줘

📎 😬 🌐　　　　　　　　　　　　　　　　⬆

감성분석 결과와 리뷰길이의 상관관계를 분석해 주고 가설검정을 해 줘

별도의 칼럼을 만들어 긍정과 부정을 구분해 주고 다운로드 링크를 줘

📎 😬 🌐　　　　　　　　　　　　　　　　⬆

텍스트 클러스터링 분석을 해 줘

클러스터를 기반으로 좋은 점과 개선한 점을 각각 3개 찾아줘

전반적인 클러스터를 참고하여 서비스를 개선할 방안 3개를 찾아줘

📎 😬 🌐　　　　　　　　　　　　　　　　⬆

클러스터를 종합해서 워드클라우드맵을 작성해 줘

📎 😬 🌐　　　　　　　　　　　　　　　　⬆

정리하기

텍스트 데이터 분석은 텍스트 형식의 데이터를 수집, 처리, 의미 있는 정보를 추출하는 과정입니다. 형태소 분석을 통해 텍스트를 최소 의미 단위로 분해하고, 감성 분석을 사용하여 의견의 긍정, 부정을 평가합니다. 검색 트렌드 분석은 특정 키워드의 검색량 변화를 분석하여 대중의 관심을 파악하며, 연관어 분석은 키워드 간의 관계를 탐구합니다. 워드 클라우드는 자주 등장하는 단어를 시각화해 데이터의 주요 테마를 한눈에 보여줍니다. 챗GPT와 NLP 기법을 사용해 리뷰 데이터를 전처리, 번역, 클러스터링했습니다. K-means 클러스터링을 적용해 리뷰 데이터를 그룹화하고, 워드 클라우드를 통해 주요 키워드를 시각화했습니다. 분석 결과를 바탕으로 서비스 개선 방안을 도출하며, 데이터 기반의 의사결정이 어떻게 이루어질 수 있는지를 살펴보았습니다.

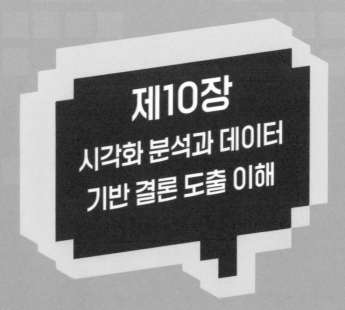

제10장
시각화 분석과 데이터 기반 결론 도출 이해

생각해 볼 문제

1 수많은 데이터 포인트를 텍스트나 숫자로 표현하면 이해하기 어려울 수 있다. 데이터를 직관적으로 파악할 수 없을까?

2 데이터 내의 패턴, 트렌드, 이상치 등을 쉽게 확인할 수 없을까?

3 의사결정자에게 명확하고 구체적인 인사이트를 제공하여 더 나은 결정을 내릴 수 있게 하는 방법이 없을까?

4 데이터를 생동감 있게 표현하고, 청중의 관심을 끌며, 메시지를 효과적으로 전달하는 도구로 무엇이 있을까?

5 팀 내에서 데이터를 공유하고 논의할 때, 커뮤니케이션을 원활하게 하고, 모두가 같은 이해를 바탕으로 논의할 수 있게 하는 방법이 없을까?

01 데이터 시각화 이해

데이터 시각화는 현대 데이터 분석 및 커뮤니케이션에 있어서 필수적인 기술 중 하나로, 데이터를 보다 직관적으로 전달하고 이해하는 데 핵심적인 역할을 합니다. 데이터 시각화에 대한 개념과 중요성을 깊이 있게 설명해 드리겠습니다.

1 데이터 시각화

데이터 시각화

- 데이터 시각화(Data Visualization) : 데이터를 그래프, 차트, 지도, 네트워크 등 시각적인 형태로 표현하는 기술
- 데이터 시각화는 복잡한 데이터를 보다 쉽게 이해하고, 중요한 패턴, 트렌드, 상관관계를 빠르게 파악할 수 있게 도와줌
- 데이터 시각화는 데이터를 더 깊이 이해하고, 중요한 인사이트를 얻으며, 효과적으로 커뮤니케이션하고 의사결정을 지원하는 데 중요한 도구. 데이터가 단순히 숫자와 텍스트로만 존재할 때보다, 시각화를 통해 더 큰 가치를 얻을 수 있음

데이터 시각화(Data Visualization)는 데이터를 그래프, 차트, 지도, 네트워크 등의 시각적인 형태로 표현하는 기술입니다. 즉, 복잡하고 방대한 데이터를 이해하기 쉽고 효과적으로 전달할 수 있도록 시각적 도구를 사용하는 것입니다. 데이터 시각화는 단순히 데이터를 보기에 좋게 만드는 것이 아니라, 데이터를 통해 정보와 패턴을 빠르게 파악할 수 있도록 돕는 데 그 목적이 있습니다.

2) 데이터 시각화의 핵심 목적

- 데이터의 복잡성 해소 : 현대 사회에서 다루는 데이터는 매우 복잡하고 다양합니다. 이를 텍스트나 숫자만으로 분석하려면 시간과 노력이 많이 들지만, 시각화를 통해 데이터의 주요 특징을 쉽게 파악할 수 있습니다. 예를 들어, 그래프나 차트를 활용하면 추세나 이상치 등을 즉시 확인할 수 있습니다.

- 중요한 패턴과 트렌드 파악 : 시각화는 데이터에 숨겨져 있는 패턴, 트렌드, 상관관계를 빠르게 인지할 수 있게 도와줍니다. 이 기능은 데이터에서 중요한 통찰을 얻는 데 필수적입니다. 예를 들어, 시간에 따른 매출 변화나 두 변수 간의 관계를 시각적으로 나타냄으로써 인사이트를 쉽게 도출할 수 있습니다.

- 효과적인 커뮤니케이션 : 데이터 시각화는 복잡한 정보를 보다 명확하고 간단하게 전달할 수 있어, 의사소통을 효율적으로 만들어 줍니다. 데이터를 분석하는 사람과 이해하는 사람 간의 정보 격차를 줄이고, 분석 결과를 설득력 있게 표현할 수 있습니다. 특히, 시각화된 데이터는 의사결정을 빠르고 정확하게 내리는 데 중요한 역할을 합니다.

3) 데이터 시각화의 중요성

- 인사이트 도출 : 데이터 시각화는 단순한 숫자나 텍스트에 그치지 않고, 이를 통해 데이터에서 더 큰 가치를 얻을 기회를 제공합니다. 시각화를 통해 데이터를 깊이 있게 분석하고, 중요한 결정을 내리는 데 필요한 정보와 인사이트를 발견할 수 있습니다.
- 의사결정 지원 : 시각화는 의사결정자들이 데이터에 기반한 판단을 내리는 데 있어서 필수적인 도구입니다. 예를 들어, 대시보드를 통해 실시간 데이터 분석 결과를 시각적으로 제공함으로써, 경영진이 즉각적으로 대응할 수 있는 체계를 구축할 수 있습니다.
- 가치 창출 : 데이터는 단순히 존재하는 것이 아니라, 적절히 분석하고 활용했을 때 그 가치가 드러납니다. 데이터 시각화는 이러한 분석을 보다 효율적으로 수행하게 하여, 데이터가 갖고 있는 잠재적인 가치를 극대화합니다. 기업과 기관에서는 이러한 가치를 활용하여 더 나은 성과를 달성할 수 있습니다.

데이터 시각화는 데이터 분석 및 커뮤니케이션의 강력한 도구입니다. 그것은 데이터가 단순한 숫자와 텍스트로 존재할 때보다 더 큰 의미를 만들어 내고, 사람들에게 중요한 정보를 전달하여 더 나은 결정을 내릴 수 있도록 돕습니다. 따라서 데이터를 다루는 모든 관계자는 시각화를 효과적으로 활용할 수 있는 능력을 갖추는 것이 중요합니다.

데이터 시각화를 하면 좋은 점(시각화의 중요성)

- 데이터를 이해하고 기억하기 쉽게 만들기(사례 : 2022년 4분기 Apple의 손익계산서)
- 알려지지 않은 사실, 특이치 및 추세 발견
- 관계 및 패턴을 신속하게 시각화
- 더 나은 질문을 하고 더 나은 의사결정에 도움을 줌(사례 : 존 스노우의 콜레라 지도)

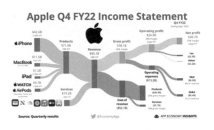

데이터 시각화는 데이터를 더 쉽게 이해하고 기억할 수 있도록 돕는 강력한 도구입니다. 이를 통해 중요한 통찰을 빠르게 얻고, 의사결정을 향상시킬 수 있습니다. 여기에서는 시각화의 주요 이점과 이를 실질적으로 어떻게 활용할 수 있는지에 대해 설명합니다.

1) 데이터를 이해하고 기억하기 쉽게 만든다

데이터 시각화는 복잡한 정보도 시각적 도구를 통해 직관적으로 이해할 수 있도록 변환합니다. 예를 들어, 2022년 4분기 Apple의 손익계산서를 시각화한 사례를 보면 각 제품군의 매출과 비용 구조를 한눈에 알 수 있습니다. iPhone, MacBook, iPad 등의 각 부문이 얼마의 매출을 창출했으며, 그로 인해 발생하는 총이익과 순이익이 어떻게 나뉘는지를 시각적으로 표현함으로써 전체적인 재무 상황을 명확히 전달합니다.

이처럼 인포그래픽을 통해 데이터는 복잡한 수치를 빠르게 파악하고 기억할 수 있도록 간단하게 시각화됩니다. 특히, 색상과 크기를 적절히 활용하면 정보를 더욱 효과적으로 전달할 수 있습니다.

2) 알려지지 않은 사실, 특이점 및 추세 발견

데이터 시각화는 숨겨진 패턴이나 비정상적인 추세를 쉽게 식별할 수 있게 해줍니다. 우리가 방대한 데이터를 분석할 때 눈에 잘 띄지 않는 사실들이 있습니다. 하지만 시각화를 통해 데이터의 특이점이 드러나게 되면 새로운 발견으로 이어질 수 있습니다. 이를 통해 분석자는 추가 조사를 통해 보다 심도 있는 인사이트를 도출할 수 있습니다.

3) 관계 및 패턴을 신속하게 시각화

관계와 패턴을 시각적으로 표현하는 것은 매우 유용합니다. 데이터 시각화는 변인 간의 상호작용을 빠르게 파악할 수 있게 해 주며, 이를 통해 데이터를 분석하고 그 의미를 이해하는 데 걸리는 시간을 단축할 수 있습니다. 특히 트렌드 분석이나 상관관계 파악에서 시각화는 필수적입니다.

4) 더 나은 질문을 하고 더 나은 의사결정에 도움을 준다

시각화는 단순히 데이터를 보여주는 것을 넘어, 더 나은 질문을 던지고 의사결정을 지원하는 역할을 합니다. 여기서 중요한 역사적 사례가 하나 있습니다. 존 스노우의 콜레라 지도입니다.

- 배경 : 1854년 런던에서 발생한 콜레라 전염병에 대한 분석입니다. 존 스노우는 당시 의사로, 콜레라가 수인성 질병, 즉 물로 인해 전파된다는 가설을 세웠습니다.
- 시각화 방법 : 그는 콜레라로 인한 사망자 데이터를 지도 위에 표시하여, 각 사망 사건이 발생한 위치를 막대그래프로 시각화합니다. 사망자가 밀집된 지역을 조사한 결과, 특정 수원지, 즉 펌프 근처에서 사망자가 집중적으로 발생한 것을 발견합니다.
- 설득력 있는 분석 : 이 시각화 결과는 매우 설득력 있었고, 결국 스노우는 당국을 설득해 해당 펌프의 손잡이를 제거하도록 합니다. 이후 사망자 수가 급격히 감소함으로써 그의 가설이 입증되었습니다. 이 사례는 데이터 시각화가 실질적인 문제 해결과 정책적 개입을 어떻게 촉진할 수 있는지를 잘 보여줍니다.

존 스노우의 사례는 데이터 시각화가 단순한 통계적 분석을 넘어서 사람들에게 명확하게 메시지를 전달하고, 의사결정을 내리게 하는 강력한 수단임을 보여줍니다. 이처럼 데이터를 단순히 텍스트나 숫자로 표현하는 것보다 시각적으로 변환하면 이해와 분석이 훨씬 더 용이해집니다.

데이터 시각화는 복잡한 정보를 단순화하고 중요한 패턴을 명확히 보여주는 도구로, 오늘날 데이터 중심의 의사결정 과정에서 그 중요성이 점점 더 부각되고 있습니다. 데이터 시각화는 기업의 성과를 한눈에 보여주고, 역사적 사례처럼 공중 보건과 같은 중요한 문제를 해결하는 데에도 기여할 수 있습니다.

02 데이터 시각화를 위한 차트의 요소와 종류

1 데이터 시각화를 위한 차트의 요소

데이터 시각화를 위한 차트의 요소

- ⊙ 시각화를 위해 기간, 변수 및 항목과 같은 여러 요소를 고려하여 가장 적합한 차트를 결정
- ⊙ 변수 : 계산 중에 값이 변하거나 변할 수 있는 것으로 가정되는 양. KPI 및 "판매 수량",
  "수익", "만족도" 등과 같은 측정값
- ⊙ 기간 : 시간의 길이 또는 부분. 일, 주 또는 월, 년 등
- ⊙ 항목 : 계정, 차원 또는 시리즈의 고유한 부분. 예 : "카테고리", "SKU", "크기" 등
- ⊙ 시간 : 다양한 변수에 대한 시간 경과에 따른 추세를 표시하려는 경우

데이터 시각화에서 가장 중요한 단계 중 하나는 적절한 차트를 선택하는 것입니다. 이를 위해서는 데이터의 특성과 목적에 따라 다양한 요소를 고려해야 합니다.

1) 변수 (Feature)

- 변수는 데이터를 시각화할 때 가장 중요한 요소 중 하나입니다. 변수란, 분석이나 계산 중에 값이 변하거나 변할 수 있는 것으로 정의됩니다.
- 예를 들어, KPI(핵심 성과 지표)로 사용되는 데이터에는 "판매 수량", "수익", 또는 "만족도"와 같은 측정값이 포함될 수 있습니다. 이러한 값들은 변화의 가능성을 가지고 있기 때문에 시각화에서 주요한 역할을 합니다.
  - 실제 사례 : 판매 수량이 지역에 따라 다르게 분포되는지를 비교하려면 각 지역을 변수로 설정하고, 이를 바 차트로 표현할 수 있습니다.

2) 기간 (Time Period)

- 데이터가 시간과 관련된 경우, 기간을 고려하는 것이 중요합니다. 기간은 시간의 길이나 부분을 의미하며, 일별, 주별, 월별, 연별로 데이터를 시각화할 수 있습니다.
- 예를 들어, 시간 경과에 따른 매출 성장을 분석할 때는 선 그래프가 적합합니다. 시간의 흐름을 시각적으로 보여주는 것은 추세를 파악하는 데 매우 유용합니다.
  - 시간 변수의 유용성 : 시간에 따라 변하는 데이터를 시각화하면, 변화하는 추세나 시즌 패턴을 효과적으로 확인할 수 있습니다.

3) 항목 (Category)

- 항목이란, 데이터의 계정, 차원, 또는 시리즈의 고유한 부분을 의미합니다. 이는 보통 범주형 데이터로, 예를 들어 "카테고리", "SKU", "크기" 등이 포함됩니다.
- 이러한 항목은 데이터를 그룹화하거나 분류하는 데 사용되며, 데이터의 패턴을 쉽게 비교할 수 있도록 돕습니다.
  - 시각화의 예 : 제품 카테고리별 매출을 나타낼 때는 각 카테고리를 다른 색상으로 구분한 막대그래프가 적합합니다. 이렇게 하면 각 카테고리의 매출 기여도를 한눈에 확인할 수 있습니다.

4) 시간(Time Context)

- 시간이 중요한 경우에는 다양한 변수에 대한 시간 경과에 따른 추세를 표시하는 것이 핵심입니다. 데이터가 시간의 흐름에 따라 어떻게 변하는지를 이해하는 것이 중요할 때, 선 그래프나 히트맵 같은 차트를 사용하는 것이 적절합니다.
- 추세 시각화 : 예를 들어, 1년 동안의 매출 데이터를 시각화할 때는 월별 변화를 선 그래프로 표현할 수 있습니다. 이를 통해 비즈니스의 성과가 시즌에 따라 어떻게 달라지는지 명확하게 알 수 있습니다.

5) 차트를 선택할 때 고려할 점

- 데이터의 성격 : 변수가 연속형인지 범주형인지에 따라 차트 선택이 달라집니다. 연속형 데이터는 주로 선 그래프나 산점도로 표현하는 반면, 범주형 데이터는 막대그래프나 원형 차트가 적합합니다.
- 시각화의 목적 : 데이터가 전달하려는 메시지에 따라 차트의 유형이 결정됩니다. 예를 들어, 비교가 필요하다면 막대그래프, 비율을 보여줄 때는 파이 차트, 추세를 분석할 때는 선 그래프를 사용합니다.

데이터 시각화는 데이터의 특성과 분석 목적에 맞게 설계되어야 효과적입니다. 변수, 기간, 항목, 시간과 같은 요소를 적절히 고려하여 시각화를 수행하면, 데이터를 명확하게 전달할 수 있고 분석의 인사이트를 극대화할 수 있습니다.

이렇게 구성된 차트는 데이터를 직관적이고 이해하기 쉽게 표현함으로써, 다양한 분석적 의사결정을 돕고 더 나은 질문을 유도할 수 있는 기반을 제공합니다.

차트의 종류(데이터로 무엇을 표현하고 싶은가?)

- 데이터를 어떤 목적으로 보여줄 것인지에 따른 유형
- Dr. Andrew Abela가 만든 차트 선택 다이어그램

- 비교
- 구성
- 분포
- 관계

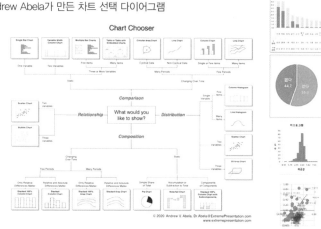

데이터 시각화를 할 때, 적절한 차트를 선택하는 것은 데이터를 효과적으로 전달하기 위해 매우 중요합니다. 차트의 선택은 데이터의 성격과 우리가 전달하려는 메시지에 따라 달라집니다.

데이터를 시각화할 때는 "무엇을 보여주고 싶은가?"라는 질문에 따라 차트를 선택합니다. 데이터의 목적에 따라 차트는 비교, 구성, 분포, 그리고 관계를 나타낼 수 있습니다. 여기서는 각각의 유형에 대해 살펴보겠습니다.

1) 비교 (Comparison)

- 목적 : 서로 다른 항목 간의 차이를 비교할 때 사용됩니다.

- 차트 유형

  ▷ 막대 차트(Bar Chart) : 주로 항목별 값을 비교할 때 사용됩니다. 예를 들어, 각 월의 매출액을 비교할 때 막대그래프가 유용합니다.

  ▷ 방사형 차트(Radar Chart) : 여러 항목을 비교하고 싶을 때 사용하는 다차원 차트입니다. 예를 들어, 성능 평가 요소들을 비교할 때 유용합니다.

  ▷ 라인 차트(Line Chart) : 시간이 지남에 따라 데이터를 비교할 때 사용됩니다. 주로 추세를 시각화하는 데 효과적입니다.

- 예시 : 연도별 매출 증가를 비교하거나 여러 제품 간의 성능 차이를 시각화할 때 활용됩니다.

2) 구성 (Composition)

- 목적 : 전체에 대한 부분의 기여도를 나타내기 위해 사용됩니다.

- 차트 유형

  ▷ 파이 차트(Pie Chart) : 데이터를 몇 개의 섹션으로 나누어 각각의 비율을 나타냅니다. 예를 들어, 시장 점유율을 시각화할 때 많이 사용됩니다.

  ▷ 스택형 막대 차트(Stacked Bar Chart) : 항목 전체와 각 부분의 기여도를 비교합니다. 전체 구성 요소를 볼 때 적합합니다.

  ▷ 트리맵(Treemap) : 계층 구조의 데이터를 보여줄 때 사용됩니다. 예를 들어, 회사의 부서별 예산 할당을 시각화할 때 유용합니다.

- 예시 : 회사 예산의 각 부문별 구성 비율이나 프로젝트에서 각 팀의 기여도를 보여줄 때 활용됩니다.

3) 분포 (Distribution)

- 목적 : 데이터의 분포나 빈도를 보여주어 데이터가 어떻게 퍼져 있는지를 이해합니다.
- 차트 유형

  ▷ 히스토그램(Histogram) : 데이터의 분포를 보여줍니다. 주로 연속형 데이터를 구간으로 나누어 빈도를 표시할 때 사용합니다.

  ▷ 상자 그림(Box Plot) : 데이터의 중앙값, 사분위 범위, 이상치를 시각화합니다.

  ▷ 산점도(Scatter Plot) : 데이터 포인트의 분포를 시각화하여 두 변수 간의 관계를 보여줍니다.

- 예시 : 학생들의 시험 성적 분포나 제품의 품질 검사 결과를 분석할 때 활용됩니다.

4) 관계 (Relationship)

- 목적 : 두 개 이상의 변수 간의 관계를 나타내기 위해 사용됩니다.
- 차트 유형

  ▷ 산점도(Scatter Plot) : 두 변수 간의 상관관계를 보여줍니다. 예를 들어, 광고비와 매출 간의 관계를 분석할 때 사용됩니다.

  ▷ 버블 차트(Bubble Chart) : 세 개의 변수를 시각화할 때 산점도의 확장 버전으로, 버블의 크기로 추가 정보를 나타냅니다.

  ▷ 히트맵(Heatmap) : 데이터 간의 상관성을 색상으로 표현하여 관계를 시각화합니다.

- 예시 : 마케팅 캠페인 효과와 판매 데이터 간의 관계를 분석하거나 여러 요인의 상호작용을 시각화할 때 활용됩니다.

5) 앤드류 아벨라의 차트 선택 다이어그램

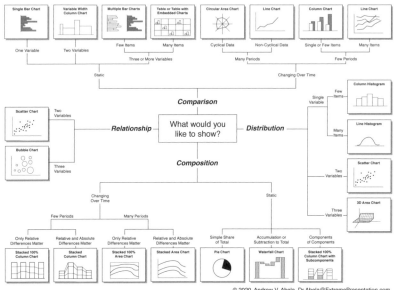

© 2020 Andrew V. Abela, Dr.Abela@ExtremePresentation.com
www.extremepresentation.com

앤드류 아벨라(Dr. Andrew Abela) 박사가 만든 차트 선택 다이어그램은 데이터를 표현할 최적의 방법을 선택할 때 유용합니다. 이 다이어그램은 우리가 표현하고자 하는 데이터의 성격에 맞는 차트를 쉽게 선택할 수 있도록 돕습니다.

예를 들어, "비교"를 목적으로 할 때는 막대 차트나 라인 차트를 고려하고, "분포"를 시각화할 때는 히스토그램이나 산점도를 사용하게 됩니다.

데이터 시각화에서 차트의 선택은 데이터를 효과적으로 전달하고 이해를 돕는 데 핵심적인 요소입니다. "비교", "구성", "분포", "관계"라는 네 가지 주요 목적에 따라 적절한 차트를 선택하면 데이터를 분석하고 소통하는 데 있어서 더욱 효과적일 수 있습니다.

03 데이터 기반 결론 도출

■ 데이터로 설득하기

■ 데이터로 설득하기

데이터로 설득하기

- ◎ 데이터로 설득하기 위해서는 데이터 표현 역량은 필수
- ◎ 데이터 하나하나를 자신의 메시지에 맞게 표현해야 상대를 설득하기 용이
- ◎ 데이터 표현의 제1원칙은 메시지가 잘 전달되도록 하는 것

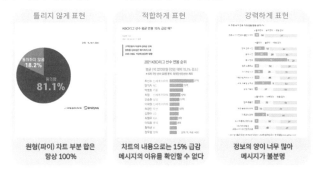

데이터를 활용한 설득은 오늘날 매우 중요한 커뮤니케이션 전략 중 하나입니다. 데이터는 단순히 제시하는 것으로 끝나는 것이 아니라, 데이터를 통해

설득력 있게 메시지를 전달할 수 있어야 합니다. 이를 위해 시각화 및 데이터 표현 기술을 적절히 사용하는 것이 중요합니다.

1) 데이터 표현 역량이 중요하다

- 데이터를 설득력 있게 표현하려면 단순히 수치를 나열하는 것이 아니라, 데이터를 통해 명확하고 강력한 메시지를 전달하는 기술이 필요합니다. 데이터 하나하나가 자신이 전달하려는 메시지에 맞게 표현되어야만 상대방을 효과적으로 설득할 수 있습니다.
- 데이터 표현의 제1원칙은 메시지가 잘 전달되도록 하는 것입니다. 시각화는 데이터를 단순히 보기 좋게 만드는 것이 아니라, 전달하고자 하는 메시지를 명확하게 인식하게 하는 역할을 합니다.

2) 틀리지 않게 표현하기

- 데이터 시각화에서 기본적인 오류가 발생하면 설득력이 급격히 떨어집니다. 예를 들어, 파이 차트의 합계가 100%가 되어야 함에도, 일부 값이 누락되어 합계가 100%가 되지 않는 경우가 있습니다. 이런 오류는 데이터의 신뢰성을 떨어뜨리고, 시각화의 목적을 훼손합니다.
- 예시 : 원형(파이) 차트에서 "동의함"의 비율이 81.8%여야 하는데, 81.1%로 표현된 사례가 있습니다. 해당 보고서의 다른 페이지를 참고하면 81.8%가 맞습니다. 명백한 오타로 보입니다. 이런 부정확한 시각화는 데이터에 대한 신뢰를 떨어뜨립니다. 따라서 정확한 데이터를 바탕으로 시각화를 만들어야 합니다.

3) 적합하게 표현하기

- 데이터는 메시지를 뒷받침하는 방식으로 표현해야 합니다. 예를 들어, 신문 기사에

"KBO 리그 선수 평균 연봉 15% 급감"이라는 헤드라인이 있다면, 독자는 이 급감의 이유를 데이터로부터 이해할 수 있어야 합니다.

- 부적절한 사례 : 연봉 순위를 단순히 나열하는 막대 차트를 사용해도 평균 연봉 급감의 이유를 설명하지 못합니다. 연봉 순위는 급감의 원인과는 직접적으로 연관이 없기 때문에, 메시지 전달에 실패합니다.
- 올바른 접근 : 평균 연봉 급감의 이유를 설명하는 데이터를 명확히 시각화하여 전달해야 합니다. 그래야만 데이터가 메시지를 적절히 뒷받침할 수 있습니다.

4) 강력하게 표현하기

- 때로는 많은 정보를 포함한 차트가 오히려 메시지를 불명확하게 만들 수 있습니다. 데이터가 많다고 해서 설득력이 높아지는 것은 아니며, 오히려 메시지가 묻히는 경우가 많습니다.
- 예시 : "코로나19 전후의 직장생활 변화 요약"이라는 차트에서 14개의 정보가 나열된 경우, 메시지가 불분명해질 수 있습니다. 여기서 메시지는 "가장 큰 변화가 무엇인가?"입니다. 이 경우, 회식 빈도의 감소가 가장 두드러진 변화임에도 불구하고, 다른 정보들 때문에 메시지가 명확히 전달되지 않습니다.
- 효과적인 전략 : 시각화를 단순화하여 가장 중요한 메시지를 강조하는 것이 필요합니다. 회식 빈도의 변화에서 빨라졌다가 76%로 나타났다는 주요 포인트를 강조하면 메시지가 더욱 설득력 있게 전달됩니다.

5) 메시지 중심의 시각화

- 데이터 시각화는 단순히 수치를 시각적으로 표현하는 것을 넘어, 명확한 메시지를 전달하는 데 목적을 둬야 합니다.
- 틀리지 않게 : 데이터를 정확히 시각화하여 신뢰성을 유지해야 합니다.
- 적합하게 : 데이터가 메시지를 뒷받침할 수 있도록 의미에 맞는 표현을 사용해야 합니다.

- 강력하게 : 불필요한 정보를 제거하고 핵심 메시지를 강조하여 설득력을 높여야 합니다.

이러한 원칙을 통해 데이터 기반의 설득력을 극대화할 수 있으며, 중요한 의사결정자나 청중을 효과적으로 설득할 수 있습니다.

2 결과와 결론은 다르다

결과와 결론은 다르다

- 결과 : 데이터 분석을 통해 나온 결과물
- 결론 : 분석의 결과가 목적에 대해 어떤 의미가 있는지 설명하는 것

▶ 어느 매장의 방문고객의 메일 수신 등록 여부와 방문횟수에 대한 메일링 리스트 분석 자료

❖이 자료를 설명해 보세요

결과
- 등록한 사람의 방문 횟수가 더 높은 것으로 보인다.
- 여성 고객의 경우, 등록한 사람들이 그렇지 않은 사람보다 평균값이 높다.
- 남성 고객의 경우, 메일 수신 여부와 관계없이 방문 평균값이 비슷하다.

결론
- 메일링 리스트 등록은 방문 횟수 증가에 효과적이다.
- 메일링 리스트 등록은 여성 고객에게는 효과적이지만, 남성 고객에게는 효과적이지 않다

- 데이터를 활용한다는 의미는 판단과 행동으로 이어지는 결과물이 제시된 상태여야 함
- 데이터 활용을 위해서 필요한 것은 결과가 아니라 **결론**이다.(결론은 데이터를 기반으로 도출)

데이터 분석에서 중요한 것은 분석 결과를 어떻게 해석하고, 이를 바탕으로 실행 가능한 결론을 도출하느냐입니다. 분석 결과와 결론을 구분하는 능력은 효과적인 데이터 기반 의사결정에서 핵심적인 요소입니다.

1) 결과

결과(Results)는 데이터 분석을 통해 나온 수치나 사실을 의미합니다. 이는 분석의 최종 산출물이지만, 그 자체로는 구체적인 행동을 유도하지 않습니다. 결과는 객관적인 데이터에 기반한 분석 내용이며, 단순히 데이터를 시각적으로 표현하는 것에 그칩니다.

- 예시 : 제공된 차트는 매장을 방문한 고객을 이메일 등록 여부에 따라 분석한 것입니다.
- 이메일 등록한 고객의 방문 횟수는 평균 6.3회(여성)와 5.8회(남성)입니다.
- 비등록 고객의 방문 횟수는 평균 4.1회(여성)와 5.6회(남성)입니다.
- 해석 : 등록한 고객이 비등록 고객보다 매장 방문 횟수가 더 높다는 결과가 나왔습니다. 특히 여성 고객의 방문 횟수가 등록 여부에 따라 더 큰 차이를 보입니다.

2) 결론

결론(Conclusion)은 분석의 결과를 바탕으로 목적에 맞게 의미를 도출하는 것입니다. 결론은 단순히 사실을 전달하는 것을 넘어, 데이터를 활용해 판단과 행동을 이어줄 수 있는 메시지를 제공합니다. 이를 통해 의사결정자는 데이터 기반으로 구체적인 조치를 취할 수 있습니다.

- 예시 : 위의 분석 결과를 바탕으로 다음과 같은 결론을 내릴 수 있습니다.
- 결론 1 : 이메일 등록은 방문 횟수를 증가시키는 데 효과적입니다.
- 결론 2 : 이메일 리스트 등록이 여성 고객에게 더 효과적이며, 남성 고객에게는 큰 차이를 보이지 않습니다.
- 실행 가능한 인사이트 : 마케팅 전략을 세울 때 이메일 리스트 등록 캠페인을 계속 진행하는 것이 바람직하며, 특히 여성 고객을 대상으로 한 캠페인을 강화하면 더욱 효과적일 것입니다.

3) 데이터 활용의 핵심 : 결론이 필요하다

- 의사결정의 기반 : 데이터 활용의 궁극적인 목표는 의사결정을 지원하는 것입니다. 분석 결과만 제시하면 의사결정자는 추가적인 질문을 할 수밖에 없습니다. 예를 들어, "그래서 우리는 무엇을 해야 하나요?"라는 질문이 나오게 됩니다.
- 결론의 역할 : 결론을 통해 분석 결과를 해석하고, 구체적인 행동 지침을 제공해야만 데이터가 실질적인 가치를 발휘합니다. 이는 분석가가 데이터를 단순히 설명하는 것을 넘어, 분석을 통해 전략적 방향을 제시할 수 있어야 한다는 것을 의미합니다.

결과는 분석의 산출물입니다. 예를 들어, 등록 고객이 비등록 고객보다 매장 방문 횟수가 더 높다는 분석 내용입니다. 결론은 실행 가능한 해석입니다. 이를 통해 "이메일 리스트 등록을 강화하고, 특히 여성 고객을 타깃팅하자"와 같은 전략을 도출할 수 있습니다. 결론을 통해 의사결정자는 신속하고 효율적으로 판단을 내릴 수 있습니다.

따라서 데이터 분석의 목적은 단순히 결과를 얻는 것이 아니라, 그 결과를 바탕으로 명확하고 설득력 있는 결론을 도출하여 효과적인 의사결정을 지원하는 것입니다.

결론을 도출할 때 주의할 점

○ 필요 이상으로 자신의 해석을 덧붙이지 않아야 한다.
○ 데이터를 통해 알 수 있는 사실의 범위 내에서 생각해야 한다.

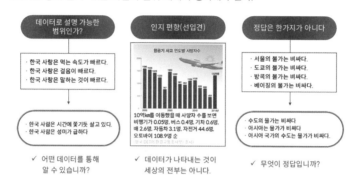

데이터를 활용하여 결론을 도출하는 과정에서는 몇 가지 중요한 주의 사항이 있습니다. 잘못된 결론을 내리는 것은 의사결정에 부정적인 영향을 미칠 수 있기 때문에, 데이터 분석 과정에서는 항상 객관성을 유지하고 논리적으로 결론을 도출하는 것이 중요합니다. 여기서는 결론을 도출할 때 주의해야 할 점을 설명하겠습니다.

1) 데이터로 설명 가능한 범위를 벗어나지 않기

• 설명 가능한 범위란? : 데이터를 기반으로 설명할 수 있는 내용은 반드시 그 데이터가 직접적으로 나타내는 범위 내로 제한해야 합니다. 분석을 통해 도출된 결과를 과도하게 해석하거나, 추가적인 추론을 덧붙여서는 안 됩니다.

• 예시 : "한국 사람은 먹는 속도가 빠르다, 걸음걸이가 빠르다, 말하는 속도가 빠르다"라는 데이터를 기반으로, "한국 사람은 시간에 쫓기며 살아간다" 또는 "성미가

급하다"는 결론을 내리는 것은 적절하지 않습니다. 왜냐하면, 이러한 성격적 특징은 데이터에 명시된 근거가 아니기 때문입니다. 데이터 기반 결론을 내릴 때는 그 범위를 넘어서는 해석을 하지 않는 것이 중요합니다.

- 핵심 질문 : "어떤 데이터를 통해 알 수 있는가?"를 항상 생각하며 결론을 제시해야 합니다.

2) 인지 편향을 피하기

- 인지 편향이란? : 인간은 본능적으로 선입견이나 기존의 믿음에 따라 데이터를 해석하는 경향이 있습니다. 이로 인해 잘못된 결론을 도출할 수 있습니다.
- 예시 : 항공기 사고 연도별 사망자 수를 보면, 비행기 사고로 매년 많은 사람들이 사망한다고 생각할 수 있습니다. 그러나 10억 km당 사망자 수를 비교하면, 비행기는 오히려 가장 안전한 이동 수단이라는 사실이 드러납니다. 이처럼 전체 맥락을 무시하고 특정 데이터에만 집중하면 잘못된 판단을 내리기 쉽습니다. 데이터를 객관적으로 해석해야 하며, 선입견에 휘둘려서는 안 됩니다.
- 핵심 교훈 : "데이터가 나타내는 것이 세상의 전부가 아니다"라는 점을 항상 염두에 두고, 전체적인 시각에서 데이터를 평가해야 합니다.

3) 정답은 한 가지가 아니다

- 결론의 다양성 : 데이터 분석에서 정답은 항상 한 가지로 고정되어 있지 않습니다. 같은 데이터를 해석하는 방식에 따라 다른 결론이 나올 수 있습니다. 이를 인정하고, 결론을 내릴 때 다른 가능성을 고려해야 합니다.
- 예시 : "서울의 물가는 비싸다, 도쿄의 물가는 비싸다, 방콕의 물가는 비싸다, 베이징의 물가는 비싸다"라는 데이터를 통해 "아시아의 수도는 물가가 비싸다"라는 결론을 내릴 수 있습니다. 그러나 아시아의 다른 수도 중에서 물가가 비싸지 않은 곳이 있을 수 있기 때문에, 이 결론이 항상 맞다고 할 수는 없습니다. 또한, "아시아는 물가가 비싸다"는 일반화도 성급할 수 있습니다.

- 적절한 표현 : 데이터가 특정 주요 도시의 물가가 비싸다는 것을 보여주었을 때, 결론을 "이 도시들의 물가는 비싸다고 나타났습니다"라고 표현하는 것이 더 정확하고 신중한 접근입니다.
- 핵심 질문 : "무엇이 정답인가?"를 따질 때, 항상 데이터의 범위를 넘지 않으며 모든 가능성을 고려해야 합니다.

4) 데이터 기반 결론을 도출하는 원칙

- 범위 제한 : 데이터를 넘어서는 해석을 하지 않도록 주의합니다.
- 객관성 유지 : 인지 편향과 선입견을 배제하고, 데이터가 말하는 것을 있는 그대로 받아들입니다.
- 다양한 가능성 고려 : 단 하나의 정답만을 고집하지 말고, 결론을 신중하게 내립니다.

이러한 원칙을 지키면, 데이터 분석이 더 신뢰할 수 있고, 의미 있는 결론을 도출할 수 있습니다. 의사결정자는 이러한 객관적이고 신뢰성 있는 결론을 바탕으로 효과적인 전략을 수립할 수 있습니다.

최근 5년 동안 판매된 건강기능식품에 대해 수집한 원시 데이터를 분석 목적에 맞게 데이터를 전처리했습니다(3장 참조). 이 데이터를 통해 최근 5년 간 건강기능식품 중에서 인기 있는 제품과 향후 출시할 제품 아이디어를 찾고자 합니다. 이 문제를 해결하기 위해 시각화 분석을 챗GPT를 이용해서 수행하겠습니다.

1 데이터 탐색과 시각화 분석

[실습] 챗GPT를 이용한 시각화 분석

⊙ 문제 : 최근 5년 동안 판매된 건강기능식품에 대해 수집한 원시 데이터를 분석 목적에 맞게 데이터를 전처리했다. 이 데이터를 통해 최근 5년간 건강기능식품 중에서 인기 있는 제품과 향후 출시할 제품 아이디어를 찾고 싶다.

❷ processed_health_supplement_sales.csv
이 데이터를 탐색해 줘

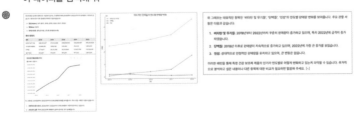

최근 5년 동안의 건강기능식품 판매 데이터를 분석하는 것은 건강 보조 제품 시장의 트렌드를 파악하고, 향후 출시할 제품 아이디어를 도출하는 데 매우 유용합니다.

1) 데이터 탐색

- 최근 5년 동안(2018년부터 2022년까지) 판매된 건강기능식품의 데이터를 품목별로 수집하고, 이를 분석 가능한 형태로 전처리하였습니다.
  [processed_health_supplement_sales.csv]
- 데이터는 주로 비타민 및 무기질, 단백질, 인삼과 같은 주요 건강 보조 제품의 판매량 변화를 연도별로 기록하고 있습니다.

2) 시각화 분석 결과 : 연도별 판매량 추이

- 제공된 시각화 자료를 보면, 비타민 및 무기질, 단백질, 인삼 등의 건강기능식품 판매량이 전반적으로 증가하고 있습니다.
- 특히 비타민 및 무기질의 판매량은 2018년부터 2022년까지 꾸준히 증가하였으며, 2022년에 급격한 상승을 보였습니다. 이는 건강에 대한 관심이 증가하면서 비타민과 같은 보충제를 더 많이 소비하기 시작한 트렌드를 반영할 수 있습니다.
- 단백질도 비타민과 비슷하게 지속적인 판매량 증가를 보이고 있으며, 2022년에 가장 큰 증가를 기록합니다. 이는 체력 증진 및 근육 건강에 대한 관심이 높아진 사회적 흐름을 반영하는 것으로 볼 수 있습니다.
- 인삼의 경우, 상대적으로 안정적인 판매량을 유지하고 있으며, 큰 변동 없이 꾸준히 판매되고 있습니다. 이 제품군은 특정 계층이나 건강 관리 목적에 따라 변동이 적은 특징을 나타냅니다.

3) 데이터 해석과 결론 도출

① 결과

- 비타민 및 무기질, 단백질 제품은 지속적인 성장세를 보이고 있으며, 특히 2022년에 급격히 증가합니다. 이 추세는 건강 보조 제품에 대한 소비자 관심이 높아지고 있음을 시사합니다.
- 인삼 제품은 다른 제품군에 비해 큰 변화가 없지만, 여전히 일정한 수요를 유지하고 있습니다.

② 결론 및 향후 제품 아이디어

- **결론** : 건강기능식품 시장은 여전히 성장 가능성이 높은 분야이며, 비타민 및 무기질, 단백질 제품이 특히 유망합니다. 이 제품군에 대한 투자와 새로운 제품 출시가 유리할 것으로 보입니다.
- 제품 아이디어
  ▷ 비타민 및 무기질 : 다양한 연령대를 타깃으로 한 맞춤형 비타민 제품을 출시하는 것을 고려할 수 있습니다. 예를 들어, 어린이, 성인, 노인에게 맞는 각각의 포뮬러를 제공할 수 있습니다.
  ▷ 단백질 보충제 : 운동을 즐기는 젊은 층을 대상으로 한 맛있고 간편한 단백질 스낵이나 음료를 개발하는 것도 좋은 아이디어입니다.
  ▷ 인삼 제품 : 기존의 소비자층을 유지하면서도 젊은 세대가 선호할 수 있도록 인삼을 활용한 현대적인 음료나 간편 건강 제품을 개발하는 전략이 필요합니다.

이 분석을 통해 건강기능식품의 소비 트렌드를 명확히 이해할 수 있습니다. 특히, 비타민 및 무기질과 단백질 제품은 성장 가능성이 매우 높아 보이기 때문에, 이들 제품에 대한 마케팅 및 연구개발을 강화하는 것이 바람직합니다. 데이터 분석을 통해 얻은 이러한 인사이트는 기업이 시장에서의 경쟁력을 높이고, 새로운 기회를 포착하는 데 큰 도움이 될 것입니다.

◎ 문제 : 최근 5년 동안 판매된 건강기능식품에 대해 수집한 원시 데이터를 분석 목적에 맞게 데이터를 전처리했다. 이 데이터를 통해 최근 5년간 건강기능식품 중에서 인기 있는 제품과 향후 출시할 제품 아이디어를 찾고 싶다.

❷ processed_health_supplement_sales.csv
이 데이터를 탐색해 줘

최근 5년 동안 건강기능식품 판매 데이터를 분석한 결과, 2022년에 특정 제품군의 판매량이 급증했다는 것을 알게 되었습니다. 이 데이터 분석 결과를 바탕으로, 급증 원인과 향후 전략에 대한 통찰을 시각화와 함께 설명하겠습니다.

1) 판매량 증가가 두드러진 제품군

· 데이터를 분석한 결과, 2022년 판매량이 급증한 상위 10개의 건강기능식품 항목이 도출되었습니다. 여기에는 매실 추출물, 홍국, 식이섬유, 단백질 등 다양한 항목이 포함되어 있습니다.

· 특히, 홍국은 2021년 대비 무려 4536.73%라는 엄청난 증가율을 보였으며, 단연 가장 눈에 띄는 항목으로 확인되었습니다. 이러한 급증은 홍국이 어떤 외부 요인이나 마케팅 캠페인으로 인해 소비자 관심이 급증했을 가능성을 시사합니다.

· 숫자만으로는 증가율의 차이를 직관적으로 파악하기 어렵지만, 시각화 자료를 통해 홍국의 판매량 증가가 얼마나 두드러지는지를 한눈에 확인할 수 있습니다. 이는 데이

터 시각화가 분석 결과를 더 명확하게 보여주는 데 얼마나 중요한지 잘 보여줍니다.
- 차트를 보면, 홍국의 판매량 증가가 다른 항목에 비해 압도적이라는 것을 쉽게 알 수 있습니다.

2) 급증 원인 분석 제안

① 외부 요인 분석
- 2022년에 홍국과 관련된 판매량 증가를 이끈 특정 이벤트나 마케팅 캠페인이 있었는지, 또는 사회적 트렌드나 건강 관련 이슈가 영향을 미쳤는지를 조사해야 합니다.
- 예를 들어, 건강 트렌드가 바뀌거나 특정 연구 결과가 발표되어 홍국의 효능이 널리 알려졌을 가능성을 고려할 수 있습니다.

② 시장조사
- 홍국을 포함한 상위 제품군의 소비자 수요가 증가한 이유를 탐색해야 합니다. 경쟁 제품의 변화, 시장 내 새로운 규제나 정책도 고려 대상입니다.
- 이를 통해 어떤 마케팅 전략이 성공적이었는지, 소비자의 구매 동기를 무엇이 이끌었는지를 분석할 수 있습니다.

③ 제품별 세부 분석
- 상위 증가 항목에 대해 더 깊이 있는 분석을 통해, 각 항목의 판매 전략, 유통 채널 변화, 가격 정책 등을 조사합니다. 이를 통해 판매량 급증의 구체적인 원인을 파악하고, 향후 유사한 성공을 재현할 전략을 수립할 수 있습니다.

3) 결론 및 추천 전략

① 결론
- 홍국과 같은 특정 건강기능식품의 급격한 판매 증가 현상은 제품 기획 및 마케팅 전략에 중요한 기회를 제공합니다. 이 데이터를 기반으로 신규 제품 개발에 대한 방향성을 설정할 수 있습니다.

② 추천 전략

- 홍국 집중 마케팅 : 홍국이 압도적인 판매 증가를 보였기 때문에, 이 제품군에 대한 추가적인 마케팅과 연구를 진행하는 것이 유리합니다. 소비자 인식과 구매 이유를 더 자세히 파악하여 맞춤형 마케팅 캠페인을 계획할 수 있습니다.
- 트렌드 분석 : 2022년의 트렌드를 면밀히 분석하여 비슷한 흐름을 보일 가능성이 있는 다른 건강기능식품을 발굴하는 것도 중요합니다.
- 다양한 제품군 탐색 : 상위 10개 항목 중 지속적인 수요가 예상되는 제품을 선정하여 제품 포트폴리오를 확장할 전략을 수립합니다.

이러한 데이터 분석을 통해 건강기능식품 시장의 기회를 포착할 수 있습니다. 특히, 홍국과 같은 제품의 성공 요인을 명확히 파악하고, 이를 활용해 비슷한 제품군을 출시하거나, 기존 제품을 더욱 효과적으로 마케팅할 수 있습니다. 또한 심도 있는 추가 조사를 통해 더욱 구체적인 전략을 도출할 수 있습니다.

3 판매량 증가율 시각화 분석

[실습] 챗GPT를 이용한 시각화 분석

- ◎ 문제 : 최근 5년 동안 판매된 건강기능식품에 대해 수집한 원시 데이터를 분석 목적에 맞게
  데이터를 전처리했다. 이 데이터를 통해 최근 5년간 건강기능식품 중에서 인기 있는 제품과
  향후 출시할 제품 아이디어를 찾고 싶다.

- ❷ processed_health_supplement_sales.csv
  2021년 대비 2022년 판매량 증가율이 높은 상위 10개의 항목에 대해 차트를 만들어줘

 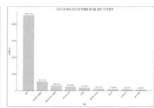

위 차트는 2021년 대비 2022년 판매량 증가율이 높은 상위 10개 항목을 보여줍니다.
각 항목의 증가율을 바 형태로 시각화하였으며, 바위에는 증가율을 퍼센트로 표시했습니다.
이 차트를 통해 2022년 판매량 급증의 주요 원인인 항목들을 명확히 확인할 수 있습니다.
추가적인 분석이 필요하거나 다른 항목에 대한 정보가 필요하면 말씀해 주세요.

시각화를 통한 데이터 분석은 중요한 인사이트를 도출하고 효과적으로 전달하는 데 핵심적인 역할을 합니다. 건강기능식품 데이터 분석 사례를 바탕으로, 왜 시각화가 필요한지 그리고 시각화 결과가 어떤 통찰을 제공하는지에 대해 설명하겠습니다.

1) 문제 상황 : 건강기능식품 데이터 분석

- 분석 목적 : 최근 5년간 판매된 건강기능식품 데이터를 통해 인기 있는 제품군을 파악하고, 향후 출시할 제품 아이디어를 얻는 것입니다. 특히, 2021년 대비 2022년의 판매량 증가가 두드러진 항목을 분석하여 그 이유를 파악하려고 합니다.
- 데이터 설명 : 분석 데이터는 5년간의 판매 기록을 기반으로 하며, 각 품목의 연도별 판매량을 포함하고 있습니다. 판매량 증가율이 높은 상위 10개의 항목이 있습니다.

2) 시각화 분석 결과

① 시각화의 필요성

- 숫자 데이터의 한계 : 단순히 숫자 데이터만 보면 어떤 항목이 큰 폭으로 증가 했는지 직관적으로 이해하기 어렵습니다. 데이터 테이블에만 의존할 경우, 특히 증가율이 얼마나 두드러지는지 확인하는 데 시간이 걸립니다.

- 시각화의 효과 : 데이터를 차트로 시각화하면 변화의 크기와 차이가 한눈에 들어옵니다. 제공된 차트에서는 홍국의 판매량 증가가 압도적이라는 사실이 명확히 드러납니다. 홍국의 증가율은 무려 4536.73%에 달하며, 시각화를 통해 그 극적인 증가를 쉽게 파악할 수 있습니다.

② 주요 관찰점

- 홍국 : 가장 높은 판매량 증가율을 기록한 항목입니다. 이 데이터는 제품 기획에 있어 중요한 고려 사항이 됩니다. 홍국의 증가 원인을 분석하면, 유사한 제품 전략을 세울 때 참고할 수 있습니다.

- 다른 항목들 : 식이섬유, 매실 추출물 등도 상당한 증가율을 보이고 있어 이들 제품도 주목할 필요가 있습니다. 하지만 홍국에 비해서는 증가 폭이 상대적으로 작습니다.

3) 인사이트 및 추가 분석 제안

① 추가 분석 필요성

- 외부 요인 분석 : 2022년 홍국의 판매량 급증에 영향을 미친 외부 요인이 있었는지 조사해야 합니다. 예를 들어, 건강 트렌드의 변화, 특정 마케팅 캠페인, 새로운 연구 결과 등입니다.

- 시장조사 : 경쟁 제품의 변화, 소비자 수요 증가 요인, 그리고 소비 트렌드의 변화도 함께 분석하면 보다 심층적인 인사이트를 얻을 수 있습니다.

- 제품별 분석 : 홍국 외에도 증가율이 높은 다른 항목에 대한 분석을 통해 제품의 특성과 판매 전략을 이해하는 것이 중요합니다.

② **실제 적용**

- 건강기능식품 회사라면, 홍국의 성공적인 판매 요인을 활용해 유사한 제품을 개발하거나, 홍국을 포함한 새로운 마케팅 전략을 세울 수 있습니다. 또한, 증가율이 높은 다른 제품도 잠재적 성공 가능성을 염두에 두고 개발 전략을 구상할 수 있습니다.

시각화는 데이터 분석의 핵심 도구입니다. 숫자만으로는 잘 드러나지 않는 중요한 인사이트를 명확히 보여주고, 어떤 요소에 집중해야 할지를 직관적으로 이해하게 합니다. 데이터 시각화를 통해 얻은 인사이트를 바탕으로 추가적인 조사를 진행하고, 경쟁력을 강화할 전략을 세우는 것이 필요합니다.

 챗GPT에 요청한 프롬프트

> [processed_health_supplement_sales.csv] 업로드
>
> 이 데이터를 탐색해 줘
>
> 2022년 급증의 원인 분석해 줘
>
> 2021년 대비 2022년 판매량 증가율이 높은 상위 10개의 항목에 대해
>
> 차트를 만들어줘

05 챗GPT와 AI 도구를 이용한 데이터 분석 보고서 작성

[실습] 챗GPT를 이용한 보고서 작성

최근 5년 동안 판매된 건강기능식품에 대해 수집한 원시 데이터를 분석 목적에 맞게 데이터를 전처리했다. 이 데이터를 통해 최근 5년간 건강기능식품 중에서 인기 있는 제품과 향후 출시할 제품 아이디어를 찾고 싶다.

processed_health_supplement_sales.csv
최근 5년간의 건강기능식품 판매량을 바탕으로 신제품 개발 아이디어를 찾는 보고서를 작성해 줘
작성한 보고서 내용으로 파워포인트 슬라이드를 만들어줘
파워포인트 슬라이드를 워드로 저장해 줘

최근 5년간 건강기능식품 판매 데이터를 분석하여 신제품 개발 아이디어를 도출하는 분석을 수행하겠습니다. 챗GPT를 통해 데이터를 분석하고, 보고서를 작성하고 보고용 문서를 만든 다음, AI 도구인 감마(Gamma)를 활용하여 프레젠테이션 슬라이드를 작성하는 방법을 소개하겠습니다.

1 데이터 분석 배경 및 목적

- 목표 : 최근 5년간의 건강기능식품 시장 데이터를 분석해 트렌드를 파악하고, 향후 신제품 개발에 대한 아이디어를 찾는 것입니다.
- 분석 과정 : 건강기능식품의 판매 데이터를 수집 및 전처리하여 주요 항목의 판매 증가율을 파악합니다. 특히, 2022년의 판매 급증 원인을 심층적으로 분석하기 위해 챗GPT를 사용하여 데이터를 탐색하고 인사이트를 도출합니다.

2 챗GPT를 활용한 데이터 분석

- 데이터 탐색 : 챗GPT에 데이터를 입력하여 주요 증가 항목을 탐색합니다. 예를 들어, 2022년 판매량이 급증한 항목을 찾았고, "홍국"이라는 항목이 특히 주목할 만한 증가율(4,563.73%)을 기록한 것을 발견합니다.
- 오류 및 교정 : 초기 분석 중 챗GPT가 "홍국"을 "홍콩"으로 잘못 인식하는 경우가 발생했습니다. 이를 수정하기 위해 "홍국"을 강조하여 정확한 결과를 얻었습니다. 이 과정에서 정확성을 높이기 위해 키워드를 명확히 입력해야 합니다.

3 챗GPT를 이용한 보고서 작성

- 보고서 생성 요청 : 챗GPT에 데이터를 기반으로 보고서를 작성해 달라고 요청합니다. AI가 자동으로 보고서 초안을 생성해 주었으며, 내용은 다음과 같았습니다.
- 서론 : 건강기능식품 시장의 성장 배경 설명
- 데이터 개요 : 2018년부터 2022년까지의 데이터 분석 결과, 주요 증가 항목 소개
- 인사이트 : 2022년 급격한 판매량 증가 요인 분석 및 신제품 개발에 대한 제안
- 슬라이드 생성 : 챗GPT가 생성한 보고서 내용을 기반으로, AI 도구인 "감마"를 사용하여 파워포인트 슬라이드를 자동 생성합니다. 슬라이드에는 주요 분석 결과, 인사이트, 신제품 개발 아이디어 등이 포함되었습니다.

4 AI 도구 "감마"를 이용한 파워포인트 슬라이드 제작

"감마"라는 AI 도구를 사용하여, 챗GPT가 작성한 보고서 내용을 슬라이드 형식으로 자동 변환할 수 있습니다.

- 단계는 다음과 같습니다.
  - ▷ 챗GPT에서 보고서를 생성한 후, 내용을 Word 문서에 저장합니다.
  - ▷ Word 문서를 "감마(gamma.app)"에 업로드하여 자동으로 슬라이드를 생성합니다.
- 슬라이드 구성 : 제목 슬라이드, 시장 성장 추이, 주요 제품 판매량 변화, 신제품 개발 아이디어 등으로 구성되었습니다.
- 수정 작업 : 슬라이드의 폰트 조정 등 최소한의 편집만 수행하였고, 나머지는 AI가 자동 생성한 그대로 사용합니다.

5 AI 도구 "감마"를 이용한 신제품 개발 아이디어 정교화

- 멀티 기능성 제품 : 다양한 효능을 결합한 건강기능식품을 개발하여, 소비자의 니즈를 충족하고 시장 경쟁력을 강화할 수 있습니다.
- 맞춤형 건강 솔루션 : 소비자의 건강 상태에 맞춘 제품 설계, 데이터 기반 맞춤형 제안 등이 가능합니다. 예를 들어, 개인화된 비타민 제형 또는 특정 건강 문제를 해결할 수 있는 맞춤형 보조제를 개발할 수 있습니다.
- 스트레스 및 수면 개선 제품 : 현대인의 주요 건강 관심사인 스트레스 관리와 수면 개선을 목표로 한 제품군을 고려할 수 있습니다.

AI의 도움으로 보고서 및 슬라이드를 신속히 준비할 수 있습니다. 이 과정을 통해 완성한 프레젠테이션 슬라이드 몇 장을 제시하면 다음과 같습니다.

1) 건강 기능 식품 판매량 분석 및 신제품 개발 아이디어 보고서 표지

2) 주요 제품군 판매량 변화

신제품 개발 아이디어 1: 멀티 기능성 제품

다양한 효능 통합

면역력 강화, 심혈관 건강, 소화 건강을 동시에 지원하는 멀티 기능성 제품 개발

소비자 니즈 충족

여러 기능성을 한 번에 원하는 소비자들의 증가하는 수요에 부응

경쟁력 강화

다양한 효능을 제공하는 제품으로 시장에서의 경쟁력 확보

멀티 기능성 제품은 현대인의 복합적인 건강 요구를 충족시키면서 동시에 편의성을 제공할 수 있습니다. 이는 소비자들의 구매 결정에 긍정적인 영향을 미칠 것으로 예상됩니다.

 Made with Gamma

AI 도구를 활용하여 효율적으로 데이터를 분석하고 보고서를 작성할 수 있습니다. 챗GPT와 감마 같은 도구는 데이터 인사이트를 시각적이고 효과적으로 전달하는 데 큰 도움이 됩니다. 슬라이드의 시각적 요소를 개선하거나, 보고서 내용을 심화하여 더 완성도 높은 발표 자료를 만들 수 있습니다.

7 챗GPT에 요청한 프롬프트

[processed_health_supplement_sales.csv] 업로드

최근 5년간의 건강기능식품 판매량을 바탕으로 신제품 개발 아이디어를 찾는 보고서를 작성해 줘

작성한 보고서 내용으로 파워포인트 슬라이드를 만들어줘

파워포인트 슬라이드를 워드로 저장해 줘

06 문제해결을 위한
데이터 활용 사고법

문제해결을 위한 데이터 활용 사고법

- 내가 알고 싶은 것은 무엇일까?(목적)
- 알게 되면 무엇을 하고 싶을까?(문제 해결)

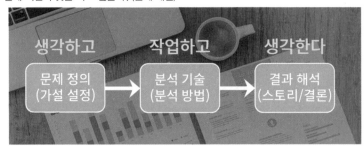

데이터 기반 의사결정을 내리기 위해서는 체계적인 사고 과정이 필수적입니다. 이 과정은 크게 생각하고, 작업하고, 그리고 다시 생각하는 세 가지 주요 단계로 나뉩니다. 이 접근법은 데이터 분석을 효과적으로 수행하고, 그 결과를 통해 의미 있는 결론을 도출하는 데 매우 중요합니다.

1 문제 정의 : 생각하고
- 문제 정의와 가설 설정 : 데이터 분석의 첫 단계는 해결하고자 하는 문제를 명확히 정의하는 것입니다. 여기서 중요한 질문은 "내가 알고 싶은 것은 무엇인가?"입니다. 이는 분석의 목적을 설정하는 과정이며, 문제를 잘 정의해야 분석의 방향을 잡을 수 있습니다.
- 목적 설정 : 문제를 정의한 후에는 "알게 되면 무엇을 하고 싶은가?"라는 질문을 통해 목표를 명확히 해야 합니다. 즉, 분석 결과를 어떻게 활용할지를 미리 생각해야 합니다.
- 사고의 중요성 : 이 단계는 단순히 데이터를 바라보는 것을 넘어서, 문제의 본질을 이해하고, 해결 방안을 생각하는 사고력이 필요합니다.

2 분석 기술 : 작업하고
- 데이터 수집과 분석 : 문제를 정의한 후에는 필요한 데이터를 수집하고 분석하는 작업이 진행됩니다. 이 단계에서는 여러 분석 기법을 활용하며, 경우에 따라 AI나 분석 전문가의 도움을 받을 수도 있습니다.
- 분석 방법 : 데이터의 특성과 문제의 성격에 따라 적절한 분석 기술을 선택합니다. 예를 들어, 통계 분석, 시각화 도구, 또는 머신러닝 모델을 사용할 수 있습니다. 중요한 점은 분석 기술 자체보다, 어떤 질문에 답할 것인가에 초점을 맞추는 것입니다.
- 분석의 외주화 : 데이터 분석 기술이 부족하다면, AI 도구나 회사 내 데이터 전문가에게 분석 작업을 요청하는 것도 좋은 전략입니다. 기술적인 작업은 전문가에게 맡기되, 문제와 목표를 명확히 전달하는 것이 중요합니다.

3 결과 해석 : 생각한다

- **결과 해석과 결론 도출** : 분석 결과를 해석하는 과정에서는 데이터를 단순히 나열하는 것이 아니라, 이 결과가 무엇을 의미하는가에 집중합니다. 분석을 통해 도출된 결론은 스토리 기반으로 정리되어야 합니다.
- **스토리텔링의 중요성** : 데이터를 통해 설득력 있는 메시지를 전달하려면, 스토리텔링 방식으로 결론을 구성해야 합니다. 이때 중요한 점은 데이터를 통해 어떤 액션을 이끌어낼 수 있는지 명확히 하는 것입니다.
- **설득력 있는 보고서 작성** : 보고서는 단순한 정보 전달을 넘어서, 의사결정자에게 행동을 유도할 수 있어야 합니다. 이를 위해 명확한 메시지와 결론이 필요하며, 시각적 요소를 포함하여 설득력을 강화할 수 있습니다.

4 실전 적용 : PPT 제작과 AI 도구 활용

- **PPT 작성의 틀** : "감마"와 같은 AI 도구를 사용해 분석 결과를 파워포인트 슬라이드로 시각화할 수 있습니다. 중요한 것은 프레젠테이션의 구조를 잘 설계하여 주요 메시지를 효과적으로 전달하는 것입니다.
- **메시지 강조** : 설득력 있는 발표 자료를 만들려면, 핵심 키워드를 강조하고, 주요 메시지를 시각적으로 명확하게 표현해야 합니다. AI가 기본 틀을 만들어주더라도, 메시지의 구체화는 사용자의 사고력에 의존합니다.

5 결론 : 사고력과 실행력의 연속

- **생각하고 작업하고 생각한다** : 이 반복적인 사고 과정이 데이터 분석의 핵심입니다. 데이터 분석은 기술적인 작업뿐만 아니라, 그 작업을 통해 어떤 결론을 도출하고 이를 어떻게 활용할지를 깊이 고민하는 사고력이 필요합니다.

• 액션을 이끌어내기 위한 데이터 활용 : **최종 목표는 데이터 기반 결론이 실제 행동**
으로 이어지게 하는 것입니다. 이를 위해, 모든 분석 과정은 명확한 목적과 문제 해
결의 의지를 기반으로 진행되어야 합니다.

이러한 사고법을 통해, 데이터를 단순한 정보가 아닌 문제 해결의 강력한
도구로 활용할 수 있습니다.

정리하기

데이터 분석을 통한 문제 해결의 전체적인 과정과 접근법을 다루었습니다. 먼저, 데이터 기반 의사결정을 위해 문제 정의가 필수적입니다. 이는 해결해야 할 문제를 명확히 설정하고 분석의 목적을 확립하는 단계입니다. 여기서 중요한 질문은 "내가 알고 싶은 것은 무엇인가?"와 "알게 되면 무엇을 하고 싶은가?"입니다. 이 질문을 통해 분석의 방향성을 잡습니다. 그다음 분석 기술을 적용해 데이터를 수집하고, 다양한 분석 방법을 통해 의미 있는 인사이트를 도출합니다. 기술적인 작업은 AI 도구나 데이터 전문가의 도움을 받을 수 있으며, 핵심은 데이터의 특성을 이해하고 적절히 활용하는 것입니다. AI 도구(예 : 챗GPT, 감마)를 활용해 보고서와 프레젠테이션 자료를 신속하게 생성할 수 있으며, 핵심 메시지를 강조하는 것이 중요합니다. 결국, 데이터 분석은 기술적인 능력뿐만 아니라 사고력과 전략적 사고가 필수이며, 이 과정을 통해 문제를 해결하고 구체적인 행동을 유도할 수 있는 결론을 제시할 수 있어야 합니다.

데이터 리터러시로 여는 새로운 미래

데이터 리터러시는 이제 더 이상 선택이 아닌 필수입니다. 우리는 일상에서 끊임없이 데이터를 마주하고 있으며, 그 데이터를 올바르게 읽고 해석하는 능력은 개인뿐 아니라 조직의 성과에도 직결됩니다. 『챗GPT로 시작하는 데이터 리터러시』는 데이터 분석을 어렵고 복잡하게 느끼던 독자들에게 친근한 동반자가 되어줄 것입니다.

이 책을 통해 우리는 데이터가 단순한 수치와 정보의 집합이 아니라, 문제를 해결하고 의사결정을 내리는 데 있어서 필수적인 도구임을 알게 되었습니다. AI 기술이 발전하고, 빅데이터가 기업과 사회 전반에 걸쳐 중요한 역할을 하고 있는 지금, 데이터를 올바르게 활용할 수 있는 능력은 개인의 경쟁력과 직결됩니다. 특히 챗GPT와 같은 생성형 AI를 데이터 분석에 접목함으로써 보다 빠르고 정확하게 데이터를 다룰 수 있음을 알게 되었습니다.

이 책에서 데이터 리터러시의 기본 개념에서 시작해, 1차 및 2차 데이터 수집 방법, 탐색적 데이터 분석(EDA), 통계적 가설 검정과 A/B 테스트, 그리고 인과 관계 및 회귀분석 등 핵심적인 데이터 분석 기술을 체계적으로 다루었습니다. 더불어 고객 세분화를 위한 군집 분석이나 텍스트 데이터를 다루는 방법 등, 실무에서 직접 응용할 수 있는 다양한 기법도 소개했습니다. 이 모든 과정은 데이터를 단순히 보관하고 분석하는 데 그치지 않고, 전략적 의사결정에 활용할 수 있도록 도와줍니다.

데이터를 바라보는 새로운 시각

우리는 이 책을 통해 데이터가 단순한 정보의 나열이 아니라 의미와 패턴을 담고 있는 생명력 있는 자료임을 이해하게 되었습니다. 데이터 분석은 통계적 검정을 통해 가설을 세우고, 그 가설이 현실에서 어떻게 작동하는지를 확인하는 과정입니다. 이 과정에서 챗GPT 같은 AI 도구는 빠르고 정확한 분석을 지원하며, 보다 효율적으로 인사이트를 도출할 수 있도록 돕습니다. 특히, 회귀분석과 같은 모델을 통해 미래를 예측하는 방법을 배우고, 그 결과를 실질적인 의사결정에 반영할 수 있는 통찰을 얻게 되었습니다.

실제 비즈니스 환경에서의 응용

이 책에서 다룬 사례와 분석 방법들은 실무에 바로 적용할 수 있도록 설계되었습니다. 시장조사와 마케팅 전략 수립, 제품 개발 및 고객 만족도 조사 등, 데이터 분석이 필요한 다양한 분야에서 활용할 수 있습니다. 예를 들어, 군집 분석을 통해 고객을 효과적으로 세분화하고 맞춤형 마케팅 전략을 세울 수 있으며, 텍스트 데이터를 활용해 고객의 감정을 분석하고, 브랜드의 이미지를 관리하는 방법도 제시했습니다. 이 모든 과정은 데이터를 중심으로 한 의사결정을 가능하게 하며, 더 나아가 조직의 성과를 향상시키는 데 기여할 것입니다.

미래를 대비하는 데이터 마인드

앞으로의 세상은 더욱 복잡하고 예측 불가능한 도전 과제들로 가득할 것입니다. 이에 대비하기 위해서는 데이터 기반의 사고방식, 즉 데이터 마인드(Data Mind)를 갖추는 것이 중요합니다. 데이터 마인드는 데이터를 단순히 기술적인 관점에서 다루는 것을 넘어, 데이터를 통해 세상을 이해하고 미래를 준비하는 능력입니다. 데이터를 통해 통찰을 얻고, 그 통찰을 바탕으로 전략적인 결정을 내리는 사람만이 미래의 불확실성에 대비할 수 있습니다.

데이터 시각화의 힘

또한, 데이터 시각화의 중요성도 간과할 수 없습니다. 데이터를 시각적으로 표현함으로써 복잡한 정보도 쉽게 이해할 수 있게 되고, 이를 통해 데이터의 패턴과 트렌드를 한눈에 파악할 수 있습니다. 시각화는 의사결정자들이 데이터에 기반한 결정을 내리는 데 있어 중요한 역할을 하며, 시각적 자료는 설득력 있는 커뮤니케이션의 도구가 됩니다. 여러분은 이제 데이터 시각화의 다양한 기법을 이해하고, 이를 효과적으로 활용할 수 있는 능력을 갖추게 되었습니다.

마지막으로 이 책이 여러분의 데이터 분석 여정에 든든한 안내자가 되길 바랍니다. 챗GPT와 같은 AI 도구는 단순히 새로운 기술이 아닌, 우리 일상과 업무를 혁신하는 강력한 동반자입니다. 이 도구를 활용하여 데이터 리터러시를 강화하고, 데이터 기반의 사고방식을 통해 보다 창의적이고 혁신적인 해결책을 모색할 수 있습니다.

데이터는 세상의 흐름을 읽고 미래를 준비할 수 있는 중요한 열쇠입니다. 이제 여러분은 데이터 리터러시를 통해 세상을 이해하고, 더 나은 결정을 내릴 준비가 되어 있습니다. 데이터 분석을 즐기고, 그 과정을 통해 더 큰 성장을 이루시길 바랍니다. 『챗GPT로 시작하는 데이터 리터러시』는 끝이 아니라, 여러분의 데이터 여정의 시작점입니다. 앞으로도 데이터를 통해 더 나은 미래를 만들어 나가시길 기대합니다.

저자 **구자룡**

"실무에서 바로 쓰는 AI 데이터 분석 레시피"

 데이터 리터러시

초판 1쇄 인쇄 2025년 1월 13일
초판 1쇄 발행 2025년 2월 6일

지은이   구자룡
발행인   임충배
홍보/마케팅   양경자
편집   김인숙, 왕혜영
디자인   이경자, 김혜원
펴낸곳   마들렌북
제작   (주)피앤엠123

출판신고 2014년 4월 3일
등록번호 제406-2014-000035호

경기도 파주시 산남로 183-25
TEL 031-946-3196 / FAX 050-4244-9979
홈페이지 www.pub365.co.kr

ISBN 979-11-94543-00-8 13000
© 2025 구자룡 & PUB.365

· 저자와 출판사의 허락 없이 내용 일부를 인용하거나 발췌하는 것을 금합니다.
· 저자와의 협의에 의하여 인지는 붙이지 않습니다.
· 가격은 뒤표지에 있습니다.
· 잘못 만들어진 책은 구입처에서 바꾸어 드립니다.